Jürgen Court, Arno Müller (Hg.)

Jahrbuch 2015/16 der Deutschen Gesellschaft für Geschichte der Sportwissenschaft e. V.

Studien zur Geschichte des Sports

herausgegeben von

Prof. Dr. Wolfram Pyta (Universität Stuttgart)
Prof. Dr. Giselher Spitzer (HU Berlin)
Prof. Dr. Rainer Gömmel (Universität Regensburg)
Prof. Dr. Jürgen Court (Universität Erfurt)
Prof. Dr. Michael Krüger (Universität Münster)

Band 20

Jürgen Court, Arno Müller (Hg.)

Jahrbuch 2015/16 der Deutschen Gesellschaft für Geschichte der Sportwissenschaft e. V.

LIT

Gedruckt auf alterungsbeständigem Werkdruckpapier entsprechend
ANSI Z3948   DIN ISO 9706

Bibliografische Information der Deutschen Nationalbibliothek
Die Deutsche Nationalbibliothek verzeichnet diese Publikation in der
Deutschen Nationalbibliografie; detaillierte bibliografische Daten sind
im Internet über http://dnb.d-nb.de abrufbar.

ISBN 978-3-643-13637-4

© LIT VERLAG Dr. W. Hopf Berlin 2017
Verlagskontakt:
  Fresnostr. 2   D-48159 Münster
  Tel. +49 (0) 2 51-62 03 20
  E-Mail: lit@lit-verlag.de   http://www.lit-verlag.de

Auslieferung:
Deutschland: LIT Verlag Fresnostr. 2, D-48159 Münster
Tel. +49 (0) 2 51-620 32 22, E-Mail: vertrieb@lit-verlag.de
E-Books sind erhältlich unter www.litwebshop.de

Vorwort *7*

Ingomar Weiler
Vergleich und vergleichende Methoden in der Geschichtswissenschaft,
insbesondere in der Sporthistorie *9*

Klaus Willimczik
„Sport" in Geschichte und Gegenwart – Ein Begriff im Lichte der statischen
und der dynamischen Vagheit *69*

Frank Förster
Tradition, Rezeption und Adaption – Zur kulturellen Einbettung und
interkulturellen Strahlkraft sportlicher Phänomene im Alten Ägypten *101*

Ulrich Sinn
»Olympische Spiele« – Ein kritischer Blick auf ihre Symbolkraft in Antike
und Neuzeit *151*

Reinhard Zöllner
Der Sportbegriff in Ostasien *169*

K. Ludwig Pfeiffer
Der Sportbegriff in England vom 17. bis ins 19. Jahrhundert *197*

Günther Bäumler
Eine Ergebnistabelle über physische Wirkungen des Turnens, mitgeteilt von
Fritz Roedelius 1866 .... *213*

Nachruf *247*

Autoren- und Herausgeberverzeichnis *249*

Vorwort

Im Jahre 2005 wurde in Köln die „Deutsche Gesellschaft für Geschichte der Sportwissenschaft e. V." gegründet. Ihr in der Satzung festgelegter Zweck ist die Förderung des wissenschaftlichen Austauschs und der Forschung zur Geschichte der Sportwissenschaft durch den wissenschaftlichen Dialog sowohl zwischen ihren Teildisziplinen als auch ihren Mutterwissenschaften. Während in vielen anderen Wissenschaften ein steigendes Interesse an der Historie des eigenen Faches zu erkennen ist, ist es in der Sportwissenschaft noch sehr gering entwickelt. Dies führt nicht nur zur Unvertrautheit vieler Lehrender (und natürlich in noch größerem Maße vieler Studierender) mit ihrer eigenen Disziplin, sondern auch zu unzureichendem Selbstbewußtsein und einem Mangel an Argumenten im Kampf um die Anerkennung der Sportwissenschaft als vollgültige akademische Disziplin. Dabei ist zu bedenken, daß sie gerade aufgrund ihrer Eigenschaft als „Querschnittswissenschaft" (Carl Diem) auch für andere Wissenschaften ein höchst anregungsreiches wissenschaftliches Potential anbietet. Zum einen offeriert die besondere Anschaulichkeit des Handlungsfelds Sport eine Möglichkeit der Anwendung eigener Theorien, und zum anderen enthält es aufgrund der Vielfalt seiner Phänomene selbst genügend Anstöße zu Reflexionen pädagogischer, historischer, kultureller, juristischer, ökonomischer, psychologischer, naturwissenschaftlicher etc. Art. Die Mitglieder der Gesellschaft stammen daher aus der Philosophie, Psychologie, Religionswissenschaft, Sportwissenschaft, Anglistik, Klassischen Archäologie, Geschichte und Germanistik. Der Publikation der auf der alljährlichen Mitgliederversammlung gehaltenen Beiträge dient das „Jahrbuch der Deutschen Gesellschaft für Geschichte der Sportwissenschaft e. V."

Dieses elfte Jahrbuch der Gesellschaft enthält Vorträge ihrer elften Jahrestagung, die im Juli 2015 in Würzburg stattfand.

Univ.-Prof. Dr. Jürgen Court	Erfurt
Jun.-Prof. Dr. Arno Müller	Leipzig/Erfurt

Vergleich und vergleichende Methoden in der Geschichtswissenschaft, insbesondere in der Sporthistorie

Ingomar Weiler

Übersicht:
1. *Einige Präliminarien zum Vergleichen in der Geschichtswissenschaft*
2. *Beispiele für vergleichende Betrachtungen, für die Behauptung von Singularitäten, Typologien, Abhängigkeiten und Metaphern in der Sporthistorie*
3. *Zur Wissenschaftsgeschichte: Historiker, systematische Sozialwissenschaftler und Naturwissenschaftler*
4. *Vergleichende Sportgeschichte und Vergleichende Sportwissenschaft*
   4.1. Systematisch-typologische Vergleichsformen in der Sportgeschichte
   4.2. Genetisch-entwicklungsgeschichtliche Vergleiche, Kultur- und Epochenvergleiche in der Sportgeschichte
5. *Schlussbemerkung*
6. *Bibliographie*

1 Einige Präliminarien zum Vergleichen in der Geschichtswissenschaft

Kann man das Pentathlon, wie es im alten Olympia praktiziert wurde (Diskus, Weitsprung, Lauf, Speer, Ringen), mit dem modernen leichtathletischen Fünfkampf für Männer oder Frauen oder mit dem Fünfkampf, den Pierre de Coubertin im Jahr 1909 als Olympische Disziplin ins Wettkampfprogramm aufgenommen hat (Springreiten, Degenfechten, Schießen, Schwimmen, Geländelauf) vergleichen? Gewinnt man dabei neue Einsichten? Oder allgemeiner gefragt: Ist es erkenntnisfördernd, den Agon der Hellenen, das römische *certamen*, das mittelalterliche Turnier, das Deutsche Turnen oder den englischen Sport unter komparativem Aspekt auf Gemeinsamkeiten und Divergenzen hin zu untersuchen? Lassen sich diese körperbetonten Aktivitäten, professionell oder laienhaft praktiziert, unter dem heute üblichen Sammelbegriff Sport subsumieren? Sind sie vergleichbar? Kontrastierbar? Kann eine vergleichende Sportgeschichte oder vergleichende Sportwissenschaft das Verständnis dieses kulturellen Phänomens vertiefen?

Ehe ich versuche, diese Fragen zur Diskussion zu stellen und einige hypothetische Antworten zu bieten, möchte ich zunächst einmal auf Bedeutungsvarianten des Wortes Vergleich hinweisen: Nicht gemeint sind damit im Folgenden umgangssprachliche Ausdrücke oder Synonyme wie Kompromiss, Zwischenlösung, Konzession oder rechtlicher Vertrag. Hier haben wir es vielmehr mit dem historischen Vergleich zu tun, der Parallelen, Affinitäten, Divergenzen von verschiedenen Phänomenen zieht oder der nach Jürgen Kocka[1] darauf abzielt, „Ähnlichkeiten und Unterschiede" festzustellen:

> Die Unterschiede", so Kocka, „sind für Historiker oft mindestens so interessant wie die Ähnlichkeiten. Aber die Unterschiede lassen sich sinnvoll und genau nur dann beschreiben und, womöglich, erklären, wenn dies auf der Grundlage von explizit identifizierten Ähnlichkeiten geschieht, die sich in der begrifflichen Strukturierung des Vergleichs niederschlagen.

Geschichtstheorien, die sich mit komparativen Verfahren befassen, haben dafür einen umfangreichen Katalog von Vergleichsmethoden erstellt, die alle dem Ziel dienen sollen, den Kenntnisstand zu erweitern. Beim Vergleichen geht es nicht allein um das Diagnostizieren von Ähnlichkeiten und Unterschieden, es geht um die Erfassung von Ursachen und Abhängigkeiten und um die Analyse und Interpretation von Typologien. In einer Studie zu Wilhelm Dilthey (1833–1911) schreibt Karl Acham zur Zielsetzung des Typisierens:[2]

> Nun hat jede Komparatistik naturgemäß von bestimmten Klassifikationen und Typenbildungen auszugehen, um einerseits Konstantes im Wandel,

---

[1] Kocka 1996, 55. – Zelle 2013, 129 nennt neben der Bedeutung des Vergleichs im historisch-methodischen Sinne noch drei weitere Begriffsinhalte: ein juristisches Verfahren zum Interessenausgleich zweier streitender Parteien, eine rhetorische Gedanken- oder Sinnfigur (*similitudo*) und ein literaturkritisches Genre: im Sinne von Plutarchs Methode der *synkrisis*.
[2] Acham 2013, 104.

andererseits auch Gleichförmiges im Verschiedenartigen nachweisen zu können.

Einer anderen Perspektive folgt Hartmut Kaelble, wenn er konstatiert:[3]

> Erklärung und Typisierung haben dabei [beim Vergleichen] verschiedene Ziele: Die Erklärung sucht im Untersuchungsthema normalerweise *nach Ursachen* für Unterschiede und Gemeinsamkeiten aus einem größeren gemeinsamen Zusammenhang heraus. Die Typisierung behandelt eher die unterschiedliche *innere Logik* der gleichen Phänomene in verschiedenen Gesellschaften und läßt damit ihre Besonderheiten verständlicher werden.

Wer ein Faktum verstehen oder erklären möchte, bedarf des Blicks oder Seitenblicks auf andere Phänomene. Der Sprachwissenschaftler und Indologe Max Müller (1823–1900) hat im Hinblick auf die Sprache erklärt:[4] „Wer nur eine (Sprache) kennt, kennt keine" (*He who knows one knows none*) und der Religionshistoriker Adolf von Harnack (1851–1930) war der Ansicht:[5] „Wer diese Religion [das Christentum] nicht kennt, kennt keine."

Ehe ich mich den theoretischen Konzepten und Methoden der vergleichenden Geschichtswissenschaft, und ehe ich mich im Anschluss daran dann den praktischen Beispielen der Sporthistorie zuwende, möchte ich noch einige weitere Präliminarien und einen knappen wissenschaftsgeschichtlichen Überblick zu den komparativen Methoden voranstellen. Zwei Aspekte erachte ich in diesem Kontext als bedenkenswert: Die Frage der Terminologie und die damit verbundene Gefahr eines anachronistischen Denkens sowie den häufig zitierten Äpfel-Birnen-Vergleich.

Der Historiker, der das Wort 'Sport' für vorwiegend körperliche spielerische Freizeitaktivitäten und berufsmäßig betriebene Wettkämpfe in den Geschichtsepochen vor der Industriellen Revolution verwendet, sieht sich zunächst einmal mit dem Vorwurf konfrontiert, einen Begriff seiner Alltagssprache unpassend in ein früheres Zeitalter zu transferieren.[6] Von

---

[3] Kaelble 1999, 12f. und 22.
[4] Müller 1874, 168; vgl. Meier 1996, 262f, der auch das Goethewort aus den *Maximen und Reflexionen* (1821) zitiert: „Wer fremde Sprachen nicht kennt, weiß nichts von seiner eigenen." – Zur Widersprüchlichkeit der Sentenzen von Müller und Harnack siehe Auffarth 2009, 35.
[5] Harnack ²1906, 168.
[6] Zum Sportbegriff vgl. auch Wacker 2006, 39–42.

dieser keineswegs seltenen Sprach- und Denkgewohnheit, die bekanntlich als Anachronismus bezeichnet wird, sagt der Münchener Althistoriker Siegfried Lauffer, sie sei „die spezifische Sünde des Historikers".[7] Zur Illustration bringe ich drei Beispiele für den Anachronismus, wie er bei Dichtern zu entdecken ist: (1) Im Drama *Julius Cäsar* (1599) von William Shakespeare fragt Cäsar nach der Uhrzeit:[8] „*What is 't o'clock?*"; Brutus: „*Caesar, 'tis strucken eight.*" (moderne Version: *What time is it? – The clock has struck eight.* (2) Schiller im Wallenstein [*Die Piccolomini* 1799]:[9] „*Und wie des Blitzes Funke sicher, schnell, / Geleitet an der Wetterstange, läuft [...].*" (Zur Erinnerung: Der Feldherr und Politiker Wallenstein lebt von 1583–1634, der Erfinder des Blitzableiters Benjamin Franklin von 1706–1790). (3) Bertolt Brecht beschreibt in seinem Romanfragment[10] *Die Geschäfte des Herrn Julius Caesar* Roms Finanzwelt in den Denkkategorien des Marxismus und spricht dabei von der Herrschaft des Monopolkapitals, nennt Rom eine bourgeoise City, die das Bankensystem kontrolliert, die Privatschulden und Bankkredite streicht und wie die Arbeiterklasse unterdrückt wird und Meinungsumfragen vor den Konsulatswahlen durchgeführt werden.

Solche irreführenden zeitlichen Einordnungen, die in unserer Alltagssprache noch häufiger anzutreffen sind, vermitteln ein Geschichtsbild, das in ganz besonderer Weise bei der komparatistischen Betrachtungsweise zu verhängnisvollen historischen Fehlinterpretationen führen kann. Wer also den Sportbegriff bei seinen historischen Analysen und Darstellungen verwendet, sollte sich dieser Gefahr einer unzeitgemäßen Verfremdung des Sachverhaltes bewusst sein.[11] Ist es daher notwendig, auf einen möglichst konzisen Sportbegriff zu verzichten? Ist es ein Anachronismus, den antiken Paradeathleten und vielfachen Olympioniken Milon

---

[7] Lauffer 1961, 373.
[8] Shakespeare, *Julius Caesar* Zweiter Akt, zweite Szene 115f.
[9] Schiller, *Wallensteintrilogie. Die Piccolimini*. Erster Aufzug, zweiter Auftritt, 234f. Dazu Lange 1973, 150.
[10] Entstanden in den Jahren 1937 bis 1939.
[11] Müller 2009, 160–162 bietet eine Zusammenfassung zur Terminologie und unterscheidet dabei *Sport im engeren Sinne* und *ein weites Sportverständnis*. Der angedeutete Kriterienkatalog („zweckfreies Tun, Abreaktion, Bewegungstrieb, Leistung, Schönheit der Bewegung, ästhetische Inszenierungen der menschlichen Natur, Geselligkeitsbedürfnis, soziale Tugenden, Emanzipation, Prestige, Macht, u.a.m.)" mag zwar für ein besseres Begriffsverständnis hilfreich sein, er ist aber für „eine präzise Bestimmung unmöglich."

von Kroton als Sportler zu bezeichnen? Stecken wir hier in einem terminologischen Dilemma, in einer ausweglosen Zwickmühle? Befindet sich der Historiker hier in einer Pattsituation, ähnlich dem Buridanischen Esel, der schlussendlich zwischen zwei gleichgroßen Heuhaufen verhungert, weil er sich nicht entscheiden kann, wo er sich seine Nahrung holt?[12]

Der Geschichtswissenschaft ist diese Aporie längst vertraut. Man hat, um dieses Begriffsdilemma zu entschärfen, etwas vereinfacht formuliert, zwei unterschiedliche Vorgangsweisen vorgeschlagen, die als Begriffsminimalismus bzw. Begriffsprimitivismus (auch Neo-Primtivismus) und als Begriffsmodernismus im Terminologiediskurs bezeichnet werden.[13] Vor allem Sozial- und Wirtschaftshistoriker haben auf diese ambivalente Begrifflichkeit aufmerksam gemacht und daraus Konsequenzen gezogen. Als Repräsentanten dieser Positionen gelten die sogenannten progressiven Modernisierer und die konservativen Archaisierer, die *modernizers* und *archaizers*. In dieser polarisierenden Kontroverse scheint es mir keinen Kompromiss, keinen goldenen Mittelweg zu geben. Der Begriffsmodernismus, sofern er nicht unreflektiert und mit dem Instrumentarium der Heuristik rezipiert und akzeptiert wird, vermag meiner Einschätzung nach mehr zum Verständnis historischer Phänomene beizutragen als der minimalistische Ansatz. In letzter Konsequenz würde es dieser zweite Zugang erfordern, in Sprache und Begrifflichkeit der jeweiligen Zeit, über die berichtet werden soll, zu sprechen respektive zu schreiben. Mit anderen Worten: Man müsste dann über die antiken Olympischen Spiele in altgriechischer oder lateinischer Sprache referieren. Für eine vergleichende Betrachtung sporthistorischer Prozesse und Inhalte empfiehlt sich daher meiner Meinung nach eine moderate modernistische Position.

Eine weitere Überlegung gilt einerseits ebenfalls der Terminologie, anderseits richtet sie den Blick auch auf Ursprung und Genese des Wortes

---

[12] Mauz, von Sass 2011, 7.
[13] Wiedemann 1992, 30–33, hier 30f.: „Scholarship on the economic history of the ancient Mediterranean can, broadly speaking, be divided into two groups. The 'modernizers' have tended to emphasize technological developments which led to advances in the efficiency of agricultural or industrial production, and stress the role of entrepreneurial commercial and trading activity in distributing such products [...]. The 'archaizers' on the other hand have minimized the relative importance of trade and industry, particularly where these are ascribed to private enterprise or to anything like the commercial bourgeoisie which developed in European cities in the Middle Ages." – Zur Forschungsgeschichte dieser Begriffsdiskussions siehe Ruffing 2012, 9–12.

Sport. Zur Begrifflichkeit: Friedrich Nietzsche hat die bemerkenswerte Beobachtung gemacht, dass sich

> [a]lle Begriffe, in denen sich ein ganzer Prozeß semiotisch zusammenfaßt [...], der Definition [entziehn]; definierbar ist nur das, was keine Geschichte hat.[14]

Nun lässt sich kaum bezweifeln, dass das Wort Sport eine prozesshafthistorische Dimension besitzt. Ethnologen und Anthropologen verwenden den Sportbegriff für Spiele und Wettkämpfe bei rezenten Naturvölkern, ebenso die Ägyptologen, Althistoriker und Mediävisten.[15] Andere Autoren lehnen diese Terminologie bekanntlich ab und sind überzeugt davon, dass von Sport erst ab der Industriellen Revolution gesprochen werden könne. Zu den Repräsentanten dieser Auffassung zählen beispielsweise die amerikanischen Sporthistoriker Allen Guttmann und Richard Mandell.[16] Egal, welche Position in dieser Kontroverse eingenommen wird: Der entwicklungsgeschichtliche Aspekt, der das Prozesshafte, den Wandel der Bedeutung der Vokabel Sport betont, bleibt dabei unverzichtbar.

Bei der Frage nach dem Inhalt und der etymologischen Genese des Wortes Sport ist auf ein weiteres Detail aufmerksam zu machen, das der Sporthistoriker nicht außer Acht lassen sollte: Der Terminus Sport lässt sich vom lateinischen *disportare* ableiten und mutiert bekanntlich über das vulgärlateinische *deportare* und das altfranzösische *desport (se desporter)* sowie das mittelenglische *disport* zum englischen *sport*, wo es im 18. und 19. Jahrhundert als Sammelbezeichnung „für die Freizeitvergnügungen der englischen Oberschicht, der Gentlemen", verstanden wird.[17] Doch zurück zum Latein: Das Kompositum von 'tragen' *disportare* bedeutet wörtlich 'auseinander tragen', 'zerstreuen' – und 'zerstreuen' hat im Lateinischen wie auch heute einen doppelten Sinn.[18] Wir assoziieren mit dieser Vokabel zum einen das Ausstreuen, Wegtragen (Deportieren),

---

[14] Nietzsche 1887/1980, Band 4, 820.
[15] Golden 1998, 6f.; Krüger 2004, 15–22.
[16] Guttmann 1979, 61; Mandell 1984, XVI; nach Behringer 2012, 10 habe es „Sport vor 100 oder 200 Jahren gar nicht gegeben; dazu Voigt 1992, 106 und vor allem Krüger, Thomas, Wedemeyer-Kolwe 2012, 195.
[17] Krüger 2004, 11–22, hier 11. Siehe auch Gumbrecht 2005, 38f., wo mit einem ganz anderen Ansatz auf Wittgensteins Terminus 'Familienähnlichkeit' kurz hingewiesen wird. Siehe dazu auch Court 2006, 327–332 und Willimczik 2001, 101–109.
[18] Behringer 2012, 11; dazu auch Krüger, Thomas, Wedemeyer-Kolwe 2012, 194.

Separieren, zum anderen Belustigung, Kurzweil, Unterhaltung, Zeitvertreib, Amüsement, Muße, Entspannung, Erholung. In dieser psychischmentalen Atmosphäre konnte sich eine Gesellschaft von Aristokraten und freien Bürgern den zerstreuenden und amüsanten Spielen und Wettkämpfen widmen. Deren lebensbestimmende und lebenserhaltende Funktionen und Arbeiten hatten zum Teil andere Personengruppen, so die Frauen, Kinder, Banausen und das Dienstpersonal – in der Antike etwa Sklaven und Sklavinnen – zu bestreiten.

Der englische *gentleman* des 19. Jahrhunderts repräsentiert eine solche elitäre Klasse, die durchaus Ähnlichkeit beispielsweise mit dem athenischen Bürger des 5. Jahrhunderts v. Chr. aufweist. Im England des Viktorianischen und Edwardianischen Zeitalters kultivieren Adel und Bürgertum, *aristocracy* and *middle class*, amüsante und Zerstreuung fördernde Disziplinen wie Jagen und Fischen, Reiten, Laufen, Boxen und Ringen. So entstand ein Sportkonzept, das mit Begriffen wie *gentlemen sport, sportmanship, patronized sport* in der Sporthistorie eine zentrale Rolle spielt.[19] Historisch gesehen bieten sich Vergleichsmodalitäten an, mit Idealgestalten wie dem griechischen *kalokagathos,* dem römischen *vir bonus*, dem ritterlichen Turnierreiter, dem *gentil homme* und den *galant homme*. In dem vielzitierten Buch *The Theory of the Leisure Class* (1899) von Thorstein Veblen (1857–1929), eine soziologische Analyse der US-amerikanischen Gesellschaft an der Wende vom 19. zum 20. Jahrhundert, werden die Interessen und Neigungen des *gentleman of leisure* beschrieben. Im Wesentlichen entspricht diese Gestalt dem vorhin genannten Idealtypen. In den beiden Kapiteln *Conspicuous Leisure* (35–67) und *Conspicuous Consumption* (68–101) rekurriert Veblen mehrfach auf archaische und barbarische Epochen und stellt das Leben seines *gentleman* unter das Motto: *otium cum dignitate.*[20] Zu seinen Neigungen und Aktivitäten zählen unter anderem[21]

---

[19] Eisenberg 2010, 96–103 und 181–186 sowie dies. 1999.
[20] Veblen 1994/1899, 95; Cicero, *Pro Sestio* 98 und *ad familiares* 1.9.21; Cicero übernimmt hier das Muße-Konzept der griechischen Philosophie, das den vornehmen Bürger von der alltäglichen Plackerei entbindet; sie ist das Geschäft der Sklaven, Banausen und Frauen. Dazu auch Veblen 1994/1899, 37f. – Vgl. auch Grupe 1987, 12f., der sich mit Gadamers Veblen-Interpretation auseinandersetzt.
[21] Veblen 1994/1899, 45, 79, 41.

games, sports, and fancy-bred animals, such as dogs and race-horses," „the primary leisure employments of fighting and hunting." „The chase is also a sport."

Der Lebensstandard von Veblens *gentleman* wird, wie schon gesagt, vor der Folie vergangener Gesellschaften gesehen und dabei auf Analogien und Vergleiche hin geprüft. Der Autor betont in diesem Kontext die Möglichkeit eines komparativen Verfahrens, warnt aber zugleich vor falschen Schlüssen:[22]

Comparison in all these directions is in vogue today; and the comparison made in these respects is commonly so inextricably bound up with the pecuniary comparison as to be scarcely distinguishable from the latter.

Soviel zum terminologischen Aspekt, der für eine komparative Betrachtung des Sports durchaus konstitutiv und bedenkenswert ist.

Ein zweiter Gesichtspunkt kommt hinzu. Ein Paradeargument gegen Versuche, Besonderheiten und Eigenarten von Phänomenen auf dem Wege des Vergleichs zu eruieren, lautet: Man könne Äpfel und Birnen nicht miteinander vergleichen (*compare apples and oranges*).[23] Diese triviale Redensart ist wohl jedem vertraut. Bleiben wir kurz bei diesem Verdikt. Ist der Vergleich der beiden Obstsorten wirklich nicht möglich? Unmöglich ist er m. E. nicht. Es kommt natürlich auf die Fragestellung und die Parameter an. Beispielsweise lassen sich Marktpreise, Kaloriengehalt, Farben der Früchte, Zeit des Reifens, Haltbarkeit etc. und zahlreiche weitere Einzelheiten durchaus vergleichen. Auch die Zuordnung von Äpfeln und Birnen zum gemeinsamen Oberbegriff Obst ist dabei genauso relevant und akzeptabel wie etwa Hammer, Zange und Feile der Kategorie Werkzeug oder das Ringen, Boxen und Pankration der Schwerathletik zuzuordnen sind. Es ist daher ohne Zweifel Jürgen Kocka zuzustimmen, wenn er zum Äpfel-Birnen-Vergleich anmerkt:[24]

Äpfel und Birnen darf man nicht vergleichen, wenn man die Vorzüge und Nachteile verschiedener Apfelsorten gewichten will. Man darf und sollte dagegen Äpfel und Birnen vergleichen, wenn man Obst untersucht.

---

[22] Veblen 1994/1899, 97.
[23] „Poetry teaches us to compare apples and oranges", meint der Literaturwissenschaftler, so Zemanek 2012, 8. Vgl. auch Kessler 2011, 69.
[24] Haupt, Kocka 1996, 24f.

Wer zwei oder mehrere Objekte, Phänomene oder Sachverhalte vergleichen will, etwa Wettkampfdisziplinen oder Spiele verschiedener Epochen und Kulturen, wer bei ihnen Konkordanzen und Divergenzen entdecken möchte, sollte mehrere elementare Vorbedingungen bedenken. Jedes Vergleichen setzt nämlich Gemeinsames, ein *tertium comparationis* voraus; mindestens eine gemeinsame Eigenschaft, eine Übereinstimmung muss vorhanden sein. Die komparative Forschung kann dabei auf lokale und fachspezifische Einzelstudien und Faktensammlungen niemals verzichten.[25] Sie dienen als hilfreiche Quellenmaterialien, die keineswegs im pejorativen Sinn als Faktenhuberei zu verstehen sind; auch Hans-Ulrich Wehler[26] kann darin nicht „die empirische Trivialität des Fliegenbeinzählens" sehen. Theodor Schieder warnt am Ende seines Plädoyers für die Anwendung der komparativen Methode in der Geschichtswissenschaft vor einer eindimensionalen Vergleichspraxis:[27]

> Es darf niemals übersehen werden, daß der Vergleich in der Geschichtswissenschaft keine neue Gattung, sondern nur eine Methode begründet, die neben andere methodische Untersuchungsweisen tritt.

2 Beispiele für vergleichende Betrachtungen, für die Behauptung von Singularitäten, Typologien, Abhängigkeiten und Metaphern in der Sporthistorie

Bevor ich auf die Wissenschaftsgeschichte der historischen Komparatistik und die dabei sichtbar werdende Vorreiterrolle der systematischen Sozial- und Naturwissenschaften[28] sowie auf die Methoden, Modalitäten und Kriterien des historischen Vergleichs, der zuweilen auch als interregionales, internationales, intertemporales, interkulturelles Verfahren oder als *cross-cultural*-Studie verstanden wird,[29] zu sprechen komme, bevor ich mich also mit diesen Fragen befassen werde, erachte ich es als hilfreich und sinnvoll, einen Blick in die Werkstatt jener Sporthistoriker zu

---

[25] Bloch 1928/1994, 159.
[26] Wehler 2003, 23.
[27] Schieder ²1968, 219–221 bietet auch einen knappen Katalog von „Grundregeln [...] bei der Anwendung vergleichender Methoden".
[28] Einen Überblick zur Wissenschaftsgeschichte des Vergleichens von der Antike über das Mittelalter bis in die Gegenwart bieten Mauz, von Sass 2011, 5–19.
[29] Osterhammel 1996, 297.

werfen, die ganz knappe oder ausführlichere vergleichende Betrachtungen anstellen. Das ist fürwahr ein weites Feld. Ich konzentriere mich dabei im Folgenden exemplarisch auf Studien, die im Rahmen der Publikationen der *Deutschen Gesellschaft für Geschichte der Sportwissenschaft* herausgegeben wurden. Dabei geht es nicht so sehr um Theoriekonzepte zu einer sporthistorischen Komparatistik, sondern um Vergleiche, wie sie auch in der Alltagssprache gang und gäbe sind, so etwa, wenn verschiedene Personen, Länder, nationale Typologien oder sportliche Disziplinen gegenübergestellt und bewertet werden. Zumeist handelt es sich dabei um *en passant* angestellte Vergleiche, um Beobachtungen, die in einen historischen Kontext gestellt werden. Seltener finden sich geschichtstheoretische Reflexionen zur komparativen Methode. Zu beachten ist bei den folgenden Zitaten, dass sie nicht immer die Meinung des genannten Autors wiedergeben, sondern dass es sich um Aussagen und kurze Referate handelt, die im sporthistorischen Schrifttum vertreten wurden und werden. Die Wiedergabe meiner *frugilegia* ist nicht vollständig.

Christian Wacker[30] meldet sich zum Griechensport zu Wort und verweist dabei ideologiekritisch auf die postulierte Verbindung des Nationalsozialismus mit dem Indogermanentum:

> Dass diese Eigenschaft des 'agonalen Menschen' im Rahmen der typisch indogermanischen Großleistungen missbraucht und in die nationalsozialistische Ideologie integriert wurde, ist naheliegend. Die heutige Wissenschaft rückt dem gegenüber weitgehend von der Einzigartigkeit des 'agonalen Griechen' ab, trotzdem das grundlegende Wesen des *agon* unbestritten ist.

In seiner kritischen Analyse der von Carl Diem vertretenen Hypothese, dass das türkische Djedrīdspiel aufgrund von Parallelen mit einem „antike[n] Vorbild", nämlich dem *Ludus Troiae*, zu assoziieren sei, bezeichnet Wacker diesen Interpretationsversuch als „abwegig", wobei er selbst vermutet, dass es sich dabei um „autochthones Erbe der türkischen Kultur" handele.[31]

In eine ganz andere Welt führt Ralf-Peter Märtin, wenn er betont, Rekordwesen sei britisch und nicht deutsch:[32]

---

[30] Wacker 2005/2006, 41.
[31] Wacker 2009/2011, 70.
[32] Märtin 2005/2006, 65; 67, 71 und 73.

Vergleich [Kapitelüberschrift!]: Wir haben es also mit zwei Bergsteigertypen zu tun, die ihr Bergerlebnis völlig unterschiedlich strukturieren." Es kommt zur Kritik am „undeutschen Fünftelsekunden-Hanswurst, der nach seinen Mitbewerbern schielt.

Mehrmals trifft man bei Jürgen Court auf Überlegungen, die eine komparative Komponente implizieren, so etwa, wenn auf die Berliner Kontroverse und auf Georg Friedrich Nicolai (1874–1964) zu Beginn des 20. Jahrhunderts verwiesen wird, in der ideologisches Gedankengut zu nationalen Sportklischees mutiert. Das Zitat von Nicolai:[33]

> Der 'eigentliche Zweck des Stadions' als Austragungsort internationaler Olympiaden würde der 'wildesten Ausartung Vorschub' leisten, denn der Versuch einer Nation, 'besser zu springen als Amerikaner, besser Hockey zu spielen als Engländer, besser zu reiten als Ungarn, besser Sky zu fahren als Norweger' ist ausgeschlossen 'ohne schwerste Einbuße an ihrer geistigen Bildung'. Weil wir 'doch keine Muskelmenschen, sondern Gehirnmenschen' sind, sind die von solchem Sport angestrebten Höchstleistungen 'im Grunde nicht einmal Körperkultur. '

Zu den Prämissen und Richtlinien deutscher Kampfspiele, denen eine Typologie zugrunde liegt, die sich offensichtlich von anderen Nationen unterscheiden soll, zitiert Jürgen Court:[34]

> In ihnen [den deutschen Kampfspielen] erblickt der D.R.A. [Deutscher Reichsausschuß für Leibesübungen] das deutsche Volksfest der Zukunft als Ausdruck einer deutschen Volkseinheit, der leiblichen Kraft und Gesundheit unserer Jugend und ihres stolzen und hochgemuten Sinnes. Deutsche Sitte, deutsches Fühlen, deutsches Lied, deutsche Kunst, all dies soll auf ihm seinen Ausdruck finden. [...] Die Spiele sollen wie eine Fackel in das dämmernde Verständnis für eine vernünftige Erziehung unserer Jugend leuchten, auf daß in Zukunft eine gesunde deutsche Volksseele in einem gesunden deutschen Körper wohne. Sie wollen sein ‚das deutsche Nationalfest' im Gefühl deutscher Kraft und deutschen Könnens [...].

Im Jahr 1898 vergleicht der Stuttgarter Gymnasialprofessor Karl Planck Deutschlands Turnmeister mit englischen Sportlern:[35]

---

[33] Vgl. Court 2005/2006, 160; ders. 2008 Band 1, 73–75 und 88–97.
[34] Zitat bei Court 2005/2006, 174 Anm. 155; Nicolai 1985b [1917], 92–93.

Kommt nun aber so ein Engländer daher, in dessen Gesicht jede Fiber nach 'boxing' und jede Ader nach 'kicking' schreit, so ist das, was eben noch närrisch schien, 'wonderful, marvellous, prodigious' und wird flugs 'importiert'.

Und zur Einschätzung der englischen Fußballspiele und des deutschen Turnens macht Jürgen Court auf den deutschen Lehrer Konrad Koch aufmerksam, der 1910 dazu einen Vergleich anstellt:[36]

> Auch bei Koch [1910] ist die Einsicht in die auch politische Bedeutung des Fußballspiels an einen Vergleich mit dem deutschen Turnen geknüpft; auch Koch kritisiert die übersteigerte Intellektualität, wie sie in Plancks [Fußlümmelei, 1898] ironischem Begriff 'tintenklecksendes Säkulum' zum Ausdruck kommt, und auch Koch leitet das Fußballspiel aus dem englischen Nationalcharakter mit seiner 'Thatkraft' und 'unermüdlichen Ausdauer' ab.

Schließlich bietet Court auch eine Gegenüberstellung der Wissenschaftspositionen von Pierre de Coubertin und dem Psychiater Robert Sommer (1864–1937), indem er die Werke der beiden Zeitgenossen, Coubertins *La psychologie du sport* (1900) und die sportpsychologische Studie von Robert Sommer, *Die körperliche Erziehung der deutschen Studentenschaft* (1916), vergleicht und daraus Schlüsse über die kontinuierliche Entwicklung der Sportpsychologie, über Differenzen und Übereinstimmungen in den beiden ersten Jahrzehnten nach der Jahrhundertwende zieht.[37]

Günther Bäumler bietet zu sportpsychologischen und psychoanalytischen Fragen eine Gegenüberstellung von Wissenschaftlern, die sich mit dem Fußballspiel befassen. Dabei werden diverse Thesen von sechs Autoren, und zwar von R.W. Pickford, M.J. Reaney, G.T.W. Patrick, F.J.J. Buytendijk, M. Hausmann und von B. Weltes, beschrieben, analysiert und mit einander verglichen.[38] Bei seiner Beschäftigung mit Wissenschaftshistorie verweist Bäumler auf ein Zitat bei Klaus Willimczik, das ebenfalls einen komparativen Aspekt impliziert:[39]

---

[35] Zitat bei Court 2006/2007, 94.
[36] Court 2006/2007, 95. Vgl. dazu auch unten Anm. 54.
[37] Court 2008/2010, 51 und 60; ders. 2008 Band 1, 166–170.
[38] Bäumler 2006/2007, 134, 146, 150, 156.
[39] Willimczik 1985, 9, zitiert bei Bäumler 2006/2007, 13.

Im Falle der Medizin [und Physik] z.B. kann man sich diesen Entwicklungsprozeß [der Wissenschaftsgeschichte] anhand ihrer Geschichte gut vorstellen, im Falle der Physik ebenso. Im Vergleich zu diesen Fächern befindet sich die Sportwissenschaft noch im Stadium einer 'entstehenden Wissenschaft' [...].

In ganz anderem Kontext unternimmt es der Münchner Sportpsychologe, Arbeitsweisen der mathematisch-methodologischen Sportwissenschaft im frühen 20. Jahrhundert in den USA, in England und Deutschland zu vergleichen. Bei diesem Ländervergleich schneiden die deutschen Universitäten aufgrund der „Randständigkeit der sportwissenschaftlichen Forschung" nach Ansicht Bäumlers schlecht ab, ein Manko, das mit einer „verbreitete[n] antirationalistische[n] Tendenz in Deutschland" in der genannten Zeit erklärt wird.[40]

Meinberg hat verschiedene pädagogische und psychologische Interpretationen des Fußballspiels und zugleich einige historische und aktuelle Spieltheorien miteinander konfrontiert und dabei einige Parallelen und Unterschiede betont. Den Ausgangspunkt für diesen vergleichenden Diskurs bildet dabei H. Scheuerls wirkungsgeschichtlich bedeutsame Dissertation *Das Spiel* (1952; in Buchform Weinheim, Basel 1979), die mit einer Reihe von anderen spieltheoretischen Thesen verglichen wird. Behandelt werden dabei Auffassungen und Kommentare zur Spieltheorie vor allem von H. Röhrs, K. Dieterich, A. Flitner, O. Grupe und – erwartungsgemäß – von F.J.J. Buytendijk. Auch an literarische Bekenntnisse zum Faszinosum Fußball erinnert Meinberg (A. Camus und N. Hornby).[41] Trotz dieser zahlreichen und profunden Konzepte zu den Spieltheorien, deren Gemeinsamkeiten, Unterschiede und Interdependenzen geschildert und analysiert werden, registriert Meinberg ein Defizit, was die Erforschung des Fußballspiels betrifft.

Zumindest was die Geschichtswissenschaft anlangt, so ist Wolfram Pyta überzeugt, dass Fußball als Gegenstand der Forschung „[n]icht mehr im Abseits" steht. Mit Berufung auf eine Abhandlung von Giselher Spitzer lenkt der Autor in einer vergleichenden Betrachtung die Aufmerksamkeit des Lesers auf den ideologischen Gegensatz von Kapitalismus

---

[40] Bäumler 2008/2010, 113.
[41] Meinberg 2006/2007, 101–118.

und DDR-Sozialismus. Dass hier unausgesprochen ein Vergleich zugrunde liegt, lässt sich wohl kaum in Frage stellen. Dazu heißt es:[42]

> Wie sehr der gesamte Spitzensport in der DDR unter der politischen Vorgabe stand, die Überlegenheit des sozialistischen Gesellschaftsmodells vor allem gegenüber der 'kapitalistischen' Bundesrepublik Deutschland durch möglichst viele sportliche Erfolge zu demonstrieren, ist jüngst in einer deutsch-deutschen Beziehungsgeschichte des Sports nachdrücklich untermauert worden.

In Fragen der geisteswissenschaftlichen und erfahrungswissenschaftlichen Theoriebildung, „zwei eng verwandte Schwestern", hat Klaus Willimczik, für den die Interdisziplinarität der Sportwissenschaft bekanntlich ein zentrales Forschungsanliegen ist, in seiner Antwort auf den Kommentar von Wolfram Pyta die „Gemeinsamkeiten und Unterschiede" der beiden Positionen herausgearbeitet.[43] Zusammen mit Frederik Borkenhagen vergleicht Klaus Willimczik auch den Werdegang der Sportwissenschaft „in den 20er- sowie in den 60er- und 70er-Jahren des vorigen Jahrhunderts" und merkt dazu an, dass[44] „fast gleichzeitig in den alten Bundesländern, in Osteuropa und in den USA" die Etablierung des Faches einsetzt. Resümierend konstatiert Willimczik zur Entwicklung der sportwissenschaftlichen Fachdisziplin:[45]

> Bei einem Vergleich der Diskussion in den unterschiedlichen Kulturkreisen zeigt sich dann, dass alle Autoren trotz unterschiedlicher philosophischer, erkenntnistheoretischer und politischer Ansätze zu einem vergleichbaren Ergebnis gekommen sind.

Reinhard Zöllner hat sich beim Thema „Sport-Körper-Religion" das Ziel gesetzt,[46] „die Geschichte der Sportwissenschaft durch den wissenschaftlichen Dialog sowohl zwischen ihren Teildisziplinen als auch ihren Mutterwissenschaften" zu fördern. Dazu finden sich im Jahrbuch 2007 zahlreiche vergleichende Beobachtungen. Der Beitrag von Reinhard Zöllner

---

[42] Pyta 2006/2007, 76; Spitzer 2004, 241–281.
[43] Willimczik 2009/2011, 107.
[44] Borkenhagen, Willimczik 2011/2012, 104; siehe auch Willimczik, 1979, 2001.
[45] Borkenhagen, Willimczik 2011/2012, 104.
[46] Court, Müller, Wacker, 2007/2008, 6.

bringt das Problem auf den Punkt: Er möchte[47] „besonders diejenigen Gemeinsamkeiten und Differenzen aufgreifen, die sich auf weltanschaulich-religiöse Ursachen zurückführen lassen."

Auch Heinz-Egon Rösch stellt einen Vergleich an, und zwar zwischen „Olympismus und Religion (Religionen)". In seinem Kommentar dazu schreibt er, dass[48] „bei aller Verschiedenheit doch eine Reihe von Übereinstimmungen" zu beobachten ist. Leider bleibt es bei dieser Behauptung. Es wäre wünschenswert, wenn der Autor, dessen Kompetenz für eine derartige Thematik unbestritten ist, auf Kongruenz (und Divergenz) näher eingegangen wäre.

Bei seiner Einschätzung der Rhythmischen Gymnastik, wie sie R.F.C.B. Bode konzipiert hat, kommt Bernd Gröben auf dessen Geschlechtervergleich zu sprechen und zieht folgende Bilanz: Die Bewegungsabläufe und wohl auch die Körpersprache von Männern und Frauen lassen sich naturbedingt verschiedenen Kategorien zuordnen. Hier werden „Unterschiede in der Natur ihrer Bewegungen" manifest, wobei dem weiblichen Geschlecht „eher kreisende Bewegungen, während dem Männlichen der Zielbezug und damit offene Bewegungsbahnen und Angriffsbewegungen" eigen sind.[49] In diesem Zusammenhang exemplifiziert Gröben diese Deutung der weiblichen und männlichen Bewegungen mit einem Bode-Zitat:[50]

> Der Sport und in gewissen Formen auch ein Teil der Turnbewegungen haben wesentlich Inhalt der männlichen Körpererziehung zu sein, der Tanz, in seiner gymnastischen Umformung als Ausdrucksgymnastik wesentlich Inhalt der weiblichen Körpererziehung.

Ausführliche philosophische Reflexionen zum Thema Sport und Tod hat Arno Müller vorgelegt, und er ist dabei in seinem Diskurs zu verschiedenen Publikationen, die sich dieses Gegenstandes angenommen haben, zu dem Schluss gekommen, dass „in variierenden Gestalten, der Tod im Sport so alt ist wie der Sport selbst," eine Aussage, die nur dann verständlich ist, wenn historische Quellen dieser These zugrunde liegen. Eines seiner Beispiele bietet eine „Kontrastierung des Fechtens mit dem Stier-

---

[47] Zöllner 2007/2008, 100.
[48] Rösch 2008/2010, 50.
[49] Gröben 2009/2011, 125.
[50] Bode 1925, 93.

kampffechten". Müller, den diese Thematik schon lange beschäftigt, hofft sogar,[51] „dass sich für die Sportwissenschaft mit der 'Vergleichende[n] Sport-Thanatologie' ein weites Feld" für künftige sporthistorische Forschungen eröffne.

Auf ganz anderem Wissenschaftsterrain bewegen sich Eberhard Loosch, Kai Brodersen, Uwe Mosebach. Sie berichten über ein Forschungsprojekt, das an der Universität Erfurt unter dem Lemma „Antiker Sport im Experiment" Gegenstand einer Untersuchung ist. Dabei sind auf „methodisch-theoretische[r] Grundlage" und mit Seitenblicken auf die Gegenwart die drei athletischen Disziplinen Weitsprung (mit Halteres), Diskuswerfen sowie Hoplitenlauf unter dem Aspekt „Techniken, Leistungen", „Bewegungsabläufe [und] Ernährungsgewohnheiten" Gegenstand von komparativen Analysen. Das Ziel dieses Forschungsprojektes war es, die antike Athletik „mittels moderner trainings- und bewegungswissenschaftlicher Methoden [zu prüfen] und soweit möglich" zu rekonstruieren. Als Resultat dieses Experiments kommen die Autoren zu der Ansicht, dass man es in der Antike, was die Leistungen und Techniken betrifft, mit „gut trainierte[n], professionelle[n] Sportler[n]" zu tun hat, „deren Leistung durchaus mit denen heutiger Athleten vergleichbar sind."[52]

Einer vergleichenden Perspektive folgt auch Jan Schürmann,[53] indem er „Entwicklungslinien der 'deutschen' Fechtschule im Kontext mit der spätmittelalterlichen und frühneuzeitlichen europäischen Fechtkunst" nachzeichnet und dabei Gemeinsames und Innovatives hervorhebt.

Das letzte Beispiel für eine komparative Betrachtungsweise stammt von Lorenz Peiffer und Henry Wahlig und handelt abermals von einem Ländervergleich. Die beiden Autoren befassen sich mit der Frage der Rezeption des Fußballspiels in Deutschland und wie der deutsche Bürger „mit sehr viel Argwohn und Skepsis" der englischen Innovation begegnet, die „Ende des 18. Jahrhunderts aus England auf den europäischen Kontinent und damit auch nach Deutschland kam." Der Widerstand gegen das „'wilde' Spiel", bei dem es „kaum Regeln [und] keine Schiedsrichter"

---

[51] Müller 2009/2011, 149, 153f.
[52] Loosch, Brodersen, Mosebach 2010/2012, 119–120.
[53] Schürmann 2011/2012, 9–27.

gab und das „nicht selten [...] in Raufereien" endete, wird von Peiffer und Wahlig mit einem komparativen Argument erklärt:[54]

> Im Vergleich zu den wohl geordneten Formen der Disziplin des deutschen Turnens wurde dieses englische Spiel vom deutschen Bürgertum als „'Fußlümmelei', als 'englische Krankheit' bezeichnet und [es] galt als undeutsch, unelegant und ausländisch. Dies waren ähnliche Stereotype, mit denen auch die Juden in Deutschland in dieser Zeit von den bürgerlichen Eliten diffamiert wurden.

Diese zweifellos oberflächliche und kursorische Auswahl kurzer Notizen und Zitate in Beiträgen der *Deutschen Gesellschaft für Geschichte der Sportwissenschaft* muss hier genügen, um die bewusste oder latente Neigung zur komparativen Betrachtung sporthistorischer Phänomene zu veranschaulichen. Sie manifestiert sich beim Länder- und Personenvergleich ebenso wie bei sportwissenschaftlichen und -psychologischen Theorien und Hypothesen, bei der Analyse von Geschlechterunterschieden sowie bei ideologischen und religiösen Gegensätzen oder einzelnen Wettkampfdisziplinen und ihren Techniken. Was doch dabei auffällt: Über geschichtswissenschaftliche Theorien zu den Konzepten und Methoden der Komparatistik wird kaum reflektiert.

3 Zur Wissenschaftsgeschichte: Historiker, systematische Sozialwissenschaftler und Naturwissenschaftler

Die deutschsprachigen Historiker im 19. und in der ersten Hälfte des 20. Jahrhunderts zählen, euphemistisch formuliert, nicht zu den Pionieren der komparatistischen Geschichtsforschung. Die damals vor allem in Frankreich und Großbritannien hauptsächlich in den systematischen Sozial- und Naturwissenschaften entwickelten Methoden und Erträge werden von deutschen Historikern in der Regel zurückhaltend bis kritisch ablehnend beurteilt.[55] Der Historismus des 19. Jahrhunderts, von dem hier noch die

---

[54] Peiffer, Wahlig 2013/2015, 64.
[55] Zu verschiedenen Formen der vergleichenden Sozialwissenschaften vgl. Rokkan 1972, 29–51. – Dass Nationen mit kolonialistischen Aktivitäten der komparativen Betrachtungsweise besondere Aufmerksamkeit widmen, darf wohl angenommen werden (mündlicher Hinweis von Karl Acham).

Rede sein wird, hat als eine effiziente und wirkungsreiche Denkrichtung im deutschen Sprachraum Akzente gesetzt, die die Singularität, das Individuum und weniger das Allgemeine und die historischen Gesetzmäßigkeiten ins Zentrum der Betrachtung rücken.[56] Zu den sozial- und naturwissenschaftlichen Methoden und deren Vergleichsmodellen verhält sich der Historismus distanziert. Abgesehen von den methodologischen Überlegungen Theodor Schieders (1908–84), die unten noch dargelegt werden, sind „komparative Fragestellungen" in der deutschen Geschichtswissenschaft, wie Jörn Leonhard festgestellt hat,[57] „bis in die 1980er Jahre ein weitgehend uneingelöstes Desiderat."

Britische und vor allem französische Historiker, Geistes- und Naturwissenschaftler leisten entscheidende Vorarbeit für die Entwicklung einer historischen Komparatistik.[58] In diesem zweigeteilten Wissenschaftssystem befindet sich auch die Sportwissenschaft mit ihrer historischen, soziologischen, politischen und ökonomischen Orientierung. Die eingangs erwähnten Vorbemerkungen zum Anachronismus, zur Terminologie und zur grundsätzlichen Frage der Vergleichbarkeit von Objekten und Phänomenen sollten auf einige der methodischen Schwierigkeiten, Imponderabilien und Grenzen der historischen Komparatistik aufmerksam machen. Nicht zuletzt ihnen ist es zuzuschreiben, dass kaum übersehbare und beachtenswerte Bedenken gegen vergleichende Methoden in der Geschichtswissenschaft geäußert worden sind. Dabei fallen insbesondere in der deutschsprachigen Forschung die lange Zeit vorherrschende Skepsis und die Kritik der Historiker bei der Anwendung komparatistischer Verfahren auf.[59]

Dieser historische Skeptizismus reicht weit zurück. Ein Beispiel: Plutarch (ca. 45–125), der 'Vater der Biographie' (Konrat Ziegler), hat bekanntlich 22 *Bioi paralleloi* über Griechen und Römer verfasst und dabei im Anhang zu fast jedem Paar ein Vergleichskapitel, die *Synkrisis*, angefügt. Dabei galt sein Interesse vor allem der Ähnlichkeit von Charak-

---

[56] Zur „Betonung des Besonderen" und zu „zweifelhaften Singularitäten" siehe Acham 1999, 21–25; zur Konzeption von Individuum und Durchschnittsmenschen (*homme moyen*).
[57] Leonhard 2001, 64.
[58] Vgl. dazu Osterhammel 1996, 278.
[59] In diesem Kontext darf auch auf die skeptische Position der Sportwissenschaft gegenüber dem „Paradigma der Interdisziplinarität" verwiesen werden, auf das Willimczik & Höner 2006/2007, 164 aufmerksam machen.

teren und den politischen und privaten Handlungen sowie den moralischen Einstellungen. Zugleich war es dem Biographen aber auch ein Anliegen, den Griechen zu demonstrieren, dass die Römer[60] „keine Barbaren seien und auf eine die griechischen Geschichte durchaus vergleichbare Vergangenheit blicken dürften." Dass in den Parallelviten problematisierbare „schematische Vergleichungen" auftauchen, überrascht kaum.[61] Ein zweites antikes Beispiel erscheint für den sporthistorisch Interessierten meiner Meinung nach durchaus beachtenswert: Cornelius Nepos (ca. 100–24) konfrontiert schon im ersten vorchristlichen Jahrhundert berühmte Griechen mit einzelnen Römern und verweist in der Einleitung zu dieser komparativ konzipierten Abhandlung auf seiner Ansicht nach gravierende Unterschiede zwischen den beiden Zwillingsvölkern:[62]

> Großen Ruhm (*magnis in laudibus*) bedeutete es in fast ganz Griechenland, als Sieger bei den olympischen Spielen ausgerufen zu werden. Auch der Auftritt auf einer Theaterbühne und das öffentliche Sich-Produzieren bei einem Spektakel hatte nichts Schändliches an sich. Das alles wird von uns [Römern] teils für unehrenhaft, teils für demütigend gehalten (*partim infamia, partim humilia*). Im Gegensatz dazu gilt bei unseren Sitten manches anständig, was bei jenen [den Griechen] für schändlich angesehen wird (*contra ea pleraque nostris moribus sunt decora, quae apud illos turpia putantur*): Wer von den Römern zum Beispiel würde sich schämen, seine Gattin zum Gastmahl mitzunehmen? […] Bei den Griechen ist das ganz anders (*quod multo fit aliter in Graecia*).

Die ältere altertumswissenschaftliche Forschung hat auf die Bemühungen um die vergleichende Betrachtung prominenter Persönlichkeiten erwartungsgemäß zurückhaltend und kritisch reagiert. Albin Leskys (1896–1981) Kommentar zu den Parallelbiographien lässt meines Erachtens die konservative Grundhaltung gegenüber dem Vergleichen im deutschen Sprachraum erkennen:[63] Plutarch, so Lesky, teile nicht „die skeptische Überzeugung moderner Historiker, daß es wirkliche Parallelen überhaupt nicht gebe".

---

[60] Dihle 1989, 205.
[61] Ziegler 1954, 10 und 18f.
[62] Cornelius Nepos, *De excellentibus ducibus exterarum gentium* 1. 4–5 *(praefatio)*.
[63] Lesky ²1963, 880f.

Die Ursachen für die zweifelnde und misstrauische Position in der Geschichtswissenschaft sind vielfältig. Dieser Argwohn kann nicht allein damit begründet werden, dass, wie Hartmut Kaelble feststellt,[64]

> der historische Vergleich in der Profession in schlechtem Ruf steht. Man kann im Gegenteil sagen, daß neben der Forderung nach Interdisziplinarität und der Forderung nach einem Ausbruch aus der Enge der puren ereignis- und persönlichkeitsorientierten Politikgeschichte die Forderung nach dem Vergleich zu den Hauptansprüchen der gewandelten Geschichtswissenschaft schon der 1960er und 1970er Jahre gehörte.

So urteilt Kaelble gegen Ende des 20. Jahrhunderts. Ehe die zurückhaltende Rolle des Historismus der Komparatistik gegenüber besprochen wird, soll ein knapper sporthistorischer Exkurs veranschaulichen, wie griechische Selbsteinschätzung dazu geführt hat, die eigene Wettkampfkultur, die sich in den Agonen manifestiert, als etwas Einmaliges zu beurteilen und sie anderen Völkerschaften und Kulturen abzustreiten respektive deren Unverständnis für agonale Aktivitäten zu behaupten. Herodot aus Halikarnassos (ca.485–25) schildert in seiner *Histories apodexis* die katastrophale Lage der Griechen nach den Niederlagen bei den Thermopylen und in der Seeschlacht von Artemision und erwähnt griechische Überläufer, die von Xerxes befragt werden, was die Verlierer nun wohl beabsichtigten. Die Antwort löste bei den Persern Befremden und Bestürzung aus:[65]

> Jene erwiderten, die Griechen feierten das olympische Fest und schauten dem Kampfspiel zu Fuß und zu Wagen zu. Da fragte der Perser, was man dabei für einen Kampfpreis ausgesetzt habe. Sie erwiderten, der Sieger erhalte einen Kranz von Ölbaumzweigen. Darauf sagte Tritantaichmes [ein persischer Satrap], der Sohn des Artabanos, ein sehr edles Wort, das ihm allerdings beim König den Vorwurf der Feigheit einbrachte. Als er nämlich hörte, der Kampfpreis sei ein Kranz, aber kein Geld, hielt er nicht länger an sich, sondern rief vor allen Leuten: „Weh, Mardonios! [einer der Feldherren des Xerxes] Gegen was für Leute führtest du uns in den Krieg, die nicht um Geld ihre Kampfspiele halten, sondern um den Preis der Tüchtigkeit!

---

[64] Kaelble 1996, 92.
[65] Herodot 8.26.2–3.

Diese überheblich wirkende Autostereotypologie, der die klassische Antithese Hellenen/Barbaren zugrunde liegt, kennzeichnet das griechische Schrifttum über Jahrhunderte hinweg. Noch sechshundert Jahre nach Herodot entwirft Lukian von Samosata (ca. 120–80) den Anacharsisdialog, eine fiktive Diatribe, in der Solon versucht, dem skythischen Prinzen Anacharsis den Betrieb in einem Athener Gymnasion verständlich zu machen, ein Bemühen, das letztlich zum Scheitern verurteilt ist. Der Skythe versteht das Wettkampfgeschehen nicht, noch weniger den Ehrgeiz der Athleten, einen Kranz oder einen anderen Siegespreis gewinnen zu wollen.[66] Hierin gleicht er den Persern. Wer kein Hellene ist, kann für die Agonistik – so das griechische Selbstbewusstsein – kein Verständnis aufbringen. Gleich zu Beginn des Dialogs legt Lukian dem Anacharsis die Worte in den Mund:[67]

> Weswegen, bester Solon, tun dies bei euch die jungen Männer? Die einen umschlingen einander und stellen sich ein Bein, andere wieder packen sich an der Kehle, versuchen sich gegenseitig zu Boden zu werfen und wälzen sich wie Schweine im Kot. Zu Anfang aber – ich sah es selbst –, nachdem sie sich der Kleider entledigt hatten, salbten sie sich mit Öl und einer rieb den anderen friedlich abwechselnd ein; darauf jedoch – ich weiß nicht, was sie anwandelte – rennen sie mit geducktem Kopf aufeinander zu und schmettern ihre Stirnen aneinander wie die Widder. Und sieh, wie der dort den Burschen an den Beinen aufgehoben und zu Boden geworfen hat, sich auf ihn stürzt und nicht mehr emporkommen läßt, ja ihn noch tiefer in den Lehm stößt; er schlingt endlich beide Beine um dessen Bauch, preßt den Ellenbogen auf seine Kehle und würgt den Armen. Der aber klopft ihm auf die Schulter und fleht ihn, glaub' ich, an, ihn nicht ganz zu erdrosseln. Nicht einmal das Öl hindert sie, sich zu besudeln, so daß man es bald gar nicht mehr bemerkt.

Dieser Mentalität entspricht es auch, wenn in der einzigen Schrift, die aus dem Altertum über den Sport erhalten geblieben ist, Philostrats *Peri gymnastikes*, berichtet wird, dass der barbarische Stamm der Bebryker das Boxen von den Griechen übernommen habe.[68] Ein Nachleben dieser ideologischen Polarisierung von Hellenen und Barbaren, die letztendlich über

---

[66] Lukian, *Anacharsis e peri gymnasion* 15 und 35. Vgl. dazu die Kommentare von Angeli Bernardini 1995 zu den zitierten Passagen und Spickermann 2013, 512-516.
[67] Lukian, *Anacharsis e peri gymnasion* 1 (übersetzt von E. Steidl) 1.
[68] Philostrat, *Peri gymnastikes* 9.

einen komparativen Ansatz verfügt und den sportlichen Wettkampf als spezifisch griechische Institution betrachtet, schlägt sich auch in der Rezeption und in der nicht *a priori* gegebenen Akzeptanz der Römer nieder. In der deutschen Altertumswissenschaft, die sich schon seit der ersten Hälfte des 19. Jahrhunderts mit der Agonistik und Gymnastik der Griechen befasst, werden diese Gedanken und Standpunkte übernommen. Dabei zeigt sich, dass das Konzept von der Besonderheit und Singularität des Griechensports, das, wie gesagt, auf einem Vergleich mit anderen Völkerschaften und wohl auch auf klassizistisch-ästhetischer Reflexion in philhellenischer Interpretation basiert, von wirkungsgeschichtlich bedeutenden Forschern rezipiert wird.

Meine hier anschließenden Überlegungen stellen den Versuch dar, tiefer in die Vorgeschichte der historischen Komparatistik einzudringen. Die angesprochene Reserviertheit und Ungläubigkeit insbesondere in der deutschsprachigen Historiographie sind in erster Linie wohl der Tradition des Historismus mit seiner Präferenz für idiographische und nationalbewusste Forschungsperspektiven zuzurechnen. Dazu kommt das damit in Verbindung stehende Bemühen des 19. Jahrhunderts, sich von den empirischen naturwissenschaftlichen Arbeitsmethoden abzugrenzen.[69] Jürgen Kocka notiert:[70] „Dem Historismus blieb das systematische Vergleichen fremd" – eine Auffassung, die m. E. in ihrer apodiktischen Formulierung vielleicht doch überdenkenswert erscheint. An anderer Stelle heißt es: „Vergleichende Arbeiten bleiben bisher in der deutschen Historiographie ein Minderheitenphänomen." Autoren wie Wilhelm Windelband (1848–1915), Heinrich Rickert (1863–1936), Wilhelm Dilthey (1833–1911), Friedrich Meinecke (1862–1954) und Hans-Georg Gadamer (1900–2002) zählen zu den prominenten Vertretern dieses Individualitätsprinzips in der historistischen Geschichtstheorie.[71] Als ein Meilenstein bei der Pola-

---

[69] Kaelble 1996, 92f. nennt weitere Gründe „für das Fehlen breiter Reflexionen der Historiker über den Vergleich."

[70] Kocka 1996, 47 und 56; siehe auch Haupt, Kocka 1996, 23. Kaelble 1999, 30 spricht vom „massiven Einfluß des individualisierenden Historismus, der jede Gesellschaft in ihrer unverwechselbaren Individualität sieht und deshalb glaubt, entweder Gesellschaften überhaupt nicht vergleichen zu können oder sich beim Vergleichen ganz auf ihre Besonderheiten beschränken zu müssen."

[71] Faber 1978, 45–47 und 57f. verweist auch auf Karl Poppers Einschätzung der Singularität, Eigentümlichkeit und „Einzigartigkeit geschichtlicher Ereignisse"; das hindert Popper [6]1987, 114f. nicht, auch von „universalen Gesetzen", „kausalen Erklärungen" und von

risierung Naturwissenschaft versus Geisteswissenschaft gilt die Straßburger Rektoratsrede *Geschichte und Naturwissenschaft* (1894) von Wilhelm Windelband. Hier wird ein prinzipieller Unterschied zwischen 'Ereigniswissenschaft' und 'Erfahrungswissenschaft' gemacht. Das deutet schon Windelbands Titel an. Seiner Konzeption nach sollte es dem Historiker primär darum gehen, das Singuläre, Konkrete, die Besonderheit, den Einzelfall zu erfassen und zu beschreiben. Es geht also um ein Verfahren, das im Methodendiskurs als idiographisch bezeichnet wird. Die darauf basierende Historiographie mit ihrer Präferenz für das Einzigartige, für individualisierende Darstellung liefert nur schwache Impulse für eine komparative Betrachtungsweise.[72] Wer sich allerdings wie Ommo Grupe (1930–2015) bemüht, „das 'Überindividuelle' im Individuellen sichtbar zu machen",[73] leistet einen Beitrag dazu, die idiographische Methode auch komparatistisch zu interpretieren.

Das Singularitätsprinzip des Historismus ist im Übrigen nicht neu. Schon Aristoteles (384–22) ist überzeugt davon, dass es Aufgabe des Historikers sei, das Besondere darzustellen, während es dem Dichter zustünde, das Allgemein-Menschliche zu enthüllen und wiederzugeben, er folglich die anspruchsvollere, philosophischere, also die ernsthaftere Arbeit leiste (*philosophoteron kai spoudaioteron*).[74] Dieses Individualitätsprinzip dominiert in der deutschen Geschichtswissenschaft noch während der ersten Hälfte des 20. Jahrhunderts und ist, wie schon angemerkt, eine der bestimmenden Ursachen für den wiederholt angesprochenen Skeptizismus der Historiker und deren geringes Interesse an Theorie und Praxis der komparatistischen Betrachtungsweisen.[75] Die Verstehenden Wissen-

---

„typischen Ereignissen" zu sprechen. Für Thurnher 1984, 205, der sich kritisch mit Popper (und mit Carl Gustav Hempels Beitrag *General Laws in History* [1942]) auseinandersetzt, besitzen „[d]ie meisten der gesetzesmäßigen Annahmen, die für eine historische Erklärung in Frage kommen, [den] Charakter von Alltagswahrheiten und Trivialitäten." – Vgl. auch Zelle 2013, 130 und Zemanek 2012, 18; hier wird darauf hingewiesen, dass bei Dilthey „die komparativen Wissenschaften als Brücke zwischen den individualisierenden und den generalisierenden Wissenschaften" verstanden werden. Vgl. auch Bichler 1978, 25f.

[72] Zu Windelband vgl. Thurnher 1984, 190–211; Bichler 1978, 22f. und ders. 1990, 178f.; Willimczik 2011, 75f.
[73] Grupe 2003, 25.
[74] Aristoteles, *Poetik* 1451b; dazu Bichler 1990, 171f.
[75] Zur philosophischen Rechtfertigung der „auf die geschichtliche Einmaligkeit und Besonderheit gerichteten empirischen praktischen historiographischen Arbeit der bürgerli-

schaften, also die Geisteswissenschaften und somit auch die Sporthistorie, wie sie im 19. und frühen 20. Jahrhundert klassifiziert wurden, basieren auf dem methodischen Ansatz der historischen Hermeneutik,[76] die ausgerichtet ist auf die sachgerechte Interpretation des Quellenmaterials, in erster Linie natürlich der literarischen Überlieferung. Zuweilen geht es um eine Methode des intuitiven Erfassens und Begreifens von Individualitäten und Einzelheiten. Textverständnis und richtiges Auslegen vor allem literarischer Überlieferung haben dabei Vorrang.

Auf einen allmählichen Wandel dieser Einstellung und die wachsende Akzeptanz, die mit der Rezeption der Arbeitsweisen der Sozial- und Naturwissenschaftler zusammenhängen, hat im Jahr 2010 Thomas Welskopp hingewiesen.[77] Im Laufe des 20. Jahrhunderts kommt es – wie ein anderer Wissenschaftshistoriker feststellte – zu einer entscheidenden Erweiterung des Methodenspektrums in den Geisteswissenschaften, die auch die komparatistische Forschung tangiert und inkludiert. Im Jahr 1999 schreibt Hartmut Kaelble:[78]

> In der heutigen Geschichtswissenschaft wird neben der verstehenden auch die analytische Methode häufig angewandt. Es gehört zum grundlegenden Charakter der Geschichtswissenschaft, daß ein Historiker beide Methoden verwenden sollte und kann. Die Geschichtswissenschaft auf die verstehende Methode reduzieren zu wollen, wäre eine Selbstamputation, eine verhängnisvolle Verarmung dieser Disziplin und würde bedeuten, auf große Teile des historischen Vergleichs verzichten zu müssen.

---

chen deutschen Historiker" und zur Leugnung der „Möglichkeit, in der Gesellschaft analog zur Natur Gesetze aufzudecken," wie das Dilthey, Windelband und Rickert versucht haben, vgl. Acham 1974, 102. – Zu Rickert vgl. Bichler 1978, 24; Dilthey plädiert für die „Verbindung von 'generellen Theorien und vergleichender Betrachtung' in einer durchaus 'individualisierenden' Historie," so Bichler 1978, 25. – Zum Thema *Das Individuelle und das Allgemeine* in der geschichtswissenschaftlichen Theorie vgl. Faber [4]1978, 45–65, und in der Literaturwissenschaft Zemanek 2012, 18.

[76] Gissel, Krüger 2010, 52.
[77] Welskopp 2010, 1: „Auf die tiefgreifende Skepsis gegenüber Vergleichen in der auf Individualität abhebenden Geschichtswissenschaft des Historismus folgte eine Öffnung gegenüber der komparatistischen Perspektive bei Pionieren aus den angrenzenden Sozialwissenschaften." – Zum Antipositivismus, wie ihn Carl Diem vertritt, vgl. Court 2001, 61.
[78] Kaelble 1999, 96.

Windelbands Trennung von Idiographie und Nomothetik ist vor dem Hintergrund des geschichtswissenschaftlichen Methodenstreits gegen Ende des 19. Jahrhunderts zu sehen, den die positivistische Position von Karl Lamprecht (1856–1915) unter deutschen Historikern ausgelöst hat.[79] Der Leipziger Historiker, dem Kritiker eine Nähe zum Soziologen Auguste Comte nachgesagt haben, konnte sich mit seinen Ansätzen zu einer komparativen Arbeitsmethode und seinen sozialökonomischen Thesen in der deutschen Historiographie ebenso wenig durchsetzen wie dies vor ihm schon bei Johann Gustav Droysen (1808–84) oder nach ihm bei dem kulturanthropologisch orientierten Historiker Kurt Breysig (1866–1940) der Fall war.[80]

Nur mit Einschränkungen steht Jacob Burckhardt in dieser Denktradition. In seinen *Weltgeschichtlichen Betrachtungen* räsoniert der Basler Kulturhistoriker über *Das Individuum und das Allgemeine* und wählt bekanntlich „den duldenden, strebenden und handelnden Menschen, wie er ist und immer war und sein wird", zum 'Ausgangspunkt' und 'Zentrum' seiner Forschungen. Ziel der Bemühungen des Historikers sollte es somit sein, „das sich Wiederholende, Konstante, Typische als ein in uns Anklingendes und Verständliches" zu erforschen. Daher hält Burckhardt für das historische Studium folgende Empfehlung parat:[81]

> Es schadet nichts, wenn der Anfänger das Allgemeine auch wohl für ein Besonderes, das sich von selbst Verstehende für etwas Charakteristisches, das Individuelle für ein Allgemeines hält; alles korrigiert sich bei weiterem Studium, ja schon das Hinzuziehen einer zweiten Quelle erlaubt ihm durch Vergleichung des Ähnlichen und des Kontrastierenden bereits Schlüsse, die ihm zwanzig Folianten nicht reichlicher gewähren.

Die Vergleichende Geschichte, wie sie diese zum Teil dem Positivismus verpflichteten zuletzt genannten Historiker vertreten haben, verharrt im Schatten der idiographisch-historistischen Tradition.[82] Im Zuge von

---

[79] Zu Nomothetik und Idiographie vgl. Pabst 2005/2006, 16: „Geschichte ist weder eine spekulative noch eine nomothetisch-exakte, sondern eine Erfahrungswissenschaft, in der es durchaus auch auf Konsens, Plausibiliät und Wahrscheinlichkeit ankommt." – Zu Lamprecht und dem 'Lamprechtstreit' vgl. Schulze 1974, 22–36.
[80] Bichler 1978, 5–8 und 19f.
[81] Burckhardt 1905/1985, 20 und 34. Siehe auch Schulze 1974, 107f.
[82] Vgl. zur Komparatistik bei Lamprecht Bichler 1978, 20f. und ders. 1990, 181; zu Droysen Bichler 1978, 5–8 und ders. 1990, 174f.; zu Breysig Bichler 1978, 19f. und ders.

Burckhardts innovativen Fragestellungen und Überlegungen zum Thema das Individuum und das Allgemeine kommt es zunächst einmal dazu, dass[83] „jeder vom historischen Vergleich spricht, aber niemand vergleicht." Doch das sollte sich ändern.

Die Impulse dafür kommen allerdings, wie schon angedeutet, nur zum geringen Teil von deutschen Historikern. Dass der Einsatz der vergleichenden Betrachtung ein wichtiges Hilfsmittel für die Erzielung neuer Einsichten und Forschungsergebnisse, ja für die Wahrheitsfindung schlechthin sei, diese These hat als einer der ersten René Descartes (1596–1650) mit Nachdruck vertreten:[84] Er war der Ansicht, dass man nur durch den Vergleich präzise die Wahrheit erkennen könne (*ce n'est que par une comparaison que nous connaissons précisément la vérité*). Ab der Wende vom 18. zum 19. Jahrhundert häufen sich dann weitere Beispiele für angewandte Komparatistik, zunächst in den Naturwissenschaften, die zur Etablierung von Spezialdisziplinen wie Vergleichende Anatomie, Vergleichende Physiologie, Vergleichende Astronomie, Vergleichende Botanik und Morphologie führen.[85] Diese komparatistisch ausgerichteten Fachrichtungen sind dem Positivismus, einer philosophisch-soziologischen Tradition des 19. Jahrhunderts verpflichtet, zu deren Initiatoren und Repräsentanten Auguste Comte (1798–1857) und Émile Durkheim (1858–1917) gehören. Für Comte leistet die komparative Methode einen wichtigen Beitrag zum wissenschaftlichen Erkenntnisgewinn. Sie gilt dem Mitbegründer des Positivismus und der Soziologie als[86] „das wichtigste wissenschaftliche Hilfsmittel der Soziologie", und er fügt hinzu: die Aufgabe des Historikers sei es, die „Vergleichung der geschichtlich einander folgenden Zustände der Menschheit" zum Gegenstand seiner Analysen zu machen.

Durkheims *Règles de la méthode sociologique* (1894) liefern dafür weitere Argumente. Unter anderem postuliert der französische Soziologe und

---

1990, 176f. Siehe ferner auch Osterhammel 1996, 280–283.

[83] Kaelble 1999, 153.

[84] Regel XIV bei Descartes 1618–1637/1988, 168; dazu auch Zelle 2013, 130. Als einen weiteren Pionier der „Methode der Vergleichung" nennt Bernheim ²1894, 164 Montesquieu (1689–1755).

[85] Zu den Mitbegründern des zuletzt genannten Faches zählt übrigens auch Johann Wolfgang Goethe mit seiner Abhandlung *Versuch die Metamorphose der Pflanzen zu erklären* (Gotha 1790).

[86] Comte 1974/1830, 109. Dazu und zu Durkheim auch Mauz, von Sass 2011, 11.

Ethnologe eine Methodologie des Kulturvergleichs, bei der das Registrieren von Konkordanzen und Divergenzen im Vordergrund zu stehen habe. Sein Konzept inkludiert zwei historische Vergleichskategorien. Zum einen verweist der Soziologe auf die diachrone Methode, die gesellschaftliche und kulturelle Entwicklungen in der Frühzeit mit späteren Geschichtsepochen oder der Gegenwart in einer historisch-komparativen Perspektive untersucht. Anderseits sollte sich die ebenfalls historisch ausgerichtete synchrone Methode auf zeitgenössische Gesellschaften konzentrieren, um sie vergleichend zu erforschen. Damit werden von Durkheim zwei Modelle der historisch-soziologischen Komparatistik konzipiert, die auch heute noch zu den grundlegenden Arbeitsweisen der Historiker zählen. Sowohl der diachrone wie auch der synchrone Vergleich gehören zu den allgemein akzeptierten Kategorien der geschichtswissenschaftlichen Komparatistik. Im Interesse auf historischprozesshafte und evolutionistische Konzepte, anderseits auf strukturalistisch-typologische Systeme manifestieren sich diese beiden methodischen Forschungsansätze. Wirkungsgeschichtlich gesehen leistet Durkheim mit seinen Überlegungen zu den Vergleichsmethoden für Soziologen und Historiker einen sehr beachtlichen Beitrag.

Im 19. Jahrhundert tritt der Vergleich in der deutschen Forschung allmählich seinen Siegeszug an. Das gilt zunächst für die Natur- und systematischen Sozialwissenschaften, und mit einem deutlich retardierenden Moment – aus den ebenfalls schon genannten Gründen – auch für die Geschichtswissenschaft. Die vergleichende Methode wird, so der Physiker und Wissenschaftstheoretiker Ernst Mach (1838–1916),[87]

> das mächtigste innere Lebenselement der Wissenschaft. Denn aller Zusammenhang, alle begriffliche Einheit kommt durch die Vergleichung in die Wissenschaft.

Die Naturwissenschaften, deren vorrangige Kompetenz auf die Auffindung und Formulierung allgemeinverbindlicher Gesetze und Gesetzmäßigkeiten ausgerichtet ist, orientieren sich, um Windelbands Terminologie zu verwenden, an der nomothetischen Methode.[88] Die Nomothetik

---

[87] Mach 1894/1896, 397, oft zitiert, so auch von Mauz, von Sass 2011, 5 und Zelle 2013, 130.
[88] Zur ahistorischen Nomothetik und zur empirischen Generalisierung sowie zum historischen Vergleich Acham 2008, 203–205; Bichler 1990, 178.

ihrerseits basiert, wie noch zu zeigen sein wird, auf dem Vergleich und sucht nach generellen Regeln und Gesetzen, nach strukturellen Mustern und Typologien. In diesem Kontext mag an die von Philosophen und Dichtern oft kommentierte Sentenz erinnert werden: *Individuum est ineffabile* („Das Individuum ist nicht zu fassen") – eine Behauptung, die unter anderem auch dahingehend interpretiert wird, dass Individuelles, also konkrete Gegenstände oder Einzelheiten, begrifflich nicht zu erfassen seien, wohl aber das Allgemeine.[89]

In der Geschichtswissenschaft, die sich zunächst einmal in Westeuropa am Methodenrepertoire der Naturwissenschaften und der systematischen Sozialwissenschaften orientiert, zählt Marc Bloch (1886–1944) mit seinem berühmten Plädoyer *Pour une histoire comparée des sociétés européennes* (1928) zu den Wegbereitern eines historisch-vergleichenden Verfahrens. Bloch verlangt vom Historiker zum einen, dass er Gesellschaften auswählt,[90]

> die zeitlich wie räumlich so weit voneinander entfernt sind, daß zwischen dieser und jener Erscheinung in den einzelnen Gesellschaften beobachtete Gemeinsamkeiten sich ganz offenkundig weder durch gegenseitige Beeinflussung noch durch irgendeinen gemeinsamen Ursprung erklären lassen.

Anderseits empfiehlt der französische Historiker als zweites Vergleichsverfahren[91]

> [d]ie parallele Untersuchung von Nachbarschaften in derselben historischen Epoche, die sich ununterbrochen gegenseitig beeinflussen, die in ihrer Entwicklung aufgrund der räumlichen Nähe und der Zeitgleichheit dem Wirken derselben Hauptursachen unterworfen sind und die, zumindest teilweise, auf einen gemeinsamen Ursprung zurückgehen.

Der Mitbegründer der Fachzeitschrift *Annales d'histoire économique et sociale*, der die methodischen Anleitungen von Émile Durkheim rezipiert, fordert vom komparativ arbeitenden Historiker:[92]

---

[89] Wehler 2003, 15.
[90] Bloch 1928/1994, 123. Dazu auch Haupt, Kocka 1996, 10 und 39. Kocka 1996, 69f. verweist einerseits auf „Durkheims Einfluß auf die Vorreiter der *Annales*-Schule, Bloch und Febvre" und betont aber auch „die Anstöße, die [Max] Weber und Sombart" gegeben haben. Siehe ferner Osterhammel 1996, 272f.
[91] Bloch 1928/1994, 125.

Aus einem oder mehreren verschiedenen sozialen Milieus zwei oder mehrere Phänomene auszuwählen, die scheinbar auf den ersten Blick gewisse Analogien aufweisen, den Verlauf ihrer Entwicklungen zu beschreiben. Ähnlichkeiten und Unterschiede festzustellen und diese so weit wie möglich zu erklären.

Einen frühen Versuch, das französische Vergleichsmodell in der deutschen Historikerzunft bekannt zu machen, bietet Otto Hintze (1861–1940) mit seiner auf die Komparatistik bezogenen Feststellung:[93]

[...] man kann vergleichen, um ein Allgemeines zu finden, das dem Verglichenen zugrunde liegt; und man kann vergleichen, um den einen der verglichenen Gegenstände in seiner Individualität schärfer zu erfassen, und von dem anderen abzuheben. Das erstere tut der Soziologe, das zweite der Historiker.

Dieser Vorschlag aus dem Jahr 1929, der Komparatistik mehr Beachtung in der deutschen Geschichtsforschung beizumessen, trägt erst Jahrzehnte später Früchte. Das Hauptinteresse gilt nämlich nach wie vor der Erfassung historischer Singularitäten, nicht dem Allgemeinen, das heißt, die meisten Historiker anerkennen als Forschungsobjekt nach wie vor den Primat des Individuums. Mit anderen Worten: Historiographie bleibt vorerst Idiographie.

Erst in der zweiten Hälfte des 20. Jahrhunderts, mit der Rezeption der britischen und französischen Geschichtsforschung und deren Theoriediskursen sowie in Auseinandersetzung mit den Typologie-Konzepten und dem Verständnis für Interdisziplinarität von Max Weber (1864–1920), schließlich auch der marxistischen Geschichtstheorie, die allesamt eine Annäherung der Geschichte an die systematischen Sozialwissenschaften fördern und bewirken, finden komparative Forschungsansätze stärkere Beachtung.[94] Hans-Ulrich Wehler (1931–2014) zeigt sich noch in den

---

[92] Bloch 1928/1994, 122; Haupt, Kocka 1996, 10.
[93] Hintze 1929/²1964, 251; Bichler 1990, 179; Wehler 1973, 33; Haupt, Kocka 1996, 11; Kocka 1996, 52; Meier 1996, 265. – Bernheim ²1894, 175f. spricht mit Verweis auf Französische, Belgische, Niederländische, Britische und Amerikanische historische Studien des 19. Jahrhundert vom „mächtige[n] methodische[n] Hilfsmittel der Vergleichung".
[94] Zu Max Webers Beitrag zur historischen Komparatistik vgl. Kocka 1996, 47f., 50, 52; Bichler 1978, 1–87; Schieder ²1968, 195–219 mit Anm. 234–238. Trommsdorff ²2002, 774–777.

frühen 1970er Jahren irritiert, dass die These,[95] „die Geschichte widme sich dem Individuellen, die Soziologie jedoch dem Allgemeinen [...], einer Beliebtheit erfreut." In dieser an den Universitäten turbulenten Zeit vollzieht sich ein Wandel. Man kann durchaus von einem Paradigmenwechsel in der deutschen Historiographie sprechen.[96] Die Geschichtswissenschaft, zunächst vor allem die Wirtschafts- und Sozialgeschichte, erweitert ihr Methodenrepertoire und ihr Blickfeld. Für eine Synthese der historischen und sozialwissenschaftlichen Arbeitsweisen plädierte nachdrücklich Ernst Topitsch (1919–2003) mit der des öfteren zitierten Feststellung:[97]

> Geschichte ohne Soziologie ist blind. Soziologie ohne Geschichte ist leer. Das erstere tut der Soziologe, das zweite der Historiker.

Von der Wichtigkeit einer 'Fusion' der Geschichtswissenschaft, insbesondere der empirisch ausgerichteten Sozial- und Wirtschaftsgeschichte sowie der Soziologie, waren neben anderen Historikern auch Hans-Ulrich Wehler und Peter Burke überzeugt.[98] Als einen der illustren Gewährsmänner für die Richtigkeit und Wichtigkeit dieser These berufen sich Wehler und Burke, aber auch andere Historiker auf Max Weber.[99] Seine Konzepte vom Idealtypus und Realtypus zählen zum theoretischen Fundament einer Vergleichenden Geschichtswissenschaft.[100]

Zum Ausdruck kommt das wachsende Interesse an komparativer Forschung im internationalen Raum in der Gründung der *Société Jean Bodin pour l'histoire comparée des institutions* (1935), bezeichnenderweise in Frankreich, sowie in den neuen Publikationsorganen *Saeculum. Jahrbuch für Universalgeschichte* (1950) und *Comparative Studies in Society and History* (seit 1958).[101] Die universalhistorische Konzeption des *Sae-*

---

[95] Wehler 1973, 13.
[96] Zum Paradigmenwechsel siehe Kuhn 1962/1976; über die Wissenschaftswandlungen im 20. Jahrhundert vgl. auch Ash 2006. 19–37 und Krüger, Langenfeld 2010, 13.
[97] Topitsch ³1971, 129; Wehler 1973, 10.
[98] Wehler 1973, 33; Burke 1989, 39–42.
[99] Nippel 2005, 317–356; Weiler 1978, 253–264;
[100] Schieder ²1968, 210f.
[101] *Saeculum* betrachtet die Kulturen des Alten Orients, Indiens und Ostasiens, Altamerikas, der griechisch-römischen Antike, der islamischen Völker und Europas in methodisch abgesichertem Vergleich. Dabei finden auch die Prähistorie, die Ethnologie und die Anth-

culum-Jahrbuchs inkludiert den Zusammenhang zwischen Sozial- und Wirtschaftsgeschichte, politischer und Kulturgeschichte. Die Forschungsperspektiven der Universalgeschichte und der komparativen Geschichte stehen zueinander in einer engen interaktiven Beziehung. Das seit 1991 erscheinende Periodikum *Comparativ. Zeitschrift für Globalgeschichte und vergleichende Gesellschaftsforschung*, das bezeichnenderweise von der Karl-Lamprecht-Gesellschaft herausgegeben wird, versucht dieser Interdependenz programmatisch gerecht zu werden.

Als Reaktion auf diese Plädoyers für ein Zusammengehen der Universalhistorie und Komparatistik sowie der systematischen und historischen Sozial- und Kulturwissenschaften etabliert sich in der deutschen Geschichtswissenschaft in Verbindung mit und im Anschluss an den Positivismus eine Fülle von Wissenschaftsdisziplinen, die sich zu den Prinzipien der Komparatistik bekennen. Neben den konventionellen historischen Fächern gibt es nun eine Vergleichende Wirtschafts- und Sozialgeschichte, Vergleichende Demographie, Vergleichende Religions- und Rechtsgeschichte (Spottvers von Theo Mayer Maly über den Rechtsvergleicher Josef Kohler [1849–1919]: „Das Recht der Azteken und Tiroler bleibt verschont vom Josef Kohler"), Vergleichende Literatur- und Kunstgeschichte (Ernst Robert Curtius [1886–1956], Karlheinz Stierle, René Wellek [1903–95]; Alois Riegl [1858–1905], Erwin Panofski [1892–1968], Aby Warburg [1866–1929]), Vergleichende Musikgeschichte, Vergleichende Politikgeschichte, Vergleichende Ethnologie als *cultural Anthropology* (Franz Boas [1858–1942]),[102] Völkerpsychologie und Sonderformen wie Vergleichende Kriegs-, Revolutions- oder Stadtgeschichte. Spezielle Publikationsorgane, Lehrstühle und Konferenzen dokumentieren das vielfältige Spektrum dieser komparatistisch-historischen Konzepte und Programme. Die meisten dieser Fachbereiche kombinieren die historische Perspektive mit einem systematisch-typologischen Ansatz, also diachrone und synchrone Forschungen,[103] so

---

ropologie gebührende Beachtung. – Zur Programmatik der US-amerikanischen Zeitschrift vgl. das *Editorial* von Thrupp 1957/1958, 1–4 und dies. 1957, 554–570.
[102] Dazu Osterhammel 1996, 278.
[103] Vgl. dazu auch Haupt, Kocka 1996, 31 und Weiler 1978, 272f. Schulze 1974, 203 erklärt die beiden Begriffe wie folgt: „Synchronisch bedeutet [...] die vergleichende Analyse an fixen Zeitpunkten, die diachronische Methode vergleicht demgegenüber gesellschaftliche Phänomene in ihrer Veränderung über bestimmte Zeiten hinweg." Auf die diachrone (bezogen auf unterschiedliche Epochen oder entfernte Lokalisationen) und syn-

dass man heute auch von Vergleichender Religions*wissenschaft* bzw. Religions*geschichte*, Vergleichender Rechts*wissenschaft* und Rechts*geschichte*, Vergleichender Politik*wissenschaft* und Politik*geschichte* etc. spricht. Hier bietet sich auch an, die Bedeutung von Vergleichender Sport*geschichte* und Vergleichender Sport*wissenschaft* auseinander zu halten.[104] Als eine spezielle Disziplin scheint sich meines Erachtens eine komparative sporthistorische Subkategorie noch nicht etabliert zu haben.[105] Auch wenn in anderen Fächern, wie Hartmut Kaelble konstatiert,[106] „[d]er Vergleich heute nicht mehr das Aschenputtel der Geschichte" ist.

Im Zuge der Akzeptanz vorhandener westeuropäischer Theorien zu den vergleichenden Methoden in der Geschichtswissenschaft und auf deren Grundlage haben deutsche Historiker in der zweiten Hälfte des 20. Jahrhunderts eigene Konzepte ausgearbeitet.[107] Ich wende mich im Folgenden einigen der einschlägigen Publikationen zu. In seinem Kapitel *Möglichkeiten und Grenzen vergleichender Methoden in der Geschichtswissenschaft* (1968) vermutet Theodor Schieder, dass „für vergleichende Methoden in der Geschichtswissenschaft [...] die stärksten Impulse" von den Sozialwissenschaften ausgehen.[108] So nimmt es nicht wunder, wenn der Autor bei seinem Versuch, Grundregeln für Vergleichsverfahren der Historiker zu formulieren, das Methodenrepertoire von Max Weber bemüht. Der Neuzeithistoriker beruft sich dabei insbesondere auf dessen Idealtypus, der nur Elemente der Wirklichkeit erfasst und daraus nicht ohne Überzeichnung ein Konstrukt extrapoliert. Weber unterscheidet davon den Realtypus als einen konkreten historischen Einzelfall oder Sachverhalt, der als charakteristisches und typisches Muster interpretiert wird. Für Schieder ist der Idealtypus zwar das Resultat des synthetischen Vergleichs, er schafft aber auch Voraussetzungen „für historische Individua-

---

chrone Methode (ortsspezifische Vergleiche) verweisen auch Maunz, von Sass 2011, 17. Die beiden Autoren führen darüber hinaus noch weitere Vergleichsmöglichkeiten an.
[104] Brodersen ²1969, 1235.
[105] Google nennt 334.000 Eintragungen unter „history of sport, comparative studies" und 267 unter „Vergleichende Studien zur Sportgeschichte" (8. 2. 2016).
[106] Kaelble 1999, 151.
[107] Auf das Problem, sich „bei Vergleichen [...] auf die Sekundärliteratur" zu stützen, verweisen Haupt, Kocka 1996, 33.
[108] Schieder ²1968, 215.

lisierung".[109] Dabei gilt die Synthesenbildung mit ihrem induktiven Aufstieg vom Besonderen zum Allgemeinen als[110] „die interessanteste und ergiebigste Form der vergleichenden Historie." Neben diesem komparatistischen Zugang nennt der seinerzeit in Köln lehrende Historiker noch weitere Vergleichsformen, die auf induktivem und deduktivem Weg das Streben nach Ausweitung historischer Kenntnisse fördern können. Es sind dies: Der *paradigmatische* Vergleich; er stellt ein Musterbeispiel, ein Modell dar, das mit seinem deduktiven Verfahren als Vorbild dient und aus generellen Begriffen historische Einzelheiten abzuleiten versucht.[111] Der *analogische* Vergleich operiert mit Entsprechungen, Ähnlichkeiten und Übereinstimmung; auch hier wird im Wege der Deduktion von einem allgemeinen Menschenbild auf Einzelheiten geschlossen.[112] Im *generalisierenden* Vergleich sollen mittels Induktion aus Einzelfällen das Allgemeine, Begriffe, Regeln und Gesetze erschlossen werden.[113] Der *individualisierende* Vergleich sucht im Gegensatz zu Typologien das Besondere, das Einzelne, Eigentümliche eines Gegenstandes zu erfassen; für Schieder folgt er damit dem „Grundprinzip einer für den Historismus allein tragbaren Theorie des Vergleichs."[114] Der schon erwähnte *synthetische* Vergleich rekonstruiert aus dem Besonderen das Allgemeine; er verknüpft Einzelheiten zu einem höheren Ganzen. Schieder bezeichnet diese Vergleichsform als die „reifste Frucht des Historismus."[115]

Dass damit noch nicht alle Theorieprobleme zur historischen Komparatistik beschrieben und gelöst sind, hier also weiterhin Defizite existieren, hat Hans-Ulrich Wehler, der mehrfach für ein engeres Zusammengehen der historischen und systematischen Sozialwissenschaften plädiert, schon wenige Jahre nach Schieders Entwurf zum Vergleichen in der Geschichte behauptet, wenn er feststellt:[116]

---

[109] Schieder ²1968, 211.
[110] Schieder ²1968, 210.
[111] Schieder ²1968, 200.
[112] Schieder ²1968, 202. Nach Bloch 1928/1994, 125 können Analogieschüsse Lücken des Quellenmaterials schließen.
[113] Schieder ²1968, 200–203.
[114] Schieder ²1968, 206.
[115] Schieder ²1968, 207, 211; zum paradigmatischen Vergleich und seiner „oft verfremdenden Wirkung" vgl. Haupt, Kocka 1996, 14.
[116] Wehler 1972, 33.

Erleichtert würde auch die zunehmend wichtigere komparative Forschung, deren Logik fraglos zu den unterentwickelten Sektoren gehört.

Nach Schieders Plädoyer folgen einige wenige Studien, die sich um den Abbau dieses Theoriemankos bemühen. In dem Band *Geschichte und Vergleich* (1996) geht es, wie immer und überall in der Komparatistik, „um Ähnlichkeiten *und* Unterschiede". Die beiden Herausgeber Heinz-Gerhard Haupt und Jürgen Kocka definieren daher auch den historischen Vergleich wie folgt:[117]

> Geschichtswissenschaftliche Vergleiche sind dadurch gekennzeichnet, daß sie zwei oder mehrere historische Phänomene systematisch nach Ähnlichkeiten und Unterschieden untersuchen, um auf dieser Grundlage zu ihrer möglichst zuverlässigen Beschreibung und Erklärung wie zu weiterreichenden Aussagen über geschichtliche Handlungen, Erfahrungen, Prozesse und Strukturen zu gelangen.

Von diesem theoretischen Vorverständnis ausgehend unterscheiden Haupt und Kocka „zwei Grundtypen", die sich an dem schon erwähnten Vergleichskonzept von Otto Hintze und an Schieders methodologischen Reflexionen orientieren und weitere Differenzierungen vorschlagen. Zum einen geht es bei der Analyse von historischen Phänomenen um die Feststellung von Kontrasten, also um Unterschiede und damit um eine „genauere Erkenntnis der einzelnen Vergleichsfälle." Anderseits soll der historische Vergleich „die Einsicht in Übereinstimmungen, also die Generalisierung und damit die Erkenntnis allgemeiner Zusammenhänge befördern."[118] Zu diesen als Vorschlag verstandenen Kernaussagen über das Vergleichen kommen weitere detaillierte Anregungen zu den methodischen Funktionen und den unterschiedlichen Erkenntniszielen, die hier aus Zeitgründen nicht weiter zu kommentieren sind. Darüber hinaus schlagen Haupt und Kocka vor, den historischen Vergleich auch um Perspektiven zu bereichern, die in *heuristischer, deskriptiver, analytischer* und *paradigmatischer* Hinsicht weiteren Erkenntnisgewinn erwarten lassen.[119]

---

[117] Haupt, Kocka 1996, 9.
[118] Haupt, Kocka 1996, 11.
[119] Haupt, Kocka 1996, 12–14.

In seiner Abhandlung *Der historische Vergleich* klassifiziert Hartmut Kaelble eine Reihe unterschiedlicher komparativer Kategorien.[120] Der Autor separiert den *analytischen, aufklärenden, urteilenden, verstehenden Vergleich* vom *Identitätsvergleich* sowie vom *historischen Zivilisationsvergleich* und hält vor allem zwei Erkenntnisformen auseinander; das sind

(1) der *generalisierende* (oder *universalisierende*) *Vergleich*, den Kälble abgrenzt vom *individualisierenden Vergleich*. Dabei wird zwischen einem *kontrastiven* und *typologischen Vergleich* unterschieden.[121] Ziel des kontrastiven Vergleichs ist die „Feststellung von Ungleichheiten" im Gegensatz zum äquivalenten Vergleich, dem es um Gemeinsamkeiten geht.[122] Ferner gibt es den *genetischen, diachronen und entwicklungsgeschichtlichen Vergleich*, bei dem zeitlich und räumlich weit voneinander entfernte soziale und kulturelle Phänomene untersucht und beschrieben werden. Sie stehen in keinem kontinuierlichen Zusammenhang und verfügen somit auch über keinen gemeinsamen Ursprung. Es geht aber auch um externe und interne Beziehungen zweier oder mehrere Kulturen und Gesellschaften. Die Feststellung von Ähnlichkeiten, die aufgrund kultureller oder anderwärtiger Kontakte entstehen, kann auch auf einem genetischen Vergleich basieren.[123]

(2) Diese zweite Vergleichsgattung basiert meines Erachtens nicht nur auf der Betrachtung diskontinuierlicher, also letztlich ahistorischer Phänomene.[124] Sie inkludiert auch methodologische Reflexionen von Comte und Durkheim, die mit Hilfe des diachronen Forschungsansatzes auch den Vergleich mit geschichtlich aufeinander folgenden Zuständen der so-

---

[120] Kälble 1999, 49–78.
[121] Zu dieser Unterscheidung, die auch in der vergleichenden Literaturwissenschaft angewendet wird, siehe Zelle 2013, 130f. Der typologische und genetische Vergleich in der Literaturwissenschaft findet sich auch bei Zima ^{4}2008, 372–374. – Beim kontrastiven Vergleich geht es darum, ein Faktum „teils in affirmativer, teils in selbstkritischer, teils in distanziert-ambivalenter Hinsicht" besser zu verstehen bzw. zu erkennen. Haupt, Kocka 1996, 16; zum typologische Vergleich siehe Haupt, Kocka 1996, 17.
[122] Zemanek 2012, 16.
[123] Zemanek 2012, 16f.
[124] Gumbrecht 2005, 54 ist überzeugt, dass „die Geschichte des Sports vor allem von Diskontinuität geprägt ist." Für ihn ist Coubertins „Glaube an eine Kontinuität zwischen antikem und modernem Sport […] nichts weiter als ein schöner Traum."

zialen Lebensformen, also eine entwicklungsgeschichtliche Analyse postulieren.[125]

Noch eine vorerst letzte Antwort auf die Frage *Was ist Komparatistik?* Sie findet sich in dem 2012 edierten komparatistischen Studienbuch:[126]

> 'Vergleich' meint Feststellung von Unterschieden und Gemeinsamkeiten mit dem Ziel, die jeweilige Eigenart der verglichenen Phänomene herauszustellen und das Verhältnis der beiden ebenso wie das darin enthaltene Allgemeine zu erkennen,

so die Herausgeberin Evi Zemanek. Im Grunde geht es bei allen diesen theoretischen Entwürfen zur Vergleichenden Geschichtswissenschaft vor allem um das Erkennen und Beurteilen von Analogien, Affinitäten, Abhängigkeiten, Parallelen und Kongruenzen und Übereinstimmungen sowie um Divergenzen, Differenzen, um Kontraste, Abweichungen, also Unterschiede oder Abweichungen bei der Gegenüberstellung von zwei oder mehreren historischen Phänomenen. Soweit ein knapper wissenschaftshistorischer Überblick zur Komparatistik. Dass die Impulse, die von Historikern und Theoretikern aus dem anglo-amerikanischen und französischen Raum nach Deutschland gelangen, sowie die Interdependenzen zwischen soziologischen und historischen Methoden und Kategorien auch einer vergleichenden Sporthistorie zu Gute kommen, steht für mich außer Frage.[127]

4 Vergleichende Sportgeschichte und Vergleichende Sportwissenschaft

In der Sportgeschichte fehlt es nicht an Postulaten und Beispielen, sich der komparativen, interkulturellen und interdisziplinären Methoden zu bedienen.[128] Allein das Angebot an vergleichenden Studien, insbesondere

---

[125] Comte 1974/1830, 109.
[126] Zemanek 2012, 18.
[127] Kocka 1996, 49: „Bis heute ist das Vergleichen die Sache einer kleinen Minderheit von Historikern geblieben." So auch Osterhammel 1996, 277: „Der Vergleich zwischen Strukturen und Prozessen in unterschiedlichen Kulturen ist teils eine alte Aufgabenstellung der Historie, teils ein noch unerfülltes Versprechen."
[128] Zur Interdisziplinarität in der Sportwissenschaft vgl. die Abhandlungen von Klaus Willimczik und Court 2000.

an Beiträgen zur Wissenschaftsgeschichte und komparatistischen Theorien ist durchaus überschaubar. Die folgenden Zitate sind aus ihrem Zusammenhang heraus gerissen und sollten nicht so verstanden werden, dass die genannten Autoren sich mit den zitierten Vergleichen identifizieren. Im *Handbuch Sportgeschichte* (2010) lese ich:[129]

> Eine vergleichende und internationale Perspektive findet sich [...] nur in wenigen sporthistorischen Untersuchungen, wobei der Schwerpunkt auf der Beziehung zwischen Sport und Imperialismus oder Globalisierung liegt.

Dieses Faktum ist nicht zuletzt vor der Folie der 'Entakademisierung der Sportgeschichte', vor ihrer Perspektivenlosigkeit und der Beeinträchtigung der Forschungssituation im deutschsprachigen Raum zu sehen.[130] In diesem Kontext gilt es auch zu bedenken, dass das Fach Sportgeschichte selbst – im Vergleich mit anderen Wissenschaftsdisziplinen – relativ lange in den Kinderschuhen stecken geblieben ist. Besser und beeindruckender hat Wolfram Pyta diesen Sachverhalt umschrieben:[131]

> [...] bis weit in die 1970er Jahre hinein haben noch nicht einmal Querdenker und Außenseiter unter den Fachhistorikern die analytische Goldmine 'Sportgeschichte' ausgebeutet.

---

[129] Hofmann, Magdalinski, Smith, Thierry 2010, 58. Siehe auch van Bottenburg 2010, 41–53: „the 'cultural imperialism thesis' became popular in the 1980s, and with it notions like Westernization and Americanization."

[130] Krüger, Langenfeld 2010, 7f., 14. Dazu auch Court, Müller, Pyta 2010/2012, 7 (Vorwort): „Während in vielen anderen Wissenschaften ein steigendes Interesse an der Historie des eigenen Faches zu erkennen ist, ist es in der Sportwissenschaft noch sehr gering entwickelt. Dies führt nicht nur zur Unvertrautheit vieler Lehrender (und natürlich in noch größerem Maße vieler Studierender) mit ihrer eigenen Disziplin, sondern auch zu unzureichendem Selbstbewußtsein und einem Mangel an Argumenten im Kampf um die Anerkennung der Sportwissenschaft als vollgültige akademische Disziplin." – Vgl. auch Becker 2012, 343–350.

[131] Pyta 2006/2007, 65f.: „Bis weit in die 1990er Jahre ergab sich damit eine rigide sporthistorische Enthaltsamkeit der akademischen Geschichtswissenschaft. Sportgeschichte war fest in der Hand von Journalisten, die durchaus bemüht, aber ohne großen analytischen Tiefgang die Fakten eifrig sammelten und auch das Herz des Sportbegeisterten in Erregungszustände versetzten, wenn sie in Erinnerungen an alte glorreiche Zeiten schwelgten [...]."

Dass die Globalisierung zwar in einer gewissen Homogenisierung der Sportarten auf der ganzen Welt Platz greift, steht außer Zweifel.[132] In der Sportwissenschaft bleibt sie nach Allen Guttman „ein schmeichelhafter Mythos". Denn die „Mehrheit der Sportwissenschaftler arbeitet eher provinziell als international." Als Grund dafür gibt der Autor vor allem das 'Manko' an Fremdsprachenkenntnis an, eine Kritik, die er besonders an seine nordamerikanischen Kollegen adressiert.[133] Nicht zu übersehen ist dabei, dass in der Vergangenheit große Synthesen vorgelegt worden sind, ohne dass diese dem komparativen Methodendiskurs besondere Beachtung geschenkt haben. Eine wichtige Voraussetzung für historisch-vergleichende Studien ermöglicht der Blick über den Zaun der Lokalgeschichte, auf die niemals verzichtet werden kann. Universalgeschichte liefert sozusagen das Fundament für den Vergleich. Ein bemerkenswertes Beispiel für eine (kompilatorische) universalhistorische Darstellung hat in der deutschsprachigen Forschung erstmals Gerhard Ulrich Anton Vieth (1763–1836) mit seinem *Versuch einer Encyklopädie der Leibesübungen* (1794–1818) vorgelegt. Sein Werk behandelt die „Leibesübungen aller Völker und Zeiten"[134] und beginnt mit der Behauptung:[135]

> Leibesübungen wurden ohne Zweifel schon in den ältesten Zeiten getrieben; dieses liegt in der Natur der Sache [...]. Schon das Kind strebt, seine kleine Kraft geltend zu machen [...]. Knaben sich selbst überlassen [...], machen im Kleinen alles was den Sieger zu Olympia zum Halbgott erhob.

Erst im 20. Jahrhundert werden wieder universalhistorisch ausgerichtete Publikationen vorgelegt: So etwa die von Gustav Adolf Erich Bogeng (1881–1960) edierte *Geschichte des Sports aller Völker und Zeiten* (1926) und die *Weltgeschichte des Sports und der Leibeserziehung* (1960) von Carl Diem (1882–1962). Hans Langenfeld sieht in dem sechsbändigen, von Horst Ueberhorst (1925–2010) herausgegebenen Werk *Ge-*

---

[132] Vgl. beispielsweise Dahl 2007/2008, 82: „Auch der internationale Spitzensport steht den Herausforderungen von Globalisierung gegenüber, genannt seien hierbei exemplarisch die zunehmende Standardisierung von Sport- und Bewegungskulturen sowie die zunehmende Kommerzialisierung, welche wiederum Einfluss auf die Dopingproblematik hat."
[133] Guttman 2007, 146.
[134] Zu Bogeng vgl. Decker 2006, 148.
[135] Vieth 1794, 1f.

schichte der Leibesübungen (1972–1989) einen gelungenen Versuch,[136] „dem Anspruch von Vieth und Bogeng, alle Völker und Zeiten zu erfassen [...], gerecht zu werden."

In den letzten Jahrzehnten erscheinen im deutschsprachigen Raum Publikationen, in denen sich komparative Perspektiven und methodologische Reflexionen häufiger nachweisen lassen. Mit der Gründung des *European Committee for Sports History* (CESH), das Sporthistoriker aus Europa im Jahr 1995 erstmals zusammengeführt hat und als dessen Gründungspräsident Arnd Krüger fungiert, werden zweifellos Voraussetzungen für eine multiperspektivische Sicht des Faches geschaffen.[137] Zehn Jahre später wird die *Deutsche Gesellschaft für Geschichte der Sportwissenschaft* (2005) gegründet, zu deren programmatischen Zielen die „wissenschaftliche Reflexion auf die Geschichte der Sportwissenschaft" gehört, ein Ziel, dem zahlreiche Abhandlungen in den *Jahrbüchern* nachkommen. Mit diesen organisatorischen, publizistischen und editorischen Aktivitäten lässt sich dokumentieren, dass die 'Entakademisierung' keineswegs zur Stagnation der sporthistorischen Forschung geführt hat.

Bei meiner Lektüre – wohlgemerkt in den Schriften zu den Theorien der Komparatistik in der allgemeinen Geschichtswissenschaft – sind mir nur zwei sporthistorische Assoziationen begegnet. Hartmut Kaelble verweist auf die Notwendigkeit, beim Vergleichen unbedingt den historischen Kontext sowie Besonderheiten, Hintergründe und Abhängigkeiten zu berücksichtigen und nennt exemplarisch für die richtige Vorgangsweise Christiane Eisenbergs Habilitationsschrift über die *Gesellschaftsgeschichte des bürgerlichen Sports. England und Deutschland vom 18. bis zum frühen 20. Jahrhundert.* Dazu heißt es:[138]

> Christiane Eisenberg erklärt sich die grundsätzlichen Unterschiede des Sports in England und Deutschland im späten 19. und 20. Jahrhundert aus den unterschiedlichen Traditionen des Wettens in beiden Ländern. Sie hat

---

[136] Langenfeld 2010, 31. – Ueberhorst 1972, 9–10 strebt eine komparatistische Perspektive an und bietet sodann im Kapitel *Ursprungstheorien* (11–38) einen Vergleich der marxistischen und der bürgerlichen Sporthistoriographie (16–20), den er mit der Gegenüberstellung von Ulrich Popplow und Wolfgang Eichel exemplifiziert.

[137] Krüger, Buss (Hg.) 2002, 2 Bände.

[138] Haupt, Kocka 1996, 25; Kaelble 1999, 145. Vgl. auch Pyta 2006, 68. – Dazu die nicht unkritischen Rezensionen von Court 2001, 57–69 (besonders 64–68) und Teichler 2001, 334–342.

sich deshalb eingehend mit der frühneuzeitlichen Geschichte des Wettens in England und der Geschichte des staatlichen Lottos in Deutschland befaßt.

Und das zweite Exempel: Christian Meier befürwortet angesichts des Globalisierungsprozesses in seinem Beitrag zum Sammelband *Geschichte und Vergleich* unter dem Titel *Aktueller Bedarf an historischen Vergleichen* die Notwendigkeit und „das Bedürfnis nach historischem Vergleichen." Der Althistoriker konzentriert sich dabei auf die Antike und hinterfragt die These, ob der Griechensport wirklich etwas so Singuläres gegewesen sei, wie es seit den Arbeiten von Friedrich Nietzsche und Jacob Burckhardt immer wieder behauptet wurde und noch wird. Hier suggeriert die vergleichende Methode dem Leser, dass sportliche Wettkämpfe auch 'anderswo' existierten und existieren, der hellenische Agon somit keineswegs ein einmaliges Phänomen im Altertum gewesen sei. In diesem Kontext heißt es:[139]

> Je näher man hinblickt, je weiter man seinen Blick über die Griechen hinausschweifen läßt, um so schwieriger wird es, deren Besonderheit zu begreifen; denn vieles, was man für spezifisch griechisch zu halten geneigt war, vom sportlichen Wettkampf bis zu den frühen Gerechtigkeitsvorstellungen, findet sich auch anderswo; so daß es notwendig wird, in genauerem Vergleich herauszustellen, was nun speziell den Griechen und keinem anderen eigen ist.

Es mag purer Zufall sein, dass diese beiden Beispiele – es sind dies, wie schon gesagt, die einzigen sporthistorischen Vergleiche in dem genannten Sammelband – auf zwei unterschiedliche Aspekte des historischen Vergleichs abzielen. Bei Christiane Eisenberg wird systematisch und typologisch der Sport in Deutschland und England verglichen. Entscheidend dabei sind meines Erachtens zwei Überlegungen: (1) Die gleiche Zeit steht im Vordergrund der Analyse, was der synchronen Methode entspricht, und (2) die historische Perspektive, das heißt, der Blick auf die Vorgeschichte und warum es zu den unterschiedlichen Einstellungen in den beiden Ländern gekommen ist. Hier geht es um keinen Äpfel-Birnen-Vergleich, hier dient die komparative Methode auch einer Kausalanalyse. In ihrem Beitrag *Sportgeschichte und Gesellschaftsgeschichte* (2010) be-

---

[139] Meier 1996, 240f.; so auch Wacker 2005/2006, 41 (vgl. oben Anm. 30).

handelt die Autorin *Methodische Implikationen* wie sie von den historischen Sozialwissenschaften rezipiert werden, und Eisenberg argumentiert dabei mit dem Modell des Strukturvergleichs und – wie das Ende des Zitats zeigt – mit Max Webers Idealtypus:[140]

> Um die vielfältigen Wechselbeziehungen zwischen Sport und Gesellschaft in den Blick zu bekommen, ist dieser Ansatz methodisch auf empirische Vorleistungen der allgemeinen Sozial-, Wirtschafts- und Kulturgeschichte angewiesen. Als Strukturierungshilfen benötigen die Forscher darüber hinaus Theorien und Modelle der (historischen) Sozialwissenschaften, um Berührungspunkte und Schnittflächen zwischen Sport und Gesellschaft zu ermitteln und zu analysieren. Dies setzt voraus, dass der Untersuchungsgegenstand Sport gemäß der idealtypischen Methode Max Webers zu einem 'Gedankengebilde' abstrahiert und mit den Strukturen in seiner gesellschaftlichen Umwelt verglichen wird, um seine über Zeit und Raum veränderbaren Ausprägungen zu erfassen. Es gilt 'festzustellen, wie nahe oder wie fern die Wirklichkeit jenem Idealbild steht.'

Zwei Aspekte der Komparatistik möchte ich hier auseinander halten: Ähnlich wie in anderen Wissenschaftszweigen, etwa in der Politik- oder Literaturwissenschaft, kann der Historiker von einer Vergleichenden Sport*wissenschaft* und einer Vergleichenden Sport*geschichte* sprechen. So geschieht es beispielsweise in der Literaturwissenschaft. Das im Jahr 2013 erschienene *Handbuch der Komparatistik. Theorien, Arbeitsfelder, Wissenspraxis* haben die Herausgeber Rüdiger Zymner und Achim Hölter unter drei Gesichtspunkten organisiert: Systematische Ausrichtung, Historische Ausrichtung, Räumlich-sprachliche Ausrichtung. Die beiden erstgenannten Gliederungsgesichtspunkte lassen sich zwanglos auch für die Sportgeschichte adaptieren. Beim dritten Aspekt bin ich mir nicht sicher. Der Sporthistoriker kann sowohl Forschungen in einer systematischen Vergleichenden Sport*wissenschaft* betreiben als auch in einer Vergleichenden Sport*geschichte*. Worin liegt der Unterschied?

Die Vergleichende Sport*wissenschaft* konzentriert sich beispielsweise auf Analysen und Darstellungen der zeitgenössischen Wettkampfdisziplinen und Organisationsformen im Sport, ferner auf politische, rechtliche, soziologische und ökonomische Konditionen sowie auf Kontakte zwischen Sport und Erziehungssystem, zu Kirche, Kunst und Literatur. Im

---

[140] Eisenberg 2010, 96.

Rahmen eines systematisch angelegten Vergleichs lässt sich ein Erkenntniszuwachs auch unter Verzicht auf eine historische Dimension gewinnen. Das kann im interkulturellen oder provinziellen Kontext geschehen. Dem Historiker mag hiefür die Kompetenz fehlen. Meine Überlegungen zu einer Vergleichenden Sport*geschichte* gliedere ich in zwei Segmente, die freilich nicht verbindlich und apodiktisch auseinanderzuhalten sind. Sie weisen Überschneidungen auf. Es sind dies *zum einen* Beispiele, bei denen systematisch-typologische Aspekte in verschiedenen historischen Perioden dominieren; *anderseits* geht es vorrangig um genetisch-entwicklungsgeschichtliche Fragen, um Epochen- und Kulturvergleiche, um Kontinuität und Diskontinuität. Antworten können dabei nur unter komparativem Aspekt vorgeschlagen werden. Unter chronologischem Bezugspunkt sollte der Sport einer bestimmten Epoche mit späteren Geschichtsperioden, einschließlich der Gegenwart, Gegenstand historischer Analysen sein. Dass diese beiden Perspektiven nicht streng voneinander zu trennen sind, lässt sich meines Erachtens nicht bezweifeln. Aus Gründen der Übersichtlichkeit werden die synchrone und die diachrone Methode hier separiert behandelt.

4.1 Systematisch-typologische Vergleichsformen in der Sportgeschichte.

Eine solche komparative Untersuchung lenkt die Aufmerksamkeit auf zentrale Funktionen und Zielsetzungen im Spiel- und Sportgeschehen, auf das Registrieren von Gemeinsamkeiten und Unterschieden, auf elementare kulturelle und sportliche Verhaltensmuster; die Erarbeitung systematischer und typologischer Modelle bedeutet in unserem Kontext natürlich nicht, dass dabei auf sporthistorische Perspektiven verzichtet werden kann. Ein wesentlicher Blick ist dabei auf anthropologische Konstanten und Abweichungen gerichtet. Dafür liefert, wie schon erwähnt, Jacob Burckhardt ein prominentes Beispiel. Und dieser Gedanke an konstante Verhaltensmuster kehrt bei Ommo Grupe wieder, der in seinem Abschnitt über 'Anthropologie des Sports' Antwort auf die Frage sucht,[141] „was

---

[141] Grupe 2003, 23; zu Behrings Konzept vom Sport als anthropologischer Konstante vgl. Krüger, Thomas, Wedemeyer-Kolwe 2012, 196 und 203.

Menschen gemeinsam ist und was sie unterscheidet"; und Grupe fügt hinzu, dass diese Disziplin mit ihren Theorien und Methoden

> zu einem umfassenderen Bild des Menschen beitragen und auf seine Besonderheiten, aber auch seine allgemeinen Merkmale in den für Spiel und Sport spezifischen Situationen aufmerksam machen kann.

Räumliche Nähe und Zeitgleichheit können, aber müssen dabei nicht konstitutive Elemente sein. Mit anderen Worten: Die synchrone Vergleichsmethode kann auf der Basis eines universalhistorischen und vergleichenden Rundblicks zu einem besseren Verständnis sportlicher Erscheinungsformen beitragen.[142]

Einige Beispiele:

(1) Der *homo competitivus*, seit Nietzsche und Burckhardt als agonaler Grieche ein Schulbeispiel für allzeit wettkampfbereites Verhalten, gehört heute aufgrund komparativer Forschungen in die Mottenkiste der Sportgeschichte. *Competitiveness* gilt, interkulturell und psychologisch gesehen, als nahezu omnipräsentes Phänomen.[143] Die beiden Herausgeber des Sammelbandes, Nick Fisher und Hans van Wees, *Competition in the Ancient World* (2011) blicken ganz bewusst über den Tellerrand der Antike weit hinaus. Das Studium früher neolithischer Gesellschaften, beispielsweise im Südosten der Türkei (Göbekli Tepe), ferner der Pygmäen sowie eines Ugandischen Bergstammes, schließlich der Assyrer und Azteken, natürlich auch der Griechen und Römer, führt Fisher und van Wees zu dem Ergebnis, dass *competitiveness* seit den frühen *hunter-gatherer societies* nahezu überall nachweisbar ist.[144]

(2) Der Holländische Kulturhistoriker Johan Huizinga (1872–1945) liefert, wie bekannt, mit seinem *homo ludens* eine bunte Palette von Spielaktivitäten rund um den Erdball und unternimmt es, daraus auf entsprechendem Abstraktionsniveau ein anthropologisches Grundmuster menschlichen Verhaltens zu beschreiben. Huizinga bedient sich dabei ei-

---

[142] Zur Korrelation von universalhistorischer und komparativer Betrachtungsweise vgl. Schulin 1974, 28–30 und 42–45. Dazu auch Bichler 1978, 56. – Für den Sporthistoriker bietet M. Krüger 2004, 11–22 einen informativen Überblick.
[143] Siehe vor allem die Beiträge von van Wees 2011, 1–36 und Ulf 2011, 85–101.
[144] Van Wees 2011, 9; die Wissenschaftsgeschichte zum Modell des agonalen Griechen hat Ulf 2011, 85–111 umfassend und kritisch dokumentiert. Der Autor spricht völlig zurecht von einem *modern construct*.

nes induktiven Verfahrens, das am ehesten der Methode des *synthetischen* Vergleichs entspricht. Zwar hat Huizinga auf der Ebene des Sprachvergleichs die weltweit verbreiteten Spielformen[145] „von den archaischen Kulturen bis zur gegenwärtigen Gesellschaft" gesammelt und dabei ethnographische, sprachwissenschaftliche, soziologische sowie kulturhistorische Parallelen betrachtet und für seine Hauptthese ausgewertet, doch Reflexionen über die komparative Methode sind bei dem der historistischen Denktradition verpflichteten Holländer ausgeblieben.[146]

(3) Eine illustrative Palette von anthropologischen Typologien bietet im Umfeld sportwissenschaftlicher Analysen Hans Lenk.[147] Neben den bekannten Typen des *Homo faber, cogitans, agens, loquens, laborans, creator, compensator* werden mit Bezugnahme auf den Sport der *Homo ludens, competens* und *movens*, sogar der „*Homo sportivus*" sowie der *Homo performator,* der *Homo competens sive concurrens,* der *anthropos agonistikos* und der *Homo maxime competens performansque* angesprochen. Dazu ist anzumerken, dass die unterschiedlichen Menschentypen und Stereotypen aufgrund komparativer, interkultureller und psychologischer Kompetenz und Betrachtung der Charakterzüge von Individuen und von großen sozialen Verbänden konstruiert werden.

(4) Wolfgang Decker hat im Jahr 2014 den Versuch unternommen, die antiken Spitzenathleten prosopographisch zu erfassen und in einen historischen Kontext zu stellen. Dabei erinnert Decker an Sportler im Alten Orient, in Ägypten, aber auch an moderne Olympioniken wie Jesse Owens, Carl Lewis, Michael Phelps, Usain Bolt und an Fußballstars wie Fritz Walter, Pele, Franz Beckenbauer, Lionel Messi und Ronaldo Christiano oder an Boxlegenden wie Max Schmeling und Mohammed Ali (alias Cassius Clay).[148]

(5) Ein Beispiel für einen struktur-analytische Vergleich des Spiels bietet bekanntlich auch der französische Soziologe und Philosoph Roger Caillois (1913–78). Er versucht in *Les Jeux et Les Hommes* trotz aller He-

---

[145] Kolb 2006, 273.

[146] Strupp 2000, 17–25; zur Rezeption und Kritik an Huizinga, die auch von prominenten Landsleuten wie H. Bolkestein und F.J.J. Buytendijk kommt, vgl. Kolb 2006, 276f. und Flitner 1986, 234; siehe auch Grupe 1987, 12 und Lämmer 1995, 34–39.

[147] Lenk 2008, 19, 22 und 24. – Mit ethnographischen Parallelen insbesondere bei seinem Bemühen, den Sport auf religiös-kultische Wurzeln zurückzuführen, operiert auch Carl Diem; vgl. dazu Ueberhorst 1072, 21.

[148] Decker 2014, 9–27.

terogenität und Diversität der Spiele vier bekannte Typen (*quatre types*), bekanntlich *agon, alea, mimicry, ilinx,* zu unterscheiden. Arnd Krüger spricht von den[149] „vier Gesichter(n) des Homo Ludens". Dabei beruft sich der Franzose auf soziologische, ethnographische und zahlreiche Analogien aus dem Tierreich, ohne der historischen Perspektive hier einen besonderen Rang einzuräumen.

(6) Ein Exempel, das sich für einen systematisch-typologischen Vergleich eignet und wofür ich den Historiker als kompetent erachte, soll im Folgenden in aller gebotenen Kürze hier vorgestellt werden: der Ringkampf. Wie das Laufen, Springen und andere Sportarten hat diese Wettbewerbsdisziplin regional und historisch[150] „eine verwirrende Menge von Erscheinungsformen angenommen".

(7) Ringen ist ein weltweit verbreitetes Phänomen und bereits im Alten Orient und in Ägypten nachweisbar.[151] Im Unterschied zu den bisher angeführten Beispielen sei diesem Zweikampf mehr Aufmerksamkeit gewidmet. Allein die Mythologien und Heldensagen der Weltliteratur liefern eine kaleidoskopartige Vielfalt von Belegen für die Popularität und Universalität dieser Wettkampfform. Berichte von Historiographen, Ethnographen, Anthropologen, Reisenden und Dichtern sowie Bilddokumente aus allen Kontinenten und vielen Epochen der Weltgeschichte bestätigen dies. Sie bieten ein Exerzierfeld für komparative Forschung.

Exemplarisch möchte ich die Aufmerksamkeit zunächst auf das umfangreiche Erzählgut der Mythen, Sagen und Märchen lenken. Nicht nur die griechische Götter- und Heroenwelt berichtet über eine Fülle von Ringkämpfen. Man denke etwa daran, wie Zeus mit Kronos ringt, Herakles mit Thanatos, Antaios und Theseus (sowie mit zahlreichen anderen Heroen), und Theseus wiederum mit Kerkyon oder Atalante mit Peleus. Man denke ferner an die Schilderung der Ringkämpfe im Gilgamesch-Epos, im Alten Testament, im Mahabharata-Epos, in der altkeltisch-isländisch-irischen Saga-Welt (Cuchulainn) oder in der Jüngeren Edda. Ein zweiter Quellenbereich ist die folkloristische Tradition vieler Kulturen, die über Ringkämpfe in China (Shuaijiao), Korea (Ssireum) und Ja-

---

[149] Krüger 1982, 9–12.
[150] Guttmann 2010, 69.
[151] Crowther 2007, 15f. und Decker 1987, 80–90 (mit den Abbildungen und Inschriften von Beni Hasan).

pan (Sumo),[152] in Indien und Afrika, bei den Indianern (schon in den präkolumbischen Gesellschaften) und bei Inuits informieren – überall begegnet man diesen Zweikämpfen.[153] Teilweise erreichen diese Volkssportarten in einzelnen Ländern heute Showcharakter – Auftritte der Freistilringer auf Jahrmärkten, der Catcher im Fernsehen –, insbesondere auch für Touristen, wie die Performanz türkischer Öl-Ringkämpfer, der Güressi, der Berufsringer von Kırkpınar zeigen. Im Iran, Afghanistan und Tadschikistan (Koshti), in der Mongolei (Boke), in Japan (die Sumotori), Island (Glíma), auf Sardinien (Istrumpa) und auf den Kanarischen Inseln (Lucha) erfreuen sich Ringkampfveranstaltungen großer Popularität. Den Ringerturnieren der Nuba im heute politisch sehr unruhigen südlichen Sudan hat Leni Riefenstahl beeindruckende Publikationen gewidmet.[154] Die alpenländischen Wettkämpfe wie das Ranggeln im Zillertal oder das Schwingen in der Schweiz – auch unter dem Namen Hosenlupf bekannt – gelten bei Einheimischen und Touristen bis in unsere Tage als spektakuläre und attraktive Happenings. In den gleichen sporthistorischen Kontext gehören schließlich die Grappling-Wettkämpfe mit ihren verschiedenen Griffmethoden, die sich in den letzten Jahrzehnten mit fernöstlichen Zweikampfformen arrangiert haben. Ihr volkstümlicher Charakter findet einen Ausdruck in der Tatsache, dass allein die Nordamerikanische *Grappling Association* über 200.000 Mitglieder zählt und sie im *Internationalen Amateur-Ringer-Verband* (FILA: *Fédération Internationale des Luttes Associées*) mit ihren 168 Landesverbänden voll integriert ist.[155]

Angesichts der vorhin aufgelisteten Beispiele von Ringkampfveranstaltungen stellen sich meines Erachtens zahlreiche Fragen, deren Beantwortung über die Effizienz, Vorteile und Nachteile von Vergleichsmethoden unterrichten kann: Können wir diese zahlreichen Zweikampfformen auf Unterschiede und Gemeinsamkeiten hin analysieren? Oder haben wir es hier mit Äpfeln und Birnen zu tun? Welche Wettkampfregeln sind bekannt und generell akzeptiert? Welches Griffrepertoire ist erlaubt? (bei

---

[152] Gumbrecht 2005, 12 vergleicht die Sumotori mit dem „Kanon westlicher Schönheit".
[153] Weiler 1974, 275–284.
[154] Riefenstahl 1973 und 1975.
[155] Der Versuch des IOC, das Ringen aus dem olympischen Wettkampfprogramm zu eliminieren, scheiterte bekanntlich. Im Zuge der weltweiten Protestwelle argumentierten die Ringer und ihre Lobby nicht zuletzt mit der Ubiquität dieser Kampfsportart, aber auch mit weniger überzeugenden Argumenten, wie der Erwähnung des Ringens in der Olympischen Hymne und dass es sich dabei um den „ältesten Sport der Welt" handeln soll.

den Hellenen waren namentlich Schlagen und Beißen verboten). Welche Angriffsflächen sind möglich: der ganze Körper (Freistil) oder nur bestimmte Körperpartien, z. B. oberhalb der Gürtellinie? Wie wird der Wettkampf ausgetragen, als Stand- bzw. Bodenkampf oder als Gürtelringkampf? Gibt es Gewichtsklassen, Altersklassen? Gibt es Ringkämpfe von Frauen und Kindern?[156] Sind die Akteure Berufsathleten oder Amateure? Wie funktioniert das System der Siegerermittlung? Entscheiden Punkte (Gut- und Strafpunkte), gewonnene Runden oder Zeiteinheiten? Wie sieht die schiedsrichterliche Instanz aus? Wo werden die Bewerbe ausgetragen? Warum werden diese Zweikämpfe durchgeführt? Aus welchem Anlass? Aus traditionellen und paramilitärischen Gründen, für Touristen, für ein Show-Publikum, oder als Initiations- und Totenriten?

Die meisten dieser Fragen lassen sich auf der Grundlage vorhandener literarischer und bildlicher Quellen beantworten. Neben singulären Rahmenbedingungen und Regeln zeigen sich bei komparativer Betrachtung der diversen Ringerpraktiken auch gemeinsame Züge und Charakteristika, die teilweise in ihrer Plausibilität auch trivial klingen mögen; sie sollten meines Erachtens vom Sporthistoriker trotzdem dokumentarisch erfasst werden. In seiner Monographie über den *Kampfsport in der Antike* (1989) zieht Michael Poliakoff ein Fazit aus allen von ihm untersuchten Zweikampfbewerben:[157]

> Das einigende Band ist der Kampfsport, eine allgemeinmenschliche Tätigkeit, die je nach ihrem sozialen Umfeld eine andere Form annimmt. Ja, das Interessante am Kämpfen als Sport ist gerade die Art, wie verschiedene Völker es institutionalisieren und was sie dabei über sich selbst aussagen.

Eine komparative Analyse kann einen Katalog von Übereinstimmungen, Ähnlichkeiten und Unterschieden, von strukturell-typologischen Ringkampfmustern und spezifischen Eigenarten ausarbeiten. Kontrastive, analogische, individualisierende, generalisierende und synthetische Vergleichsmethoden sind dabei gefragt. Meines Erachtens lässt sich das Modell der Ringkampfanalyse auf andere Sportarten übertragen.

---

[156] Ledda ²1978, 129–31.
[157] Poliakoff 1989, 11.

In einem Kunterbunt lassen sich weitere Beispiele für vergleichende Analysen in der Sportgeschichte anführen: Sport im Christentum, Islam, Buddhismus (kontrastiver Vergleich), die deutsch-deutschen Analysen (Gibt es auch im Sport einen deutschen 'Sonderweg'?), synchrone und diachrone Ländervergleiche (West- und Ostdeutschland, Finnland im Vergleich[158]), systematisch-typologische Vergleiche faschistischer Systeme und ihre Rolle im Sport (sie „bilden bis heute eine Ausnahme", so Hans Langenfeld[159]); denkbar sind auch historische Recherchen im bilateralen und internationalen Ländervergleich, beispielsweise zu den Themen Sport in Schulen, Vereins- und Verbandsstrukturen, Trainingsmethoden, Leistungsvergleiche (quantifizierende Vergleiche); schließlich auch Geschichtswissenschaft im internationalen Vergleich.

4.2 Genetisch-entwicklungsgeschichtliche Vergleiche, Kultur- und Epochenvergleiche in der Sportgeschichte:

Mit anderen Worten: Hier steht die diachrone Methode im Vordergrund.
(1) Diffusion und Transfer von Wettkampfkulturen in einzelnen geographischen Regionen und ihre Rezeption erfolgen in unterschiedlichem zeitlichem Intervall. Sie sind Gegenstand einer komparativen Untersuchung. Als Beispiele bieten sich für den Althistoriker folgende Themen an: Die Ausbreitung der griechischen Agonistik und Gymnastik im Zeitalter des Hellenismus und in der Römerzeit, ferner bei den Völkern des übrigen mediterranen Raumes und im Mittleren Osten; konkrete Forschungsfelder wären Ägypten und die nordafrikanischen Regionen, das Schwarzmeergebiet, Palästina und das Zweistromland.
(2) Die Ausbreitung der Körperkulturen in den verschiedenen Ländern im Zuge und nach der Industriellen Revolution. Gegen Ende des 19. Jahrhunderts kommt es auch zur „grenzüberschreitenden Verbreitung anderer Sportarten, vor allem der beiden heute auf allen Kontinenten kommerziell praktizierten Mannschaftsspiele Fußball und Cricket", so Jürgen Osterhammel.[160]

---

[158] Ståhl, Rütten, Nutbeam, Kannas 2002.
[159] Langenfeld 2010, 31.
[160] Osterhammel ³2009, 732.

(3) Die Amerikanisierung[161] der Sportwelt nach den Weltkriegen. Dazu zählt die Darstellung und Analyse des Kulturtransfers des US-amerikanischen Sports.
(4) Ein ähnlicher Prozess vollzieht sich bei der Rezeption fernöstlicher Wettkampfformen in Europa.
(5) Die Globalisierung ist Gegenstand einer sporthistorisch angelegten Komparatistik;[162] dabei geht es um die Einbindung des Sports in ökonomische und soziokulturelle Situationen und Prozesse. Die Globalisierung von Massenproduktion, Massenkonsum und Massenmedien wiederholt sich in der Welt des Sports: ein Globalisierungsbeispiel: Prominente Fußballvereine engagieren „die besten Spieler aus aller Welt."[163] – Auf eine fatale Konsequenz der Globalisierung hat Allen Guttmann hingewiesen:[164]

> Im Verlaufe der Geschichte haben Laufen Springen, Ringen und andere Sportarten eine verwirrende Menge von Erscheinungsformen angenommen. Während der Periode, welche die Historiker als 'die Moderne' etikettieren, haben einige Sportarten das Überleben der anderen bedroht. Eine verhältnismäßig enge Spannweite von global verbreiteten, westlichen Sportarten hat die Fülle von traditionellen Leibesübungen und Spielen der 'Dritten Welt' entweder verdrängt oder umgestaltet.

Der Autor kann daher auch in einer anderen Studie den provokanten Titel wählen: *Die Olympischen Spiele: ein Kulturimperialismus?*[165]
(6) Die Olympischen Spiele und ihre Wiederbelebung im 19. Jahrhundert (als diachroner und genetisch-entwickelnder Vergleich) und die Ausbreitung der Olympischen Spiele sowie ihre Rezeption in den einzelnen Staaten.[166] Der Blick richtet sich dabei auf die Teilnehmerzahlen. 1896 Athen: zehn bis fünfzehn Nationen. 2012 London: 204 Nationen (genetisch-entwickelnder Prozess). Zur komparativen Betrachtung bietet

---

[161] Osterhammel, Peterson 2003, 102f. sprechen von einer „oberflächliche[n] Verwestlichung der Weltkultur."
[162] Zur Globalisierung vgl. Osterhammel ³2009, 732; ders. und Peterson 2003, 100–107; Guttman 2007, 141–146, Eisenberg 2010, 101.
[163] FAZ 2. März 2015. Siehe auch Bröskamp 1998, 21–24. Osterhammel, Peterson 2003, 102.
[164] Guttmann 2010, 69.
[165] Guttmann 1996, 139–156 und ders. 1993, 125–137.
[166] Sinn 2001, 1166–1174.

sich auch das Thema an, wie die Olympischen Spiele in der Antike und in der Neuzeit veranstaltet wurden, welche Ähnlichkeiten und Unterschiede (als kontrastiver Vergleich) dabei sichtbar werden.

(7) Es geht auch um sporthistorische Epochenvergleiche bei Kulturen, die ohne Einfluss von außen eigene Konzepte entwickeln. Oben habe ich auf Marc Blochs komparative Betrachtungsweise verwiesen, die bewusst wechselseitige Einflussnahme ausschließt. Bloch verweist auf „zeitlich wie räumlich [...] weit voneinander entfernt[e] Kulturen": Man hat versucht, die Freizeitaktivitäten von Indianerstämmen zum Teil mit dem Wissen um den Griechensport zu interpretieren. Daneben kennen wir, wie vorhin mit den besprochenen diffusionistischen Beispielen schon gezeigt, die Popularisierung fernöstlicher Wettkampfformen außerhalb Asiens oder die Globalisierung.

(8) Es ist die suggestive Kraft des Sports, die aufgrund moderner Medien nahezu zeitgleich oder im Laufe eines historischen Prozesses, also synchron oder diachron, zunächst in der Nachbarschaft, schlussendlich weltweit, eine Infiltration und Akzeptanz fremdländischer Formen der Freizeitbeschäftigung und professionellen Wettkampfveranstaltungen verursacht (paradigmatischer Vergleich). Ein Beispiel für den synchronen Kulturvergleich, wie ihn Durkheim empfiehlt: die schon erwähnte Abhandlung von Christiane Eisenberg. Marc Bloch hat die verschiedensten Spielformen, Tänze und Wettkämpfe der Irokesen und Huronen mit der griechisch-römischen Gymnastik und Agonistik, insbesondere jener der Spartaner, konfrontiert und auf Gemeinsamkeiten und Unterschiede hingewiesen. Der französische Historiker beruft sich dabei auf den Jesuitenpater Joseph-François Lafitau (1681–1746), dessen Ethnographie über die *Moeurs des Sauvages Amériquains* in dem Kapitel *Des Jeux* (*Von Zeitvertreib und Spielen*) im zweiten Band die quellenkundlichen Materialien dafür liefert. Ich sehe in dieser Abhandlung (1724) eine Pionierarbeit der komparativen Sporthistorie (als Beispiel für einen analogen Vergleich von unabhängigen Kulturen verschiedener Epochen).[167]

---

[167] Lafitau 1724/1987, 433–442; dazu Bloch 1928/1994, 123f. Lafitaus Werk ist ein Beispiel für den Vergleich von Gesellschaften, „die zeitlich wie räumlich so weit von einander entfernt sind, daß zwischen dieser und jener Erscheinung in den einzelnen Gesellschaften beobachtete Gemeinsamkeiten sich ganz offenkundig weder durch gegenseitige Beeinflussung noch durch irgendeinen gemeinsamen Ursprung erklären lassen." Zur Komparatistik bei Lafitau Weiler 1995, 169–179.

5 Schlussbemerkung

Angesichts der permanent wachsenden Zahl von Spezialstudien kann der komparative Ansatz dem Sporthistoriker im Dschungel der Publikationsflut eine zusätzliche Möglichkeit bieten, die Essenz, die Grundideen, das Signifikante seines zentralen Gegenstandes, des Sports, besser zu erfassen, zu begreifen und wohl auch darzustellen. Eine sporthistorische Komparatistik könnte dabei hilfreiche und nützliche Funktionen übernehmen. Bei behutsamer Beachtung der Grundregeln der vergleichenden Methoden, bei intersubjektiv klaren Fragestellungen und umsichtiger Auswahl der Themen und Objekte ist sie in der Lage, den Überblick, das Urteilsvermögen und den Erkenntniszuwachs in der Sporthistorie zu fördern und überschaubarer zu gestalten.[168] Bisher fehlen meines Erachtens die Adaption geschichtstheoretischer Abhandlungen zur Komparatistik in der Sportgeschichte und entsprechende programmatische Studien. Die theoretischen Fundamente und Diskurse zur Komparatistik in der allgemeinen Geschichtswissenschaft könnten meines Erachtens trotz beachtlicher Vorarbeiten in der Vergleichenden Sportgeschichte nachhaltiger berücksichtigt werden. Sie sind ausbaufähig. Hans-Ulrich Wehler, ein Schüler Theodor Schieders, war überzeugt davon, dass dem Vergleichen in der Geschichtswissenschaft große Bedeutung zukomme. Die komparative Forschung sollte freilich nicht 'Selbstzweck' sein, sie stellt „vielmehr Wege [dar...] für vielfältige empirisch-theoretische Untersuchungen." Der 2014 verstorbene Historiker spricht dabei von einem „neue[n] Königsweg der Geschichte."[169]

Das gilt meines Erachtens wohl auch für die Sporthistorie.

---

[168] Wehler 2002, 24; ders. 2003, 33 nennt drei in der Komparatistik zu berücksichtigende Gesichtspunkte: (1) Sie dient in Anlehnung an Hintze der Überprüfung „entweder sehr allgemeine(r) oder sehr spezifische(r) Hypothesen auf ihre Validität"; (2) Man soll „nicht Gleichbenanntes oder Gleichscheinendes, sondern jeweils funktionelle Äquivalente" vergleichen; (3) „der Zeitfaktor muß insofern besonders berücksichtigt werden, als keineswegs nur synchron, sondern auch diachron verglichen werden muß."

[169] Wehler 2006, 162, wo er die transnationale Geschichte als „neue[n] 'Königsweg' der Geschichtswissenschaft" bezeichnet (allerdings mit Fragezeichen und auf die transnationale Geschichte bezogen); vgl. auch ders. 2007, 63. Dazu auch Leonhard 2001, 64; Haupt, Kocka 1996, 20 und Kocka 1996, 48.

6 Bibliographie

Acham K.: Analytische Geschichtsphilosophie. Eine kritische Einführung. Freiburg im Breisgau, München 1974.

Acham K.: Gleichartigkeit, Ähnlichkeit und Inkommensurabilität. Zu einigen Problemen des Fremdverstehens im Lichte der historischen Anthropologie und der Ethnologie. In: M. Csáky, R. Flotzinger, D. Goltschnigg, R. Haller, H. Konrad, G. Pochat (Hg.): Studien zur Moderne 6. Wien 1999, 17–35.

Acham K.: Zur Komplementarität von Allgemeinem und Besonderem, Theorie und Erzählung. In: A. Frings, J. Marx (Hg.): Erzählen, Erklären, Verstehen. Beiträge zur Wissenschaftstheorie und Methodologie der Historischen Kulturwissenschaften. Berlin 2008, 191–215.

Acham K.: Denkformen und Lebensformen. Überlegungen zu Diltheys Weltanschauungslehre. In: G. D'Anna, H. Johach, E.S. Nelson (Hg.): Anthropologie und Geschichte. Studien zu Wilhelm Dilthey aus Anlass seines 100. Todestages. Würzburg 2013, 93–113.

Angeli Bernardini P.: Luciano. Anacarsi o sull'atletica, Pordenone 1995 (Il Soggetto & la Scienza. Band 18).

Ash Mitchell G.: Wissenschaftswandlungen und politische Umbrüche im 20. Jahrhundert – was hatten sie miteinander zu tun? In: R. Bruch (Hg.): Kontinuitäten und Diskontinuitäten in der Wissenschaftsgeschichte des 20. Jahrhunderts. Stuttgart 2006, 19–37.

Auffarth Chr.: Europäische Religionsgeschichte – ein kulturwissenschaftliches Projekt. In: R. Faber, S. Lanwerd (Hg.): Aspekte der Religionswissenschaft. Würzburg 2009, 29–48.

Bäumler G.: Über Sinn, Nutzen und Aufgabe der Geschichte der Sportwissenschaft. In: Jahrbuch 2006 der Deutschen Gesellschaft für Geschichte der Sportwissenschaft 2007, 7–15 (Studien zur Geschichte des Sports. Band 7).

Bäumler G.: Von Patrick bis Welte: Sechs historische Essays zur Psychologie des Fußballspiels. In: Jahrbuch 2006 der Deutschen Gesellschaft für Geschichte der Sportwissenschaft 2007, 119–162 (Studien zur Geschichte des Sports. Band 7).

Bäumler G.: Die Rezeption des Korrelationskoeffizieten in der deutschen sportwissenschaftlichen Forschung des frühen 20. Jahrhunderts. Eine Dokumentation. In: Jahrbuch 2008 der Deutschen Gesellschaft für Geschichte der Sportwissenschaft 2010, 66–129 (Studien zur Geschichte des Sports. Band 10).

Becker Chr.: Marginalisierung der Sportgeschichte? Eine Disziplin zwischen Entakademisierung und wachsender öffentlicher Wertschätzung. In: DeutschlandArchiv 45 (2012) 2, 343–350.

Behringer W.: Kulturgeschichte des Sports. Vom antiken Olympia bis ins 21. Jahrhundert. München 2012.

Bernheim E.: Lehrbuch der Historischen Methode. Mit Nachweis der wichtigsten Quellen und Hülfsmittel zum Studium der Geschichte. Leipzig ^{2}1894.

Bichler R.: Die theoretische Einschätzung des Vergleichens in der Geschichtswissenschaft. In: F. Hampl, I. Weiler (Hg.): Vergleichende Geschichtswissenschaft. Darmstadt 1978, 1–87.

Bichler R.: Das Diktum von der historischen Singularität und der Anspruch des historischen Vergleichs. Bemerkungen zum Thema Individuelles versus Allgemeines und zur langen Geschichte des deutschen Historikerstreits. In: K. Acham, W. Schulze (Hg.): Theorie der Geschichte. Teil und Ganzes. München 1990, 169–192 (Beiträge zur Historik. Band 6).

Bloch M.: Pour une histoire comparée des sociétés européennes [1928] (aus dem Nachlass). In: M. Bloch: Mélanges historiques. Paris 1963, 16–40.

Bloch M.: Für eine vergleichende Geschichtsbetrachtung der europäischen Gesellschaften (franz. 1928). In: M. Middell, S. Sammler (Hg.): Alles Gewordene hat Geschichte. Die Schule der Annales in ihren Texten 1929–1992. Mit einem Essay von P. Schöttler. Leipzig 1994, 121–167.

Bode R.F.C.B.: Das Lebendige in der Leibeserziehung. München 1925.

Borkenhagen F., K. Willimczik: Zur Institutionalisierung der Sportwissenschaft: Beitrag und Entwicklung der Deutschen Vereinigung für Sportwissenschaft (dvs) – ein Werkstattbericht. In: Jahrbuch 2011 der Deutschen Gesellschaft für Geschichte der Sportwissenschaft 2012, 101–142 (Studien zur Geschichte des Sports. Band 14).

Brodersen A.: Vergleichende Methode. In: W. Bernsdorf (Hg.): Wörterbuch der Soziologie. Stuttgart ²1969, 1235–1238.

Bröskamp B.: Global Player: Sport in Zeiten der Globalisierung. In: Blätter des Informationszentrums 3. Welt. 1998, 21–24.

Burckhardt J.: Weltgeschichtliche Betrachtungen. Über geschichtliches Studium. Historische Fragmente (Hg. J. Wenzel). Leipzig 1985.

Burke P.: Soziologie und Geschichte. Hamburg 1989.

Comte A.: Die Soziologie. Die positive Philosophie im Auszug. (Cours de philosophie positive 1830). Stuttgart 1974.

Court J.: Zur Renaissance des Idealismus – Bemerkungen zu Christiane Eisenberg. In: Schriften der Deutschen Vereinigung für Sportwissenschaft 122 (2001) 57–69.

Court J.: Sportwissenschaft. In: F.-R. Hausmann (Hg.): Die Rolle der Geisteswissenschaften im Dritten Reich 1933–1945. München 2002, 281–304 (Schriften des Historischen Kollegs. Kolloquien 53).

Court J.: Die „Vereinigung zur wissenschaftlichen Erforschung des Sports und der Leibesübungen e. V." von 1912 – Bemerkungen zum ersten sportwissenschaftlichen Verein in Deutschland. In: Jahrbuch 2005 der Deutschen Gesellschaft für Geschichte der Sportwissenschaft 2006, 141–187 (Studien zur Geschichte des Sports. Band 1).

Court J., E. Meinberg (Hg.): Klassiker und Wegbereiter der Sportwissenschaft. Stuttgart 2006.

Court J.: Ludwig Wittgenstein: Philosophische Untersuchungen (1953). In: J. Court, E. Meinberg (Hg.): Klassiker und Wegbereiter der Sportwissenschaft. Stuttgart 2006, 326–332.

Court J.: Fußballspiel und Völkerpsychologie. In: Jahrbuch 2006 der Deutschen Gesellschaft für Geschichte der Sportwissenschaft 2007, 89–100 (Studien zur Geschichte des Sports. Band 2).

Court J., A. Müller, Chr. Wacker (Hg.): Jahrbuch 2007 der Deutschen Gesellschaft für Geschichte der Sportwissenschaft Sport–Körper–Religion. Münster 2008 (Studien zur Geschichte des Sports. Band 7).

Court J. (Hg.): Sport – Körper – Religion. Berlin 2008.

Court J.: Deutsche Sportwissenschaft in der Weimarer Republik und im Nationalsozialismus. Band 1: Die Vorgeschichte 1900 – 1918. Berlin 2008 (Studien zur Geschichte des Sports. Band 6).

Court J.: Pierre de Coubertin *La psychologie du sport* im Lichte der Paradigmentheorie. In: Chr. Wacker, R. Marxen (Hg.): Olympia – Ideal und Wirklichkeit. Festschrift für Norbert Müller zum 60. Geburtstag. Berlin 2008, 51–63 (Studien zur Geschichte des Sports. Band 5).

Court J., M. Klöcker (Hg.): Wege und Welten der Religionen. Forschungen und Vermittlungen. Frankfurt am Main 2009.

Court J., A. Schulte: Religionssoziologische Aspekte des Sports. In: Jahrbuch 2008 der Deutschen Gesellschaft für Geschichte der Sportwissenschaft 2010, 22–33 (Studien zur Geschichte des Sports. Band 10).

Court J., A. Müller, W. Pyta: Vorwort. In: Jahrbuch 2010 der Deutschen Gesellschaft für Geschichte der Sportwissenschaft 2012, 7 (Studien zur Geschichte des Sports. Band 12).

Court J.: Theoretische Voraussetzungen und philosophische Überlegungen zur Geschichte der Sportgeschichte. In: M. Krüger, H. Langenfeld (Hg.): Handbuch Sportgeschichte. Schorndorf 2010, 38–45 (Beiträge zur Lehre und Forschung im Sport. Band 173).

Crowther N.B.: Sport in Ancient Times. Norman OK. 2007.

Dahl D.: Zur Ehre Gottes oder auf dem Weg zum Nirvana? – Zum Verständnis von Sport in Christentum, Islam und Buddhismus. In: Jahrbuch 2007 der Deutschen Gesellschaft für Geschichte der Sportwissenschaft 2008, 81–99 (Studien zur Geschichte des Sports. Band 7).

Decker W.: Sport und Spiel im Alten Ägypten. München 1987 (Beck's Archäologische Bibliothek).

Decker W.: G.A.E. Bogeng (Hg.): Geschichte des Sports aller Völker und Zeiten (1926). In: J. Court, E. Meinberg (Hg.): Klassiker und Wegbereiter der Sportwissenschaft. Stuttgart: 2006, 148–154.

Decker W.: Antike Spitzensportler. Athletenbiographien aus dem Alten Orient, Ägypten und Griechenland. Hildesheim 2014.

Descartes R.: Règles pour la direction de l'esprit. In: Œuvres philosophiques. Band 1 (1618–1637). Paris 1988 (Ausgabe Classiques Garnier).

Dihle A.: Die griechische und lateinische Literatur der Kaiserzeit. Von Augustus bis Iustinian. München 1989.

Eisenberg Chr.: „English sports" und deutsche Bürger. Eine Gesellschaftsgeschichte 1800–1939. Paderborn 1999.

Eisenberg Chr.: Sportgeschichte und Gesellschaftsgeschichte. In: M. Krüger, H. Langenfeld (Hg.): Handbuch Sportgeschichte. Schorndorf 2010, 96–103.

Eisenberg Chr.: Die britischen Ursprünge des modernen Sports. In: M. Krüger, H. Langenfeld (Hg.): Handbuch Sportgeschichte. Schorndorf 2010, 181–186.

Faber K.-G.: Das Individuelle und das Allgemeine in der Geschichte. In: Theorie der Geschichtswissenschaft. München ^{4}1978, 45–65.

Fisher N., H. van Wees (Hg.): Competition in the Ancient World. Swansea, Oxford 2011.

Flitner A.: Nachwort. In: Johan Huizinga. Homo Ludens. Vom Ursprung der Kultur im Spiel (1939). Reinbek bei Hamburg 1991, 232–241.

Gissel N., M. Krüger, H. Langenfeld: Grundlagen und Methoden sporthistorischer Forschung. In: M. Krüger, H. Langenfeld (Hg.): Handbuch Sportgeschichte. Schorndorf 2010, 46–54.
Golden M.: Sport and Society in Ancient Greece. Cambridge 1998 (Key Themes in Ancient History).
Gröben B.: Natur als Problemkategorie in der Bewegungserziehung – dargestellt an der Rhythmischen Gymnastik des Rudolf Bode (1881–1970) und mit Bezug auf den aktuellen Diskurs zum „ freien Willen". In: Jahrbuch 2009 der Deutschen Gesellschaft für Geschichte der Sportwissenschaft 2011, 115–128 (Studien zur Geschichte des Sports. Band 11).
Grupe O.: Grundzüge und Themen einer sportbezogenen Anthropologie. In: M. Krüger (Hg.): Menschenbilder im Sport. Schorndorf 2003, 20–37 (Reihe Sportwissenschaft. Band 32).
Gumbrecht H.U.: Lob des Sports. Frankfurt am Main 2005 (Bibliothek der Lebenskunst).
Guttman A.: Die Globalisierung der Sportwissenschaft. In: N. Müller, D. Voigt (Hg.): Gesellschaft und Sport als Feld wissenschaftlichen Handelns. Festschrift Manfred Messing. Niederhausen 2007, 141–146 (Mainzer Studien zur Sportwissenschaft. Band 25).
Guttman A.: Die Olympischen Spiele: ein Kulturimperialismus? In: G. Gebauer (Hg.): Olympische Spiele – die andere Utopie der Moderne. Olympia zwischen Kult und Droge. Frankfurt am Main 1996, 139–156.
Guttmann A.: Vom Ritual zum Rekord. Das Wesen des modernen Sports. Schorndorf 1979.
Guttmann A.: The Diffusion of Sports and the Problem of Cultural Imperialism. In: E. Dunning, J. Maguire, R. Pearton (Hg.): The Sports Process: a comparative and developmental approach. Champaign IL 1993, 125–137 (Human Kinetics).
Guttmann A.: Leibesübungen und Sport aus universalhistorischer Perspektive. In: M. Krüger, H. Langenfeld (Hg.): Handbuch Sportgeschichte. Schorndorf 2010, 69–76.
Harnack A. von: Die Aufgabe der theologischen Fakultäten und die allgemeine Religionsgeschichte. In: A. Harnack: Reden und Vorträge. Band 2. Gießen ^{2}1906, 159–178.
Haupt H.-G., J. Kocka (Hg.): Geschichte und Vergleich. Ansätze und Ergebnisse international vergleichender Geschichtsschreibung. Frankfurt am Main, New York 1996.
Haupt H.-G., J. Kocka: Historischer Vergleich: Methoden, Aufgaben, Probleme. Einleitung. In: H.-G. Haupt, J. Kocka (Hg.): Geschichte und Vergleich. Ansätze und Ergebnisse international vergleichender Geschichtsschreibung. Frankfurt am Main, New York 1996, 9–46.
Haupt H.-G.: Eine schwierige Öffnung nach außen: Die international vergleichende Geschichtswissenschaft in Frankreich. In: H.-G. Haupt, J. Kocka (Hg.): Geschichte und Vergleich. Ansätze und Ergebnisse international vergleichender Geschichtsschreibung. Frankfurt am Main, New York 1996, 77–90.
Hofmann A., T. Magdalinski, M. Smith, T. Thierry: Sportgeschichte international. In: M. Krüger, H. Langenfeld (Hg.): Handbuch Sportgeschichte. Schorndorf 2010, 55–59.
Kaelble H.: Vergleichende Sozialgeschichte des 19. und 20. Jahrhunderts. Forschungen europäischer Historiker. In: H.-G. Haupt, J. Kocka (Hg.): Geschichte und Vergleich. Ansätze und Ergebnisse international vergleichender Geschichtsschreibung. Frankfurt am Main, New York 1996, 91–130.

Kaelble H.: Der historische Vergleich. Eine Einführung zum 19. und 20. Jahrhundert. Frankfurt am Main, New York 1999.

Kocka J.: Historische Komparatistik. In: H.-G. Haupt, J. Kocka (Hg.): Geschichte und Vergleich. Ansätze und Ergebnisse international vergleichender Geschichtsschreibung. Frankfurt am Main, New York 1996, 47–60.

Krüger A., W. (Hg.): Transformationen: Kontinuitäten und Veränderungen in der Sportgeschichte /Transformations: Continuity and Change in Sport History. Band 2 (Berichtsband der 6. Jahrestagung des European Committee for the History of Sport. Göttingen. Hoya 2002 (Schriftenreihe des Niedersächsischen Instituts für Sportgeschichte. Wissenschaftliche Reihe).

Krüger A.: Die vier Gesichter des Homo Ludens. In: G. Steins (Hg.): Spielbewegung – Bewegungsspiel. 100 Jahre Goßler'scher Spielerlaß. Berlin 1982, 9–12 (Forum für Sportgeschichte).

Krüger M., II. Langenfeld (Hg.): Handbuch Sportgeschichte. Schorndorf 2010.

Krüger M.: Einführung in die Geschichte der Leibeserziehung und des Sports. Teil 1: Von den Anfängen bis ins 18. Jahrhundert. Schorndorf 2004 (Sport und Sportunterricht. Grundlagen für Studium, Ausbildung und Beruf. Band 8).

Krüger M.: Historiography, Cultures of Remembrance and Tradition in German Sport. In: The International Journal of the History of Sport 31 (2014) 1425–1443.

Krüger M.: Sportgeschichte als Zivilisationsgeschichte. In: M. Krüger, H. Langenfeld (Hg.): Handbuch Sportgeschichte. Schorndorf 2010, 86–95.

Krüger M., M. Thomas, B. Wedemeyer-Kolwe: Rezension zu W. Behringer, Kulturgeschichte des Sports. München 2012. In: Sport und Gesellschaft. Zeitschrift für Sportsoziologie, Sportphilosophie, Sportökonomie, Sportgeschichte 9 (2012) 2, 193–205.

Kuhn Th.S.: Die Struktur wissenschaftlicher Revolutionen (1962). Frankfurt am Main 1976.

Lafitau J.F.: Mœurs des sauvages ameriquains, comparées aux moeurs des premiers temps. Paris 1724. Herausgegeben, übersetzt und kommentiert von H. Reim: Die Sitten der amerikanischen Wilden im Vergleich zu den Sitten der Frühzeit. Leipzig 1987 (ND der 1. Abteilung der 1752 und 1753 in Halle bei J.J. Gebauer erschienenen und wieder ediert von S.J. Baumgarten, zweibändigen Ausgabe (Algemeine Geschichte der Länder und Völker von America).

Lämmer M.: Hier irrte Huizinga. Zum Begriff des Spiels in der griechischen Antike. In: G. Pfister, T. Niewerth, G. Stein (Hg.): Spiele der Welt im Spannungsfeld von Tradition und Moderne. Berlin 1995, 34–39 (International Society of the History of Physical Education and Sport. Band 1).

Lange B.: Die Sprache von Schillers ›Wallenstein‹. Berlin 1973.

Lauffer S.: Die Sklaverei in der griechisch-römischen Welt. In: Gymnasium 68 (1961) 370–395.

Ledda G.: Padre Padrone. Mein Vater, mein Herr. Köln ²1978.

Lenk H.: Das Olympische Menschenbild. In: Chr. Wacker, R. Marxen (Hg.): Olympia – Ideal und Wirklichkeit. Festschrift für Norbert Müller zum 60. Geburtstag. Berlin 2008, 17–31 (Studien zur Geschichte des Sports. Band 5).

Lennartz K.: Kenntnisse und Vorstellungen von Olympia und den Olympischen Spielen in der Zeit von 393 – 1896. Schorndorf 1974 (Theorie der Leibeserziehung. Texte – Quellen – Dokumente. Band 9).

Leonhard J.: Liberalismus. Zur historischen Semantik eines europäischen Deutungsmusters. München 2001 (Veröffentlichungen des Deutschen Instituts London. Band 50).

Lesky A.: Geschichte der griechischen Literatur. München, Bern ²1963.

Loosch E.: Zur historischen Rezeption des Faches Bewegungslehre: Zugänge, Konzepte, Probleme. In: Jahrbuch 2005 der Deutschen Gesellschaft für Geschichte der Sportwissenschaft 2006, 44–48 (Studien zur Geschichte des Sports. Band 1).

Loosch E., K. Brodersen, U. Mosebach: Antiker Sport im Experiment. Bericht zum Studium Fundamentale an der Universität Erfurt im Sommersemester 2011. In: Jahrbuch 2010 der Deutschen Gesellschaft für Geschichte der Sportwissenschaft 2012, 119–136 (Studien zur Geschichte des Sports. Band 12).

Lutz H., J.-F. Mißfelder, T. Renz (Hg.): Äpfel und Birnen. Illegitimes Vergleichen in den Kulturwissenschaften. Bielefeld 2006.

Mach E.: Das Prinzip der Vergleichung in der Physik. In: Populär-wissenschaftliche Vorlesungen. Leipzig ³1903, 263–285.

Mandell R.D.: Sport: A Cultural History. New York 1984.

Märtin R.-P.: Talschleichen oder Gipfelstürmer. Der Streit zwischen Heinrich Steinitzer (1869–1947) und Eugen Guido Lammer (1863–1945). In: Jahrbuch 2005 der Deutschen Gesellschaft für Geschichte der Sportwissenschaft 2006, 60–75 (Studien zur Geschichte des Sports. Band 1).

Mauz A., H. von Sass (Hg.): Hermeneutik des Vergleichs. Strukturen, Anwendungen und Grenzen komparativer Verfahren. Würzburg 2011 (Interpretation Interdisziplinär. Band 8).

Meier Chr.: Aktueller Bedarf an historischen Vergleichen. Überlegungen aus dem Fach der Alten Geschichte. In: H.G. Haupt, J. Kocka (Hg.): Geschichte und Vergleich. Ansätze und Ergebnisse international vergleichender Geschichtsschreibung. Frankfurt am Main, New York 1996, 239–270.

Meinberg E.: Das Fußballspiel in der pädagogischen Forschung. In: Jahrbuch 2006 der Deutschen Gesellschaft für Geschichte der Sportwissenschaft 2007, 101–118 (Studien zur Geschichte des Sports. Band 2).

Müller A.: Das Thema Tod in der Sportphilosophie – historische Aspekte. In: Jahrbuch 2009 der Deutschen Gesellschaft für Geschichte der Sportwissenschaft 2011, 141–172 (Studien zur Geschichte des Sports. Band 11).

Müller F.M.: Einleitung in die Vergleichende Religionswissenschaft. Straßburg 1874, 161–187.

Nielsen Kayser N.: Body, Sport and Society in Norden. Essays in Cultural History. Aarhus 2005.

Nietzsche F.: Zur Genealogie der Moral. Eine Streitschrift (1887). In: K. Schlechta (Hg.): Friedrich Nietzsche. Werke in sechs Bänden. München, Wien ⁵1966/1980. Band 4.

Nippel W.: Marx, Weber und die Sklaverei. In: E. Herrmann-Otto (Hg.): Unfreie Arbeits- und Lebensverhältnisse von der Antike bis in die Gegenwart. Eine Einführung. Hildesheim, Zürich, New York 2005, 317–356.

Nitsch J.R.: Denkmuster in der empirischen Forschung. In: Jahrbuch 2005 der Deutschen Gesellschaft für Geschichte der Sportwissenschaft 2006, 19–38 (Studien zur Geschichte des Sports. Band 1).
Osterhammel J.: Transkulturell vergleichende Geschichtswissenschaft. In: H.G. Haupt, J. Kocka (Hg.): Geschichte und Vergleich. Ansätze und Ergebnisse international vergleichender Geschichtsschreibung. Frankfurt am Main, New York 1996, 271–313.
Osterhammel J., N.P. Petersson: Geschichte der Globalisierung. Dimensionen, Prozesse, Epochen. München 2003.
Osterhammel J.: Die Verwandlung der Welt. Eine Geschichte des 19. Jahrhunderts. München ³2009.
Pabst K.: Wie schreibt man eigentlich Geschichte? Über methodische und praktische Probleme der historischen Forschung. In: Jahrbuch 2005 der Deutschen Gesellschaft für Geschichte der Sportwissenschaft 2006, 7–18 (Studien zur Geschichte des Sports. Band 1).
Peiffer L., H. Wahlig: „Heute gilt es, allen jüdischen Sportlern, die heimatlos geworden sind, unsere Reihen zu öffnen". – Die Selbstorganisation des jüdischen Fußballs im Schatten von Diskriminierung und Verfolgung im nationalsozialistischen Deutschland, 1933–1938. In: Jahrbuch 2013 der Deutschen Gesellschaft für Geschichte der Sportwissenschaft 2015, 63–82 (Studien zur Geschichte des Sports. Band 18).
Poliakoff M.B.: Kampfsport in der Antike. Das Spiel um Leben und Tod. Zürich, München 1989.
Popper K.R.: Das Elend des Historizismus. Tübingen ⁶1987.
Pyta W.: Nicht mehr im Abseits – Fußball als Gegenstand bundesdeutscher Geschichtswissenschaft. In: Jahrbuch 2006 der Deutschen Gesellschaft für Geschichte der Sportwissenschaft 2007, 65–77 (Studien zur Geschichte des Sports. Band 2).
Riefenstahl L.: Die Nuba – Menschen wie von einem anderen Stern. München 1973.
Riefenstahl L.: Die Nuba von Kau. München 1975.
Rokkan St.: Vergleichende Sozialwissenschaft. Die Entwicklung der inter-kulturellen, inter-gesellschaftlichen und inter-nationalen Forschung. Hauptströmungen der sozialwissenschaftlichen Forschung. Frankfurt am Main, Berlin, Wien 1972.
Rösch H.-E.: Olympismus und Religion – ein kritischer Vergleich. In: Chr. Wacker, R. Marxen (Hg.): Olympia – Ideal und Wirklichkeit. Festschrift für Norbert Müller zum 60. Geburtstag. Berlin 2008, 44–50 (Studien zur Geschichte des Sports. Band 5).
Ruffing K.: Wirtschaft in der griechisch-römischen Antike. Darmstadt 2012.
Schieder Th.: Geschichte als Wissenschaft. Eine Einführung. München, Wien ²1968.
Schulin E.: Einleitung: In: E. Schulin (Hg.): Universalgeschichte. Köln 1974, 11–65.
Schulze W.: Soziologie und Geschichtswissenschaft. Einführung in die Probleme der Kooperation beider Wissenschaften. München 1974 (Kritische Information. Band 8).
Schürmann J.: Entwicklungslinien der „deutschen" Fechtschule im Kontext der spätmittelalterlichen und frühneuzeitlichen europäischen Fechtkunst. In: Jahrbuch 2011 der Deutschen Gesellschaft für Geschichte der Sportwissenschaft 2012, 9–27 (Studien zur Geschichte des Sports. Band 14).
Sinn U.: Olympia. Rezeption. Forschungsgeschichte. In: Der Neue Pauly 15.1 Stuttgart, Weimar 2001, 1166–1174.

Spickermann W.: Lukian und die Leibeserziehung. In: P. Mauritsch, Chr. Ulf (Hg.): Kultur(en). Formen des Alltäglichen in der Antike. Graz 2013, 509–522 (Allgemeine wissenschaftliche Reihe. Band 33. Nummi et Litterae. Band VII).

Spitzer G.: Die Sonderrolle des Spitzen-Fußballs in der DDR: Funktionalisierung – Identitäten – Konkurrenzen. In: W. Pyta (Hg.): Der lange Weg zur Bundesliga. Zum Siegeszug des Fußballs in Deutschland. Münster 2004, 241–281 (Fußball und Identität. Historikertag 2000. Geschichte des Fußballs. Band 4).

Ståhl T., A. Rütten, D. Nutbeam, L. Kannas: The importance of policy orientation and environment on physical activity participation – a comparative analysis between Eastern Germany, Western Germany and Finland. Oxford 2002.

Strupp Chr.: Johan Huizinga. Geschichtswissenschaft als Kulturgeschichte. Göttingen 2000.

Teichler H.J.: Rezension: Christiane Eisenberg. English Sports und deutscher Bürger. In: Sportwissenschaft 31, Heft 3 (2001) 334–342.

Thrupp S.L.: Editorial. In: Comparative Studies in Society and History 1 (1957/1958) 1–4.

Thrupp S.L.: The Role of Comparison in the Development of Economic Theory. In: Journal of Economic History 17 (1957) 554–570.

Thurnher R.: Ist die Unterscheidung von nomothetischen und idiographischen Wissenschaften noch zeitgemäß? In: Analyse & Kritik 6 (1984) 190–211.

Topitsch E.: Geschichtswissenschaft und Soziologie. In: Ders.: Sozialphilosophie zwischen Ideologie und Wissenschaft. Neuwied am Rhein, Berlin ³1971, 119–131.

Trommsdorff G.: Vergleich, interkultureller, intersozietärer. In: G. Endruweit, G. Trommsdorff (Hg.): Wörterbuch der Soziologie. Stuttgart ²2002, Band 3. 774–777.

Ueberhorst H.: Einführung. In: Ders.: Geschichte der Leibesübungen. Berlin, München, Frankfurt am Main 1972, Band 1, 9–10.

Ueberhorst H.: Ursprungstheorien. In: Ders. Geschichte der Leibesübungen. Berlin, München, Frankfurt am Main 1972, Band 1, 11–38.

Ulf Chr.: Ancient Greek competition – a modern construct? In N. Fisher, H. van Wees (Hg.): Competition in the Ancient World. Swansea, Oxford 2011, 85–111.

Van Bottenburg M.: Beyond Diffusion: Sport and Its Remaking in Cross-Cultural Contexts. In: Journal of Sport History 37 (2010) 41–53.

Van Wees H.: Rivalry in history: an introduction. In: N. Fisher: Competition in the Ancient World. Swansea, Oxford 2011, 1–36.

Veblen Th.: The Theory of the Leisure Class (1899). New York 1994.

Vieth G.U.A.: Versuch einer Encyklopädie der Leibesübungen. 3 Bände. Berlin 1794, 1795, 1818.

Voigt D.: Sportsoziologie. Soziologie des Sports. Frankfurt am Main 1992.

Wacker Chr.: Antike Sportgeschichte versus Geschichte des Agons. In: Jahrbuch 2005 der Deutschen Gesellschaft für Geschichte der Sportwissenschaft 2006, 39–43 (Studien zur Geschichte des Sports. Band 1).

Wacker Chr., R. Marxen (Hg.): Olympia – Ideal und Wirklichkeit. Festschrift für Norbert Müller zum 60. Geburtstag. Berlin 2008 (Studien zur Geschichte des Sports. Band 5).

Wacker Chr.: Orientalische Sportgeschichten: Schwierigkeiten der Überlieferung am Beispiel des Djerīd-Spiels. In: Jahrbuch 2009 der Deutschen Gesellschaft für Geschichte der Sportwissenschaft 2011, 63–71 (Studien zur Geschichte des Sports. Band 11).

Wehler H.-U.: Geschichte als Historische Sozialwissenschaft. Frankfurt am Main 1973.

Wehler H.-U.: Einleitung. In: Ders.: Geschichte und Soziologie. Köln 2002, 11–31.

Wehler H.-U.: Transnationale Geschichte – der neue Königsweg historischer Forschung. In: G. Budde, S. Conrad, O. Janz (Hg.): Transnationale Geschichte. Themen, Tendenzen und Theorien. Jürgen Kocka zum 65. Geburtstag. Göttingen 2006, 161–174.

Wehler H.-U.: Notizen zur deutschen Geschichte. München 2007.

Weiler I.: Der Agon im Mythos. Zur Einstellung der Griechen zum Wettkampf. Darmstadt 1974 (Impulse der Forschung. Band 16).

Weiler I.: Der Vergleich und vergleichende Aspekte in der Wirtschafts- und Sozialgeschichte. In: F. Hampl, I. Weiler (Hg.): Vergleichende Geschichtswissenschaft. Darmstadt 1978, 243–283.

Weiler, I.: Joseph-François Lafitau (1681–1746) and the Beginning of Comparative Sport History. Some Notes on Ethnography and Ancient History. In: The International Journal of the History of Sport 12 (1995) 3, 169–179.

Welskopp Th.: Vergleichende Geschichte. In: Europäische Geschichte Online (EGO). Hg.: Institut für Europäische Geschichte (IEG). Mainz 2010, 1–18.

Wiedemann Th.E.J.: Slavery. With Addenda. Oxford 1992.

Willimczik K.: Sportwissenschaft interdisziplinär. Ein wissenschaftstheoretischer Dialog. Band 1: Geschichte, Struktur und Gegenstand der Sportwissenschaft. Hamburg 2001.

Willimczik K., O. Höner: Mut zur Reduktion – Metatheoretische Aspekte zum Verständnis empirisch prüfbarer Theorien zum Fußball. In: Jahrbuch 2006 der Deutschen Gesellschaft für Geschichte der Sportwissenschaft 2007, 163–174 (Studien zur Geschichte des Sports. Band 2).

Willimczik K.: Geisteswissenschaftliche und erfahrungswissenschaftliche Theoriebildung – zwei eng verwandte Schwestern. In: Jahrbuch 2009 der Deutschen Gesellschaft für Geschichte der Sportwissenschaft 2011, 103–114 (Studien zur Geschichte des Sports. Band 11).

Zelle C.: Vergleich. In: R. Zymer, A. Hölter (Hg.): Handbuch der Komparatistik. Theorien, Arbeitsfelder, Wissenspraxis. Darmstadt 2013, 129–134.

Zemanek E.: Was ist Komparatistik? In: E. Zemanek, A. Nebrig (Hg.): Komparatistik. Berlin 2012, 6–18 (Akademie Studienbuch. Literaturwissenschaft).

Ziegler K.: Einleitung. In: Plutarch. Große Griechen und Römer. Zürich, Stuttgart 1954. Band 1, 7–37.

Zima P.V.: Komparatistik. In: A. Nünning (Hg.): Metzler Lexikon. Literatur- und Kulturtheorie. Stuttgart, Weimar ^{4}2008, 372–374.

Zöllner R.: Der Wald der Krieger. Religiöse Grundlagen der ostasiatischen Kampfkünste. In: Jahrbuch 2007 der Deutschen Gesellschaft für Geschichte der Sportwissenschaft 2008, 100–113 (Studien zur Geschichte des Sports. Band 7).

Zymer R., A. Hölter (Hg.): Handbuch der Komparatistik. Theorien, Arbeitsfelder, Wissenspraxis. Darmstadt 2013.

„Sport" in Geschichte und Gegenwart – Ein Begriff im Lichte der statischen und der dynamischen Vagheit

Klaus Willimczik

1 Das Problem um den Sportbegriff

Es gehört zu den Selbstverständlichkeiten, dass wir von den Olympischen Spielen der Antike und von den Olympischen Spielen der Neuzeit sprechen. Als ein Argument für diesen Sprachgebrauch kann angeführt werden, dass in beiden Epochen Wettkämpfe durchgeführt wurden. Heute sind es Leistungsvergleiche im 100-m-Lauf, im Weitsprung, im Zehnkampf, im Ringen usw. Im alten Griechenland wetteiferten die Athleten u. a. im Stadion-Lauf, im Halteren-Weitsprung, im Fünfkampf, im Ringen.

Ist es gerechtfertigt, nicht nur das heutige Tun mit dem Begriff ‚Sport' zu belegen, sondern auch das, was in Olympia praktiziert wurde?

Die Antwort auf diese Frage wird in der Fachliteratur keineswegs so einhellig beantwortet, wie dies auf den ersten Blick scheint. In der Diskussion stehen sich „Archaizer" und „Modernizer" relativ unversöhnlich gegenüber (vgl. I. Weiler in diesem Band). Während erstere die Verwendung des Sportbegriffs auf Erscheinungen außerhalb der Moderne entschieden ablehnen, weil dies anachronistisch sei, argumentieren die „Modernizer", dass die Charakteristika des Sports auch in der Geschichte, insbesondere in der griechischen Antike zu finden sind, sodass der Sportbegriff durchaus zeitunabhängig verwendet werden darf.

Ziel dieses Beitrags ist es, zur Beantwortung der Frage, ob es nämlich gerechtfertigt ist, auf den Sportbegriff auch außerhalb der Moderne zurückzugreifen, sowohl philosophische wie auch empirische Erkenntnisse anzuführen und zu diskutieren.

Der gewählte philosophische Ansatz geht auf Wittgensteins Philosophie der normalen Sprache (ordinary language) zurück.[1] Im Unterschied zu

---

[1] Im Unterschied zum späten Wittgenstein (Philosophische Untersuchungen, 1953/1984b) vertritt der frühe Wittgenstein (Tractatus Logico-Philosophicus, 1922/1984a) durchaus die Position der idealen Sprache. Und auch für Spezialfälle hält er in den Philosophischen

seinem früheren Ansatz der idealen Sprache lehnt der späte Wittgenstein es ab, Begriffe (eindeutig) zu definieren und schlägt stattdessen vor, Begriffe, wie z. B. ‚Sport', über Bedeutungen zu beschreiben. Wie also würde Wittgenstein auf die Frage antworten, ob es gerechtfertigt ist, vom ‚Sport' in der griechischen Antike zu sprechen?

Eine zweite Antwort auf die gestellte Frage ist über einen empirischen Ansatz, das sogenannte Prototypenmodell möglich, das interdisziplinär von Vertretern der Sprachphilosophie, der Linguistik und der Kognitiven Psychologie erstellt worden ist. Zentral für diesen Ansatz sind die Elemente der statischen und der dynamischen Vagheit (Wennerberg, 1998). Erstere geht davon aus, dass Begriffe interkulturell sehr unterschiedlich verwendet werden können (‚Sport' z. B. in Deutschland anders als in Amerika). Die dynamische Vagheit lässt einen Bedeutungswandel von Begriffen über die Zeit zu.

2 Der Sportbegriff im Wandel der Zeit

Analysiert man die Verwendung des Sportbegriffs in Deutschland in der jüngeren Geschichte (seit dem Ende des Zweiten Weltkriegs), so kann und muss gesehen werden, dass der Rückgriff auf Wesensdefinitionen beherrschend gewesen ist, die auch unter Definitionen im Sinne der idealen Sprache fallen:

Diem (1960) z. B. definiert in „Wesen des Sports": „Sport als Leibesübung ist im Lebensbereich zweckfreien Tuns ein von Wertgefühl und Festlichkeit erfülltes, natur- und kampffrohes, verfeinert und typisiert geregeltes Vervollkommnungsstreben" (S. 21f).

Eindeutig Stellung zur Wesensdefinition bezieht auch Steinkamp (1983) in seinem Buch „Was ist eigentlich Sport?": „Die Frage ‚Was ist eigentlich Sport?' ist gleichbedeutend mit der Frage nach seinen Wesensmerkmalen" (S. 104).

Untersuchungen (§ 69) Definitionen für unerlässlich: „Aber das (Konzept der Familienähnlichkeit) ist nicht Unwissenheit. ... Wir kennen die Grenzen nicht, weil keine gezogen sind. ... Wir können – für einen besonderen Zweck – eine Grenze ziehen. ... Machen wir dadurch den Begriff erst brauchbar? Durchaus nicht! Es sei denn für den besonderen Zweck." Ähnliches gilt für den DOSB, der als gemeinnützige Organisation für die Aufnahme von Mitgliedsorganisationen auf eine eindeutige Definition angewiesen ist.

Hägele (1982) sieht die Problematik einer eindeutigen Begriffsbestimmung und schlägt deshalb ein Modell vor, in dem er zwischen „rein authentischem Sport" und einen Bereich „Spannungsverhältnis sportlicher-nichtsportlicher Sinnelemente" unterscheidet.

In einer weiteren Differenzierung führt Guttmann (1979) Wesensmerkmale des modernen Sports auf, von denen er glaubt, dass sie in früheren Zeiten nur bedingt nachgewiesen werden können (vgl. Abb. 1).

	Primitiver Sport	Griechischer Sport	Römischer Sport	Sport im Mittelalter	Moderner Sport
Weltlichkeit	Ja und Nein	Ja und Nein	Ja und Nein	Ja und Nein	Ja
Gleichheit	Nein	Ja und Nein	Ja und Nein	Nein	Ja
Spezialisierung	Nein	Ja	Ja	Nein	Ja
Rationalisierung	Nein	Ja	Ja	Nein	Ja
Bürokratisierung	Nein	Ja und Nein	Ja	Nein	Ja
Quantifizierung	Nein	Nein	Ja und Nein	Nein	Ja
Suche nach Rekorden	Nein	Nein	Nein	Nein	Ja

Abb. 1: „Vom Ritual zum Rekord. Das Wesen des modernen Sports" (Guttmann, 1979).

Sehr eingeschränkt vertritt Schimank (1988) auf der Grundlage der Systemtheorie die Auffassung, Sport über den binären Code ‚Gewinnen/Verlieren' definieren zu können (und wendet dies auch auf die griechische Antike an!).

Ebenfalls über Bedeutungen hat der DSB den Begriff ‚Sport' beschrieben (Wissenschaftlicher Beirat des DSB, 1980). Notwendigerweise vorhanden sein müssen:

- eine motorische Aktivität, die sowohl hinsichtlich Kondition als auch Koordination für den betreffenden Sport konstitutiv ist, erlernt bzw. trainiert werden muss und primär auf die menschliche Motorik ausgerichtet sein muss,

- ein Bedeutungsinhalt, der Sport von der Alltags- bzw. Arbeitsmotorik unterscheidet (in diesem Sinne ist Sport unproduktiv und frei von existenziellen Zwängen),
- Leistung und Wettbewerb als konstitutive Momente, die sich im Leistungs-, Breiten- und Freizeitsport zeigen,
- Sportorganisationen „von der Orts- bis zur internationalen Ebene", die ein überregional vereinbartes Wettkampfsystem und eine überregional vereinbarte Regelordnung gewährleisten,
- „mehr oder weniger verbindliche ‚Sportregeln'",
- „Grundwerte und Leitideen wie Fairplay, Partnerschaft, Unversehrtheit des Partners, Chancengleichheit und Teamgeist",
- eine typische Erlebnis- und Erfahrungswelt, die den ganzen Menschen berührt.

Wie deutlich und verabsolutierend lange Zeit der Sport gegenüber anderen Aktivitäten abgegrenzt worden ist, lässt sich exemplarisch mit Veröffentlichungen von Bernett (1965) und Saurbier (1955, 5. Auflage 1966) belegen. Saurbier hat in seinem klassischen Buch „Geschichte der Leibesübungen" Sport der Gymnastik und dem Turnen gegenüber gestellt (und in der damaligen Zeit wäre es fatal gewesen, wenn man im Staatsexamen für ‚Turnen' oder ‚Gymnastik' etwa den Begriff ‚Sport' verwendet hätte!).

Auf die Schwierigkeiten, ‚Sport' zu definieren, ist schon frühzeitig hingewiesen worden. So schreibt Röthig 1987: „Aufgrund des großen Bedeutungsgehalts in der Umgangssprache ist eine präzise Abgrenzung des Begriffs nicht möglich. Was unter Sport alles zu verstehen ist, wird weniger von wissenschaftlichen Dimensionsanalysen als vom alltagstheoretischen Gebrauch sowie von historisch gewachsenen und tradierten Einbindungen in soziale, ökonomische, politische und rechtliche Gebilde bestimmt" (S. 574).

Dass die Schwierigkeiten, das Phänomen Sport zu definieren, keineswegs neu sind, belegt Graves (1972, zitiert nach Meier, 1981, S. 79) mit einem Zitat aus der Zeit der Jahrhundertwende: „Es gibt in der englischen Sprache nur wenige Worte, die eine solche Vielzahl von unterschiedlichen Bedeutungen aufweisen wie Sport." Und in seinem kritisch-analytischen Aufsatz „On the Inadequacies of Sociological Definitions of Sport" fügt Meier (1981) hinzu: „Diese Beobachtung ist auch heute noch ganz offensichtlich relevant; der gegenwärtige Gebrauch des Begriffes demonstriert eine extensive Verschiedenheit und Variabilität im Gebrauch und in der Anwendung" (S. 79). Aus derselben Erkenntnis heraus kommt McBride (1975, zitiert nach Lenk, 1980, S. 426) in seinem programmatischen Aufsatz „Toward a non-definition of sport" zu dem Schluss, „es sei vergeudete Zeit, den Begriff ‚Sport' definieren zu wollen. Dies sei wegen der Vagheit und der Mehrdeutigkeit ‚logisch unmöglich'". Vorher hatte er 127 verschiedene Bedeutung(snuanc)en von ‚Sport' (176 bei ‚Spiel'!) gefunden. Stone (1976, zitiert nach Carl, Kaiser, Mechling & Preising, 1984, S. 4) nennt sogar 2600 Aktivitäten, die unter dem Begriff Sport gedacht werden.

3 Von der „Philosophie der idealen Sprache" zur „Philosophie der normalen Sprache"

Die Basis für eine fundierte Sprachphilosophie des Sports liefert die Abkehr von der Definitionslehre der „idealen Sprache" mit ihren Wesensdefinitionen und der Hinwendung zur Bedeutungsanalyse im Sinne der „normalen Sprache". Dieser Gegensatz ist in Abbildung 2 strukturell dargestellt.

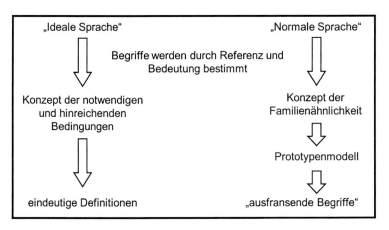

Abb. 2: Mehrebenen-Modell der idealen und der normalen Sprache.

Die Grundannahme der „Philosophie der idealen Sprache" ist im Konzept der notwendigen und hinreichenden Bedingungen (NHB) formuliert. Es besteht aus

- Bedingung der Notwendigkeit:
  Bestimmte Merkmale müssen immer gegeben sein, damit ein Gegenstand unter einen Begriff fällt.
- Bedingung der Hinreichung:
  Die Gesamtheit der notwendigen Bedingungen (verknüpft durch ‚und') muss einen Begriff zweifelsfrei von anderen Begriffen abgrenzen.

Es wird also gefordert, dass alle Merkmale – z. B. alle Sportaktivitäten – neben akzidentellen Merkmalen, die für die Definition eines Begriffes *nicht* von Bedeutung sind, ein gleiches Bündel notwendiger Merkmale aufweisen. Die Merkmale innerhalb eines Merkmalbündels verfügen über einen ‚äquivalenten Status' (nach Kleiber, 1998, S. 15).

Die Grundannahme der Philosophie der normalen Sprache steht im Gegensatz zur idealen Sprache. Nach ersterer braucht die Forderung nach notwendigen und hinreichenden Bedingungen nicht erfüllt zu sein. Bezogen auf den Sport bedeutet dies, dass man durchaus von Sport sprechen darf, auch wenn – z. B. von den Merkmalen, die Guttmann aufführt (vgl. Abb. 1), nicht alle gegeben sind.

Dass die Position der normalen Sprache durchaus angemessen ist, soll mit einer Analogie von Sport zu Spiel belegt werden, da Wittgenstein seine Vorstellungen der „normalen Sprache" am Beispiel ‚Spiel' verdeutlicht hat. Bei Wittgenstein (1984b) heißt es:

> § 66. Betrachte z. B. einmal die Vorgänge, die wir ‚Spiele' nennen. Ich meine Brettspiele, Kartenspiele, Ballspiele, Kampfspiele usw. Was ist allen diesen gemeinsam? – Sag nicht: ‚Es muß ihnen etwas gemeinsam sein, sonst hießen sie nicht Spiele' –, sondern schau, ob ihnen allen etwas gemeinsam ist. – Denn, wenn du sie anschaust, wirst du zwar nicht etwas sehen, was allen gemeinsam wäre, aber du wirst Ähnlichkeiten, Verwandtschaften, sehen und zwar eine ganze Reihe. Wie gesagt: denk nicht, sondern schau! – Schau z. B. die Brettspiele an, mit ihren mannigfachen Verwandtschaften. Nun geh zu den Kartenspielen über: hier findest du viele Entsprechungen mit jener ersten Klasse, aber viele gemeinsame Züge verschwinden, andere treten auf. Wenn wir nun zu den Ballspielen übergehen, so bleibt manches Gemeinsame erhalten, aber vieles geht verloren. – Sind sie alle ‚unterhaltend'? Vergleiche Schach mit dem Mühlfahren. Oder gibt es überall ein Gewinnen und Verlieren, oder eine Konkurrenz der Spielenden? Denk an die Patiencen. In den Ballspielen gibt es Gewinnen und Verlieren; aber wenn ein Kind den Ball an die Wand wirft

und wieder auffängt, so ist dieser Zug verschwunden. Schau, welche Rolle Geschick und Glück spielen. Und wie verschieden ist Geschick im Schachspiel und Geschick im Tennisspiel. Denk nun an die Reigenspiele: Hier ist das Element die Unterhaltung, aber wie viele der anderen Charakterzüge sind verschwunden! Und so können wir durch die vielen, vielen anderen Gruppen von Spielen gehen, Ähnlichkeiten auftauchen und verschwinden sehen. Und das Ergebnis dieser Betrachtung lautet nun: Wir sehen ein kompliziertes Netz von Ähnlichkeiten, die einander übergreifen und kreuzen. Ähnlichkeiten im Großen und Kleinen.

§ 67. Ich kann diese Ähnlichkeiten nicht besser charakterisieren als durch das Wort ‚Familienähnlichkeiten', denn so übergreifen und kreuzen sich die verschiedenen Ähnlichkeiten, die zwischen den Gliedern einer Familie bestehen: Wuchs, Gesichtszüge, Augenfarbe, Gang, Temperament, etc. – Und ich werde sagen: die ‚Spiele' bilden eine Familie.

Als Analogie ergibt sich zusammengefasst (vgl. Abb. 3):

Spiel	**Sport**
Aktivitäten	
Spiele	Sportarten
Schach, Dame, Fußball, Skat, ...	Leichtathletik, Turnen, Schwimmen, Fußball, ...
Gruppierungen	
Spielgruppen	Sportmodelle
Brettspiele, Kartenspiele, Ballspiele, ...	Wettkampfsport, Gesundheitssport, ...
„Gemeinsame Züge, Elemente, Charakterzüge"	
Unterhaltung, Gewinnen/Verlieren, Konkurrenz, Geschick, Glück	Motorische Aktivität, Grundwerte und Leitideen, Leistung, Wettbewerb, Sportorganisationen

Abb. 3: Spiel-Sport-Analogie auf der Grundlage der Philosophie der normalen Sprache.

Erstes Zwischenresümee – auf philosophischer Ebene
Wittgensteins Analyse des ‚Spiels' auf der Basis der „Philosophie der normalen Sprache" gilt als anerkannt. Die Analyse bietet sich sowohl aus inhaltlichen als auch aus strukturellen Gründen für eine Anwendung auf den Sportbegriff zur Bestimmung seines Gegenstandsbereichs an. Auch ‚Sport' kann als Begriff der Familienähnlichkeit angesehen werden. Dies schließt ein, dass Erscheinungsformen des Sports, also Sportaktivitäten, nicht notwendigerweise und hinreichend dieselben Merkmale, also Bedeutungen, aufzuweisen brauchen.

Definitionen im Sinne der Philosophie der idealen Sprache eignen sich hierfür nicht. Sie sind für wissenschaftliche Arbeit, die auf eindeutige Definitionen angewiesen ist, aber unabdingbar, wie auch von Wittgenstein ausdrücklich vertreten wird (vgl. Anm. 1).

4 Von der „Philosophie der normalen Sprache" zur Empirie

Wittgensteins (1984b) zentrale Aussage zu seinem Forschungsansatz lautet: „Sag nicht: ‚Es muss ihnen etwas gemeinsam sein, sonst hießen sie nicht Spiele', sondern schau, ob ihnen allen etwas gemeinsam ist" (§ 66). Dass Wittgenstein mit diesem Ansatz keineswegs der Phänomenologie von Husserl das Wort redet, wird durch sein Beispiel der Familienähnlichkeit für ‚Spiel' überdeutlich. Vielmehr scheint es gerechtfertigt, dass sein Ansatz von Vertretern der empirischen Sozialforschung aufgegriffen worden ist. Das Ergebnis ist das weit verbreitete Prototypenmodell[2]. Es gilt als „integratives Konzept für kognitive Kategorienvorgänge" (Eckes & Six, 1984, S.2). Es wurde vor allem von Rosch und ihren Mitarbeitern als ein Modell weiterentwickelt, das den Forderungen an ein Familienähnlichkeitskonzept genügt (vgl. Rosch & Mervis, 1975, S. 573; Lieb, 1980, S. 11).

Für das Prototypenmodell ist zentral:
- Begriffe werden durch Gegenstände/Referenzen (Extensionen) und Bedeutungen (Intensionen) bestimmt.

---

[2] Das Modell wird auch als ‚Prototypen-Semantik' (u. a. Kleiber, 1998, S. 29; Hilty, 1997, S. 63; Schreiber, 1993, S. 159), ‚Prototypen-Theorie' (u. a. Lieb, 1980, S. 17; Blutner, 1995, S. 227; Schwarz & Chur, 1996, S. 53) oder 'Prototypen-Konzept' (u. a. Eckes & Six, 1984, S. 2) bezeichnet.

- Ein Begriff ist z. B. ‚Sport'; ein Gegenstand ist z. B. ‚Fußball'; eine Bedeutung ist z. B. ‚Wettkampf'.
- Maß für die Extension (Fußball) ist die Typikalität.
- Maß für die Intension (Wettkampf) ist die Cue-Validität.
- Begriffe haben ‚verschwommene Grenzen'. Die Zugehörigkeit von Gegenständen (Fußball) zu Begriffen (Sport) wird durch graduierte Funktionen beschrieben.
- Bedeutungen (Wettkampf) können unterschiedlichen Gegenständen graduell unterschiedlich zugeschrieben werden.

5 Der Sport der Gegenwart als Begriff der Familienähnlichkeit

In einer groß angelegten empirischen Untersuchung[3] sind Haverkamp und Willimczik der Frage nachgegangen, inwieweit der Sportbegriff eine prototypische Struktur aufweist, sich von Nachbarbegriffen wie Arbeit, Kunst, Spiel sowie Gesundheitspflege abgrenzen lässt, und ob für den Sportbegriff eine Binnendifferenzierung anzunehmen ist (Haverkamp, 2005; Haverkamp & Willimczik, 2005; Willimczik, 2007, 2010). Für einen Vergleich des Sportbegriffs in Gegenwart und Geschichte ist die Antwort auf die Frage nach der Binnendifferenzierung von großer Bedeutung. Das Ergebnis ist in Abbildung 4 dargestellt. Es kann dahingehend zusammengefasst werden, dass tatsächlich von einer Binnendifferenzierung ausgegangen werden kann, weil u. a. nur sehr geringe, und sogar hohe negative (!) Korrelationen zwischen den Sportmodellen bestehen (Willimczik, 2007).

---

[3] Gefördert durch das Bundesinstitut für Sportwissenschaft (VF 0407/11/4/2002/03)

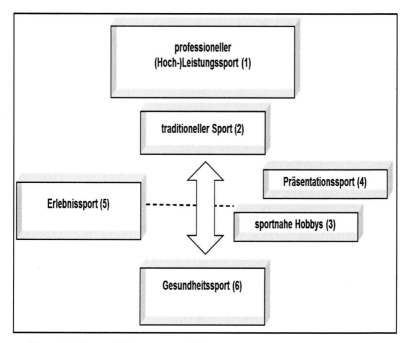

Abb. 4: Strukturmodell zur Binnendifferenzierung des Sports (Clusteranalyse).

Zweites Zwischenresümee – auf empirischer Ebene

Der Tendenz nach lässt sich empirisch bestätigen, dass ‚Sport' ein Begriff der Familienähnlichkeit ist. In diesem Sinne lässt er sich mehr oder weniger (!) eindeutig von Nachbarbegriffen abgrenzen. Sinnvollerweise ist aber von Sportmodellen auszugehen, zwischen denen nur geringe oder sogar negative Korrelationen bestehen. Trotz dieser Differenziertheit werden in der Öffentlichkeit alle Sportmodelle unter den Sportbegriff subsummiert.

6 Sport im Lichte der dynamischen Vagheit

6.1 Untersuchungsansatz

Die bisherige Analyse des Sportbegriffs stellt insofern einen Spezialfall dar, als er sich zum einen ausschließlich auf die Gegenwart bezieht, also die historische Dimension außer Acht lässt, und zum anderen auf den deutschen Sprachraum begrenzt ist. Eine Verallgemeinerung solcher Erkenntnisse hat die Aspekte der dynamischen und der statischen Vagheit zu berücksichtigen.

Die statische Vagheit kommt in der Kulturabhängigkeit von Begriffen zum Ausdruck, die es in der idealen Sprache nicht geben darf. Dieses Prinzip der Kulturabhängigkeit ermöglicht es, dass Menschen den Begriff ‚Sport' in den Vereinigten Staaten, in China usw. mit anderen Merkmalen in Verbindung bringen als in Deutschland – und die so unterschiedlichen Bedeutungen können unbedenklich nebeneinander stehen gelassen werden. Es ist dies ein Phänomen, das im Zeitalter der Globalisierung nicht hoch genug eingeschätzt werden kann.

Die ‚dynamische Vagheit' ist auf die Zeitabhängigkeit von Begriffen zurückzuführen und trägt dem historischen Wandel Rechnung (Wennerberg, 1998). Entsprechend ist der Sportbegriff zur Zeit Diems von vor fünfzig Jahren ein anderer als der der Gegenwart; und für die Zukunft ist (selbstverständlich) von einem weiteren Begriffswandel auszugehen.

6.2 Problemstellungen

Ziel einer Interview-Studie war es, Hinweise darauf zu erhalten, inwieweit es gerechtfertigt ist, den Sportbegriff im Sinne der dynamischen Vagheit auch für vergleichbare Aktivitäten in der Vergangenheit anzuwenden. Als Vergleichskriterium für die Beantwortung sollten die Unterschiede dienen, die zwischen den Sportmodellen der Gegenwart bestehen. Sollten die Unterschiede beim historischen Vergleich nicht größer sein als die zwischen den Sportmodellen der Gegenwart (für die der Sportbegriff uneingeschränkt gebräuchlich ist !), wäre dies ein Argument dafür, dass es durchaus gerechtfertigt ist, den Begriff des Sports auf Phänomene der Geschichte anzuwenden.

6.3 Untersuchungsmethodik

Die Befragung erfolgte bei 27 deutschsprachigen Experten, die an Universitäten Geschichte des Sports bzw. der Leibeserziehung unterrichten bzw. unterrichtet haben. Die Befragung bezog sich auf die Epochen der griechischen und der römischen Antike sowie auf das Mittelalter. Zur Stellungnahme wurden 44 Aussagen zu Merkmalen der jeweiligen Aktivitäten, z. B. körperliche Leistungsfähigkeit, Regeln, Teamgeist (vgl. Abb. 9) vorgegeben, die auf einer vierstufigen Likert-Skala (von „trifft voll zu" bis „trifft gar nicht zu") beurteilt wurden. Der Datenanalyse hat neben der direkten Auswertung der Antworten (vgl. Abbn.9 und 10 und Tab.2) auch die Berechnung von Cue-Validitäten zugrunde gelegen (vgl. Abbn. 5–8). Diese sind das zentrale Merkmal für Familienähnlichkeit innerhalb des Prototypenmodells.

Sie berechnen sich allgemein zu

$$CV = \frac{f(eines\ Merkmals\ innerhalb\ einer\ Kategorie)}{f(eines\ Merkmals\ über\ alle\ Kategorien)}$$

Wenn in einem Beispiel das Merkmal ‚Wettkampf' von allen Befragten sowohl für den traditionellen Sport als auch für den griechischen Sport als vorhanden angesehen wird, ergibt sich:

$$CV = \frac{f\ (des\ Merkmals\ Wettkampf\ im\ griech.\ Sport)}{f(des\ Merkmals\ Wettkampf\ im\ trad.\ Sport) + f(des\ Merkmals\ Wettkampf\ im\ griech.\ Sport)}$$

$$CV = \frac{27}{27+27} = 0.50$$

Das bedeutet allgemein, dass bei einem Wert von 0.50 für ein bestimmtes Merkmal kein Unterschied zwischen Sportmodellen besteht, sei es in der Gegenwart, sei es historisch gesehen.

Das Merkmal ‚Teamgeist' z. B. gilt als ein Merkmal des traditionellen Sports der Gegenwart, nicht aber als Merkmal des griechischen Sports. Als CV könnte sich ergeben:

$$CV = \frac{f\ (des\ Merkmals\ Teamgeist\ im\ griech.\ Sport)}{f(des\ Merkmals\ Teamgeist\ im\ trad.\ Sport) + f(des\ Merkmals\ Teamgeist\ im\ griech.\ Sport)}$$

$$CV = \frac{3}{27+3} = 0.10$$

Ein CV von 0.50 bedeutet, dass kein Unterschied vorliegt. Für den Teamgeist ergäbe sich damit, dass die Abweichung dazu 0.40 beträgt. Diese Abweichung von 0.50 wird im Folgenden als Maß für den Unterschied zwischen Modellen hinsichtlich eines Merkmals definiert. Zu interpretieren ist die Abweichung in dem Sinne, dass das Merkmal ‚Teamgeist' für den traditionellen Sport, nicht aber für den griechischen Sport relevant ist. Die statistische Verarbeitung erfolgte über mono- und bivariable Verteilungen.

6.4 Deskriptive Untersuchungsergebnisse

Tabelle 1 enthält die Korrelationskoeffizienten zwischen sowohl 1) den Sportmodellen der Gegenwart als auch 2) zwischen den historischen Aktivitäten sowie 3) zwischen den Sportmodellen und den historischen Aktivitäten.

	Griechische Antike	Römische Antike	Mittelalter	Traditioneller Sport	Leistungssport	Erlebnissport	Gesundheitssport
Griechische Antike							
Römische Antike	.84						
Mittelalter	.71	.72					
Traditioneller Sport	.57	.42	.58				
Leistungssport	.83	.76	.	.48			
Erlebnissport	-.31	-.36	.10	.20	-.61		
Gesundheitssport	-.30	-.49	-.27	.13	-.47	.71	

Tab. 1: Korrelationstabelle für historische und gegenwärtige Sportmodelle (5%- Signifikanzgrenze: r = 0.37)

Im Einzelnen besagen die Korrelationskoeffizienten:
- Innerhalb der Sportmodelle der Gegenwart variiert der Korrelationskoeffizient zwischen .71 und -.61. Ein sehr hoher positiver Zusammenhang (.71) ist zwischen dem Erlebnissport und dem Gesundheitssport zu beobachten, während zwischen dem (Hoch-)Leistungssport einerseits und dem Gesundheitssport (-.47) bzw. dem Erlebnissport (-.61) andererseits extrem hohe negative Zusammenhänge bestehen. Der traditionelle Sport zeigt (verständlicherweise) einen positiven Bezug zum Hochleistungssport (.48), aber keinen signifikanten Bezug zum Erlebnissport (.20) und vor allem zum Gesundheitssport (.13).
- Im Vergleich zu den Korrelationen innerhalb der Sportmodelle der Gegenwart sind die innerhalb der historischen Modelle extrem hoch (zwischen .71 und .84), d. h. die Verwandtschaft ist sehr eng. Dies gilt auch noch tendenziell, wenn man den traditionellen Sport als Vertreter des gegenwärtigen Sports in den Vergleich einbezieht (zwischen .42 und .58).
- Beim Vergleich zwischen den historischen Erscheinungsformenmen des Sports und den gegenwärtigen Modellen fallen die Korrelationen zwischen dem ‚griechischen' und ‚römischen Sport' einerseits und dem (Hoch-)Leistungssport der Gegenwart ins Auge (.83 und .76), die deutlich höher ausfallen als die zwischen diesen historischen Modellen und dem traditionellen Sport (.57 und .42). Wenig überraschend ist es, dass die Korrelationen zwischen den historischen Formen zum Erlebnissport und Gesundheitssport negativ, wenn auch gering und zum Teil insignifikant, auftreten (zwischen .10 und -.49).

In den Abbildungen 5 bis 8 sind einige Vergleiche für die Cue-Validitäten wiedergegeben. Sie beziehen sich auf Vergleiche *innerhalb* der Gegenwarts- und der historischen Modelle sowie *zwischen* beiden.

Die Analyse der Cue-Validitäten bestätigt einerseits das Bild der Korrelationsanalysen, sie erweitert das Wissen aber andererseits in dem Sinne, dass hier nicht nur ein Kollektivmaß zugrunde liegt, sondern für jedes einzelne Merkmal ersehen werden kann, welche Relevanz es für das jeweilige Modell aufweist. Als Vergleichswert wird jeweils auf den traditionellen Sport zurückgegriffen.[4] In einem ersten Schritt werden die Er-

---

[4] Begründet wird diese Entscheidung zum Ersten damit, dass eine Berücksichtigung aller

gebnisse der Abweichungsquadrate[5] der Cue-Validitäten der (weiteren) gegenwärtigen Modelle des Sports (Hochstleistung, Erlebnis, Gesundheit) zum traditionellen Sport dargestellt (vgl. Abb. 5). In einem zweiten Schritt erfolgt die Darstellung der entsprechenden Ergebnisse für die historischen Modelle in Bezug zum traditionellen Sport (vgl. Abb. 6). Bei einer holistischen Betrachtung wird überdeutlich, dass die Abweichungen der Cue-Validitäten für die meisten Merkmale beim Vergleich der Sportmodelle der Gegenwart höher ausfallen als beim historischen Vergleich. Das betrifft besonders den Gesundheitssport, trifft aber auch für den (Hoch-)Leistungssport zu. Im historischen Vergleich sticht nur die große Abweichung beim Teamgeist heraus.

Sportmodelle der Gegenwart eine Vervielfachung der Analysen bedeutet hätte und dass zweitens – inhaltlich argumentiert – der traditionelle Sport international gesehen bei weitem am meisten verbreitet ist.

[5] Die Zugrundelegung der Quadrate der Abweichungen ist in der Statistik üblich, um Extremwerte in stärkerem Maße zu berücksichtigen.

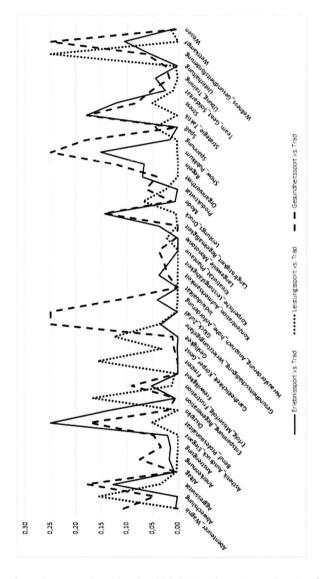

Abb. 5: Abweichungsquadrate der Cue-Validitäten der weiteren Sportmodelle der Gegenwart von denen des traditionellen Sports.

"Sport" in Geschichte und Gegenwart

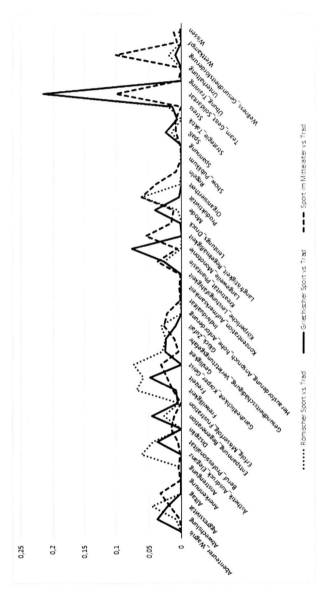

Abb. 6: Abweichungsquadrate der Cue-Validitäten der historischen Sportmodelle von denen des traditionellen Sports.

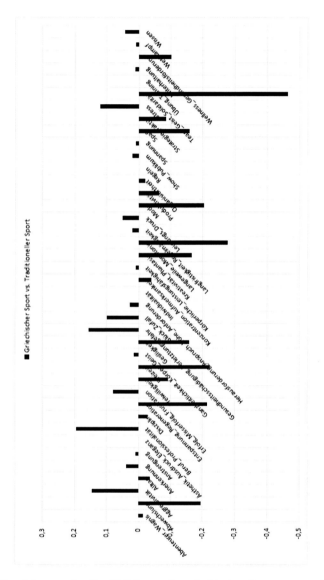

Abb. 7: *Abweichungen der Cue-Validitäten des griechischen Sports vom traditionellen Sport (Positive Werte besagen eine höhere Bedeutung im griechischen, negative Werte eine höhere Bedeutung im traditionellen Sport).*

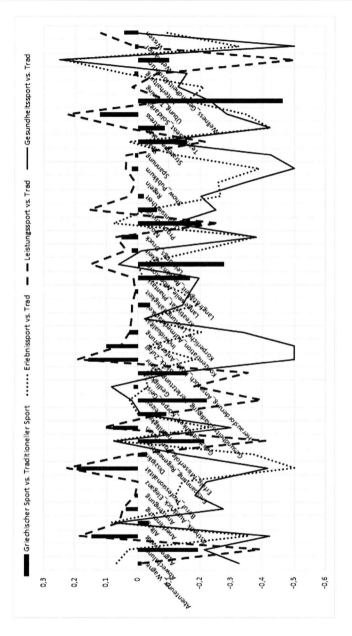

Abb. 8: Abweichungen der Cue-Validitäten des griechischen Sports und (weitere) gegenwärtige Sportmodelle gegenüber dem traditionellen Sport.

Die bisherigen Darstellungen lassen keine Aussagen dazu zu, in welcher Richtung die Abweichungen vorliegen. Möglich ist, dass einerseits ein Merkmal, z. B. Aggressivität, in der griechischen Antike stärker vertreten war als im traditionellen Sport, dass andererseits aber z. B. der Teamgeist im traditionellen Sport der Gegenwart stärker ausgeprägt ist (vgl. auch Abb. 7).

In Abbildung 7 sind zunächst (exemplarisch) die entsprechenden Abweichungen der Cue-Validitäten für den griechischen Sport im Vergleich zum traditionellen Sport eingezeichnet. Es folgt in Abbildung 8 ein zusätzlicher Vergleich zu den historischen Modellen. Somit ist zu erkennen, in welche Richtung die Abweichung geht. Auch hierbei zeigt das Gesamtbild, dass Abweichungen innerhalb der gegenwärtigen Sportmodelle auf bedeutend mehr Merkmale zutreffen als Abweichungen zwischen griechischem und traditionellem Sport. Das gilt besonders für die Merkmale, für die keine Abweichungen zwischen griechischem und traditionellem Sport vorliegen.

In den Abbildungen 9 und 10 ist zunächst die Bedeutung der untersuchten Merkmale für den traditionellen Sport der Höhe nach geordnet (in der ursprünglichen Skalierung, nicht Cue-Werte!). Hinzugefügt ist in Abbildung 9 die Bedeutung für den griechischen Sport und in Abbildung 10 die für Gesundheitssport. Auch in dieser Darstellungsform zeigt sich, dass bis auf ganz wenige Merkmale die Unterschiede in historischer Perspektive geringer sind als im Vergleich der Gegenwart. Ergänzend enthält die Tabelle 2 eine Zusammenstellung der Merkmale, die für den traditionellen, den griechischen und den römischen Sport sowie den Sport im Mittelalter eine besonders hohe oder eine besonders niedrige Bedeutung haben.

„Sport" in Geschichte und Gegenwart

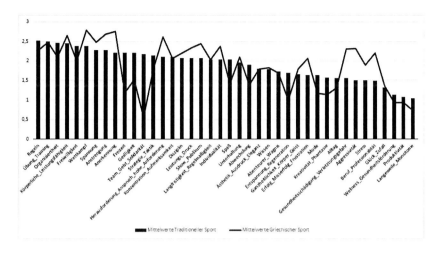

Abb. 9: *Bedeutungsumfang der Merkmale für den traditionellen und den griechischen Sport.*

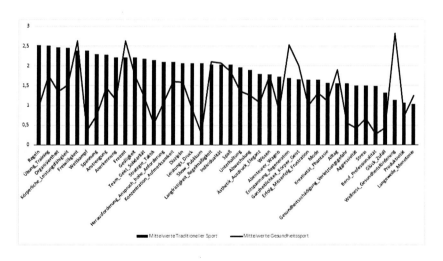

Abb. 10: *Bedeutungsumfang der Merkmale für den traditionellen Sport und für den Gesundheitssport.*

Sportmodell	Besonders typische/untypische Merkmale	Merkmalsausprägung
Traditioneller Sport	Regeln	2.5
	Übung/Training	2.5
	Organisiertheit	2.5
	Körperliche Leistungsfähigkeit	2.5
	Freiwilligkeit	2.4
	Wettkampf	2.4
	–	
	–	
	Stress	1.5
	Beruf/Professionalität	1.5
	Glück/Zufall	1.3
	Wellness/Gesundheitsförderung	1.1
	Produktivität	1.1
	Langweile/Monotonie	1.0
Griechischer Sport	Wettkampf	2.8
	Anerkennung	2.8
	Anstrengung	2.7
	Körperliche Leistungsfähigkeit	2.7
	Herausforderung	2.6
	Übung/Training	2.5
	–	
	–	
	Kreativität	1.0
	Entspannung/Regeneration	1.0
	Produktivität	0.9
	Wellness/Gesundheitsförderung	0.9
	Langweile/Monotonie	0.7
	Teamgeist	0.6
Römischer Sport	Show/Publikum	2.8
	Aggressivität	2.6
	Spannung	2.6
	Wettkampf	2.6
	Körperliche Leistungsfähigkeit	2.5
	Übung/Training	2.5
	–	
	–	
	Ganzheitlichkeit	0.9

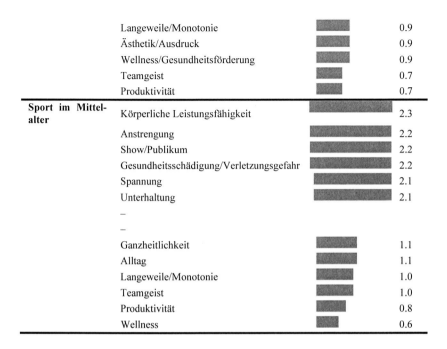

	Langeweile/Monotonie		0.9
	Ästhetik/Ausdruck		0.9
	Wellness/Gesundheitsförderung		0.9
	Teamgeist		0.7
	Produktivität		0.7
Sport im Mittelalter	Körperliche Leistungsfähigkeit		2.3
	Anstrengung		2.2
	Show/Publikum		2.2
	Gesundheitsschädigung/Verletzungsgefahr		2.2
	Spannung		2.1
	Unterhaltung		2.1
	–		
	–		
	Ganzheitlichkeit		1.1
	Alltag		1.1
	Langeweile/Monotonie		1.0
	Teamgeist		1.0
	Produktivität		0.8
	Wellness		0.6

Tab. 2: Merkmale die eine hohe und die eine geringe Relevanz für die unterschiedlichen Sportmodelle aufweisen.

7 Ein Resümee: Philosophie und Empirie des Sportbegriffs – Gewinn oder Paradigmencrash?

Ausgangspunkt des Beitrags war die Frage „Ist es gerechtfertigt, nicht nur das heutige Tun mit dem Begriff ‚Sport' zu belegen, sondern auch das, was z. B. in Olympia praktiziert wurde?" Entsprechend hieß es „Ziel dieses Beitrags ist es, zur Beantwortung der Frage, ob es nämlich gerechtfertigt ist, auf den Sportbegriff auch außerhalb der Moderne zurückzugreifen, sowohl philosophische wie auch empirische Erkenntnisse anzuführen und zu diskutieren."

Die Beantwortung der Fragestellung und die Erreichung einer solchen Zielsetzung ist – wie wissenschaftliche Erkenntnis immer – an methodische Einschränkungen auf unterschiedlichen Ebenen gebunden. Methodologisch ist zu diskutieren, welchen Erkenntnisgewinn eine philosophische *und* eine empirische Analyse liefern und vor allem, ob der

Rückgriff auf diese beiden Forschungsansätze nützlich sein kann oder ob es dabei notwendigerweise zu einem sogenannten „Paradigmencrash" kommt. Auf unterer Ebene sind für den empirischen Ansatz die konkret verwendeten Forschungsmethoden kritisch zu hinterfragen.

7.1 Wittgensteins „Schauen" in methodologischer Sicht

Die Diskussion, ob die Erkenntnisse unterschiedlicher Paradigmen aufeinander bezogen werden können und dürfen, d. h., ob Paradigmen kommensurabel bzw. kompatibel sind, geht auf Kuhn (1977, 1981) zurück. Die Frage, inwieweit es damit zulässig ist, den philosophischen Ansatz Wittgensteins als Ausgangspunkt oder Grundlage von empirischen Untersuchungen zu nehmen, wird kontrovers diskutiert. Strenge Inkommensurabilisten verneinen dies vehement, andere akzeptieren es. Zur Versachlichung dieser Kontroverse erscheint es angebracht, sich in Erinnerung zu rufen, wie Wittgenstein sein Beispiel des Spiels „geschaut" hat. Dieses „Schauen" spricht dafür, dass Wittgenstein selbst es als kommensurabel mit der Empirie angesehen hätte. Die Vertreter des Prototypenmodells sehen dies genauso (Blutner, 1995; Rosch, 1975).

Auf methodologischer Ebene sprechen für die Kommensurabilität Aussagen von Kuhn (1974), wenn er zur Verdeutlichung des Problems auf eine Sprachanalyse zurückgreift: Für unterschiedliche Theorien wie für unterschiedliche Sprachen gilt, dass man sich trotzdem durchaus verständigen kann, wenn auch unter Inkaufnahme von Bedeutungsverlusten. Auch für die Analyse des Sportbegriffs wäre in der Folge anzunehmen, dass die Sprache Wittgensteins und die der Empirie durchaus kommensurabel sind, wenn auch unter Bedeutungsverlust.

Ein abschließendes, metatheoretisch begründetes Urteil über (In-)Kommensurabilität kann es nicht geben. Vor diesem Hintergrund scheint – pragmatisch – eine Differenzierung von Overton (1984) hilfreich. Er unterscheidet eine strenge von einer weichen Form der Inkommensurabilität. Nach der strengen Form wären alle Merkmale der Beobachtungssprache paradigmatisch bestimmt und damit inkommensurabel. „Wenn dies der Fall wäre, wäre Kommunikation unmöglich" (Overton, 1984, S. 222). Die weiche Form von Inkommensurabilität dagegen lässt durchaus die Verständigung zwischen Paradigmen zu (S. 233).

Das (In-)Kommensurabilitätsproblem betrifft hier den Übergang von Wittgenstein zum Prototypenmodell. Zusätzlich zu diesem Problem ist die Frage zu stellen, inwieweit es angemessen ist, Sportmodelle auf der Grundlage von sportlichen Aktivitäten und Merkmalen zu klassifizieren, wie dies sowohl von Wittgenstein (für Spiele) als auch im Prototypenmodell geschieht. Steinitzer und Benary haben bereits 1910 bzw. 1913 die Meinung vertreten, dass der Begriff ‚Sport' seine Geltung nur als „Tätigkeitsform, nicht als Bezeichnung für eine bestimmte Gruppe von Tätigkeitsinhalten" habe (zitiert nach Court, 1999, S. 191). Dabei entsprechen die ‚Tätigkeitsformen' den hier untersuchten Bedeutungen von Aktivitäten, die der Analyse zugrunde gelegt worden sind.

Innerhalb des empirischen Ansatzes dürfte dem erfolgten Rückgriff auf das Prototypenmodell für die empirische Untersuchung methodologisch nicht widersprochen werden. Es basiert auf einem erfahrungswissenschaftlichen Paradigma, das für entsprechende empirische Untersuchungen entworfen und unter anderem auf den Sport angewendet worden ist (vgl. Rosch, 1975; Eckes, 1985).

7.2 Methodenkritik

Empirische Untersuchungen werden in entscheidendem Maße durch die verwendete Methodik determiniert. Das führt zum Teil zu entscheidenden Einschränkungen der erzielten Erkenntnisse. Diese Einschränkungen betreffen im vorliegenden Fall vor allem die folgenden Aspekte:
- Eine grundlegende Frage ist, ob kollektive Statistiken wie die hier verwendeten Mittelwerte (ermittelt über die Antworten der 27 Experten) und Cue-Validitäten angemessen sind. Die Gegenposition ist, dass (nur) auf die Meinung von Einzelpersonen zurückgegriffen wird, wie z. B. die auf Guttmann (vgl. Abb. 1). Gegen diese Position spricht, dass andere, durchaus auch anerkannte Experten abweichende Charakterisierungen geben (vgl. auch Abb. 11). Loy (1968) z. B. führt als Charakteristikum die hohe körperliche Fähigkeit an, Guttmann aber nicht. Für die statistischen Daten spricht u. a., dass sie etwa dadurch gegen Zufallseinflüsse abgesichert sind, dass über die Standardabweichungen geprüft worden ist, wie hoch die Übereinstimmung zwischen den Experten ist, wie dies auch für die Entwicklung von Einstellungsskalen gefordert wird (Singer, 2002).

- Befragt worden sind 27 deutschsprachige Experten, die Sportgeschichte an Universitäten lehren. Die Antworten gehen also zum einen „nur" auf deren Kulturkreis zurück. Einschränkend kommt hinzu, dass die Experten nicht gleichermaßen Fachleute für alle Epochen sind. Dies gilt weniger für die griechische und die römische Antike als für das Mittelalter und die Moderne. Allerdings hat die selbst eingeschätzte Sachkenntnis keinen Einfluss auf das Ergebnis gehabt, wie Vergleichsanalysen gezeigt haben.
- Die vorgesehenen Epochen erstrecken sich teilweise über mehr als 1000 Jahre, so dass mit großen Unterschieden innerhalb der Epochen zu rechnen ist, die hier nicht berücksichtigt werden konnten.
- Für die einzelnen Epochen war nicht vorgesehen worden, welche Personengruppe gemeint war. Somit ist anzunehmen, dass zum Beispiel für das Mittelalter unklar war, ob auf die Ritter oder die Bürger Bezug genommen werden sollte. Die extrem hohe Korrelation zwischen dem römischen Sport und dem Hochleistungssport könnte z. B. als Hinweis dienen, dass die Experten vor allem Gladiatorenwettkämpfe vor Augen gehabt haben.
- Determiniert worden sind die Ergebnisse auch durch die verwendeten statistischen Verfahren, wenngleich diese für sozialwissenschaftliche Untersuchungen adäquat sind.
- Auch für die Geschichte ist auf die Begrifflichkeit der Gegenwart zurückgegriffen worden. Für eine Vergleichbarkeit war dies erforderlich, zumal eine interkulturelle Begrifflichkeit prinzipiell nicht zur Verfügung steht.

7.3 Ein Plädoyer für die Vielfalt des Sports

Der inhaltliche Erkenntnisgewinn zur Frage des Sportbegriffs geht sowohl auf die philosophische als auch auf die empirische Analyse zurück. Der Rückgriff auf Wittgensteins Philosophie der normalen Sprache und spezifisch auf seinen Ansatz der Familienähnlichkeit bildet eine fundierte Grundlage für eine Diskussion, welche Bedeutung der Begriff Sport haben kann. Dieser Analyse kommt entgegen, dass Wittgenstein seinen Ansatz am Beispiel ‚Spiel' expliziert hat, das nicht nur formal dem Begriff ‚Sport' weitestgehend entspricht, sondern auch eine enge inhaltliche Verwandtschaft aufzeigt. Entsprechend scheint auch hier die angewendete Analogbildung der „Königsweg" der Fortentwicklung der Wissenschaft zu sein (Hesse, 1970). Der Sportbegriff lässt sich plausibel und weitreichend als Begriff der Familienähnlichkeit beschreiben und löst damit die unter 2. aufgeführten Probleme. Im Sinne von Wittgenstein (§66; 67) weisen die unterschiedlichen Erscheinungsformen des Sports „Überlappungen" und „indirekte Beziehungen" auf; durch die einzelnen Sportbegriffe ziehen sich „Fäden" der Verwandtschaft.

Bei aller Einschränkung durch methodische Aspekte (vgl. 7.2) bereichert die empirische Analyse auf der Grundlage des Prototypenmodells den Erkenntnisstand zur Bedeutung des Sports. Hervorzuheben ist vor allem, dass man nicht darauf angewiesen ist, auf einzelne Autoritäten zurückgreifen zu müssen, sondern eine breite Basis als Bezugspunkt hat. Somit hat man eine gesicherte Grundlage, z. B. um festzustellen, dass die Zusammenstellung, die z. B. Guttmann (1979) oder Loy (1968) vorgelegt haben, keineswegs erschöpfend ist.

Die über Clusteranalysen ermittelten Sportmodelle weisen Gemeinsamkeiten, aber auch Unterschiede zu den von Digel (1984) und Heinemann (1986) phänomenologisch vorgeschlagenen Modellen auf. Allen drei Vorschlägen gemeinsam sind die drei Modelle ‚Traditioneller (Leistungs-)Sport', ‚Gesundheitssport' (als Prototyp für den instrumentellen Sport) und der ‚Hochleistungssport', den Digel als kommerzielles Sportmodell und Heinemann als kommerziellen Leistungssport bezeichnet. Empirisch nicht nachgewiesen werden konnte der Freizeitsport (Heinemann) und der Alternativsport (Digel). Von Digel dagegen nicht erwähnt werden Erlebnissport, Präsentationssport und sportnahe Hobbys.

Ein bedeutender Erkenntnisgewinn besteht in quantitativen Angaben der Bedeutung der Merkmale, d. h. in der Quantifizierung der Merkmale. Dabei bieten die Cue-Validitäten die Möglichkeiten, den Bedeutungsumfang eines jeden Merkmals anzugeben und die Relevanz in eine Rangfolge zu bringen (vgl. Abbn. 5–8). Zudem gibt dieses Kriterium Auskunft darüber, welche Merkmale gerade nicht mit dem Sportbegriff in Verbindung zu bringen sind, weil sie so am Rande liegen und wahrscheinlich anderen Sachverhalten zuzuordnen sind, wie dies z. B. für einen Vergleich mit ‚Arbeit' zutrifft (Willimczik, 2007). Eine vergleichbare Information liefern die Abbildungen 9 und 10 sowie Tabelle 2. Zu den wesentlichen Erkenntnissen zählt auch, dass die Bedeutung von Merkmalen für den Sport sich nicht nur in der (langfristigen) Geschichte, sondern auch während der Gegenwart (Zeitgeschichte) drastisch verändert, wie es die dynamische Vagheit erlaubt. Deutlich wird dies bei einem Vergleich der empirisch gewonnenen Erkenntnisse mit der Definition Diems (1960). Hinsichtlich der Kontroverse zwischen Archaizern und Modernizern kann zusammengefasst werden: Sofern und solange es gebräuchlich ist, den Begriff Sport der Gegenwart trotz erheblicher Bedeutungsunterschiede bei Sportmodellen übergreifend zu verwenden, sollte es auch für entsprechende Erscheinungsformen der Geschichte gerechtfertigt sein, auf den Sportbegriff zurückzugreifen. Man kann sich darin Decker anschließen (2000, S. 91), der seine Analyse zusammenfasst: „Abgesehen von der formalen Berechtigung, das Wort Sport für diese Epoche (die griechische) zu verwenden, sprechen die lange Dauer und tiefe Verwurzelung des Feldes, die ich an den Beispielen Sport und Kunst und insbesondere an der entsprechenden Verquickung des Agons dargestellt habe, sowie die Existenz des Rekordbegriffs dafür."

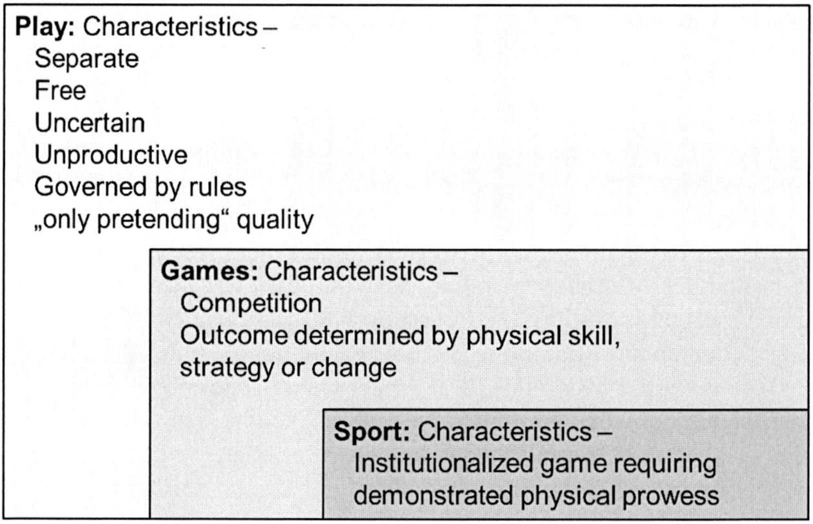

Play: Characteristics –
Separate
Free
Uncertain
Unproductive
Governed by rules
„only pretending" quality

Games: Characteristics –
Competition
Outcome determined by physical skill, strategy or change

Sport: Characteristics –
Institutionalized game requiring demonstrated physical prowess

Abb. 11: Zur statischen Vagheit. Die Konzeptualisierung von sport, game, play von Loy (1968).

Wenn es auch nicht Gegenstand dieser Analyse gewesen ist, so lassen die gewonnenen Erkenntnisse durchaus auch Rückschlüsse auf den Sportbegriff im Sinne der statischen Vagheit zu: Es kann und muss davon ausgegangen werden, dass für den Sportbegriff im interkulturellen Vergleich ähnlich große Unterschiede vorliegen wie zwischen den Sportmodellen der Gegenwart in Deutschland oder in der Geschichte. Dies wird – exemplarisch gesehen – schon bei einem Vergleich des hier dargestellten Erkenntnisstandes für Deutschland mit dem von Loy (vgl. Abb. 11) oder den von Guttmann gegebenen Beschreibungen für den angloamerikanischen Sprachraum deutlich. Auch dies verbietet jedweden Versuch, Sport verbindlich zu definieren. Darüber hinaus mahnt diese statische Vagheit des Sportbegriffs erhöhte Vorsicht für alle Aussagen zum Sport innerhalb der vergleichenden Sportwissenschaft an.

8 Literatur

Benary, E. (1913). Der Sport als Individual- und Sozialerscheinung. Berlin: Wedekind.
Bernett, H. (1965). Grundformen der Leibeserziehung. Schorndorf: Hofmann.
Blutner, R. (1995). Prototypen und Kognitive Semantik. In G. Harras (Hrsg.), Die Ordnung der Wörter. Kognitive und lexikalische Strukturen (S. 227–270). Berlin: de Gruyter.
Carl, K., Kayser, D., Mechling, H. & Preising, W. (Hrsg.) (1984). Handbuch Sport. Band 1: Wissenschaftliche Grundlagen von Unterricht und Training. Düsseldorf: Schwann.
Court, J. (1999). Über den Ursprung einer Theorie der Leibeserziehung. Sportwissenschaft, 29 (2), 185–199.
Decker, W. (2000). Sport – eine Bezeichnung für die griechische Kultur? In Deutsches Olympisches Institut (Hrsg.), Jahrbuch 2000 (S. 83–92). Berlin: Deutsches Olympisches Institut.
Diem, C. (1960). Wesen und Lehre des Sports und der Leibeserziehung. Berlin: Weidmann.
Digel, H. (1984). Gesellschaftliche Entwicklung und der Auftrag des Sportvereins. In Der Kultusminister des Landes Nordrhein-Westfalen (Hrsg.), Materialien zum Sport in Nordrhein-Westfalen. Heft 9: Sportentwicklung – Einflüsse und Rahmenbedingungen – Eine Expertenbefragung (S. 52–65). Köln: Greven.
Eckes, T. (1985). Zur internen Struktur semantischer Kategorien: Typikalitätsnormen auf der Basis von Ratings. Sprache & Kognition, 4, 192–202.
Eckes, T. & Six, B. (1984). Prototypenforschung: Ein integrativer Ansatz zur Analyse der alltagssprachlichen Kategorisierung von Objekten, Personen und Situationen. Zeitschrift für Sozialpsychologie, 15, 2–17.
Graves, H. (1972). A philosophy of sport. In E. W. Gerber (Ed.), Sport and the body (pp. 6–15). Philadelphia: Lea & Febinger.
Guttmann, A. (1979). Vom Ritual zum Rekord. Das Wesen des modernen Sports. Schorndorf: Hofmann.
Hägele, W. (1982). Zur Konstitutionsproblematik des Sports. Sportwissenschaft, 12 (2), 195–201.

Haverkamp, N. (2005). Typisch Sport? – Der Begriff Sport im Lichte des Protoypenmodells. Köln: Strauß.
Haverkamp, N. & Willimczik, K. (2005). Vom Wesen zum Nicht-Wesen des Sports. Sport als ontologische Kategorie und als kognitives Konzept. Sportwissenschaft, 35 (3), 271–290.
Heinemann, K. (1986). Zum Problem der Einheit des Sports und des Verlusts seiner Autonomie. In Deutscher Sportbund (Hrsg.), Die Zukunft des Sports. Materialien zum Kongreß Menschen im Sport 2000 (S. 112–128). Schorndorf: Hofmann.
Hesse, M. B. (1970). Models and analogies in Science. Notredame, Indiana: University Press.
Hilty, G. (1997). Komponentenanalyse und Prototypensemantik. In U. Hoinkes & W. Dietrich (Hrsg.), Kaleidoskop der lexikalischen Semantik (S. 63–69). Tübingen: Narr.
Kleiber, G. (1998). Prototypensemantik (2. Aufl.). Eine Einführung. Tübingen: Narr.
Kuhn, T. S. (1977). Second thoughts on paradigms. In F. Suppe (Ed.), The structure of scientific theories (pp. 459–482). Urbana, IL: University of Illinois Press.
Kuhn, T. S. (1981). Die Struktur wissenschaftlicher Revolutionen (5. Aufl.). Frankfurt a. M.: Suhrkamp. [Kuhn, T.S. (1962). The Structure of scientific revolutions. Chicago: University of Chicago Press.]
Lenk, H. (1980). Auf dem Wege zu einer analytischen Sportphilosophie. Sportwissenschaft, 10 (4), 417–436.
Lieb, H.-H. (1980). Wortbedeutungen: Argumente für eine psychologische Konzeption. Lingua, 52, 1–32.
Loy, J. W. (1968). The nature of sport: A definitional effort. Quest, 89 (29), 56–71.
McBride, I. (1975). Toward a non-definition of Sport. The Journal of the Philosophy of Sport, 2, 4–11.
Meier, K. V. (1981). On the inadequacies of sociological definitions of sport. International Review of Sport Sociology, 16 (2), 79–102.
Overton, W. F. (1984). World views and their influence on psychological theory and research: Kuhn – Lakatos – Laudan. In H. W. Reese (Ed.), Advances in child development and behaviour (pp. 151–226). Orlando, FL: Academic Press.
Röthig, P. (1987). ‚Sport'. In E. Beyer (Hrsg.), Wörterbuch der Sportwissenschaft (S. 574–575). Schorndorf: Hofmann.
Rosch, E. (1975). Cognitive representations of semantic categories. Journal of Experimental Psychology: General, 104 (3), 192–233.
Rosch, E. & Mervis, C. B. (1975). Family resemblances: Studies in the internal structure of categories. Cognitive Psychology, 7 (4), 573–605.
Saurbier, B. (1955). Geschichte der Leibesübungen. Frankfurt a. M.: Limpert.
Saurbier, B. (1966). Geschichte der Leibesübungen (5. Aufl.). Frankfurt a. M.: Limpert.
Schimank, U. (1988). Entwicklung des Sports zum gesellschaftlichen Teilsystem. In R. Mayntz (Hrsg.), Differenzierung und Verselbständigung. Zur Entwicklung gesellschaftlicher Teilsysteme (S. 181–232). Frankfurt a. M.: Campus.
Schreiber, M. (1993). Strukturelle Semantik und Prototypensemantik: Semantik der Einzelsprachen vs. Universalsemantik. Papiere zur Linguistik, 49 (2), 159–165.
Schwarz, M. & Chur, J. (1996). Semantik: Ein Arbeitsbuch (2. Aufl.). Tübingen: Narr.

Singer, R. (2002). Entwicklung von (Test-)Skalen. In Singer, R. & Willimczik, K. Sozialwissenschaftliche Forschungsmethoden in der Sportwissenschaft. (123 – 141) Hamburg: Czwalina

Steinitzer, H. (1910). Sport und Kultur. Mit besonderer Berücksichtigung des Bergsports. München: Verlag der Deutschen Alpenzeitung.

Steinkamp, E. (1983). Was ist eigentlich Sport? Wuppertal: Putty.

Stone, G. P. (1976). Soziale Sinnbezüge des Sports in der Massengesellschaft (am Beispiel des amerikanischen Sports). In G. Lüschen & K. Weis (Hrsg.), Die Soziologie des Sports (S. 132–145). Darmstadt: Luchterhand.

Wennerberg, H. (1998). Der Begriff der Familienähnlichkeit in Wittgensteins Spätphilosophie. In E. v. Savigny (Hrsg.), Ludwig Wittgenstein, Philosophische Untersuchungen (S. 41–69). Berlin: Akademie.

Willimczik, K. (2007). Die Vielfalt des Sports – Kognitive Konzepte der Gegenwart zur Binnendifferenzierung des Sports. Sportwissenschaft, 37 (1), 19–37.

Willimczik, K. (2010). ‚Sport' in Germany – from an ontological category to a concept of current times. European Journal for Sport and Society, 7 (3+4), 235–251.

Wissenschaftlicher Beirat des DSB (1980). Zur Bestimmung des Begriffs „Sport". Sportwissenschaft, 10 (4), 437–439.

Wittgenstein, L. (1984a). Tractatus Logico-Philosophicus. Schriften Band 1. Frankfurt a. M.: Suhrkamp.

Wittgenstein, L. (1984b). Philosophische Untersuchungen. Schriften Band 1. Frankfurt a. M.: Suhrkamp.

Tradition, Rezeption und Adaption – Zur kulturellen Einbettung und interkulturellen Strahlkraft sportlicher Phänomene im Alten Ägypten

Frank Förster

1 Einleitung

Das pharaonische Ägypten war bekanntlich eine der beständigsten und erfolgreichsten frühen Hochkulturen, und so verwundert es nicht, dass es im Verlaufe seines rund drei Jahrtausende währenden Bestehens auch zur Ausprägung sportlicher Phänomene kam, die zum Teil deutlich kulturspezifischen Charakter aufweisen, darüber hinaus aber auch – unter bestimmten Bedingungen – Einflüssen von außen offenstanden und ihrerseits auf andere Kulturen wirkten. Mit Wolfgang Decker, dem wohl besten Kenner der altägyptischen Sportgeschichte, der sich wie kein anderer um ihre Erforschung verdient gemacht hat,[1] lässt sich konstatieren, dass der Sport im Alten Ägypten – gemessen am Sport der Klassischen Antike – erst relativ spät in den Gesichtskreis der Altertumswissenschaften getreten und noch später erst als eigene Größe in der Sportgeschichte erschienen ist: „Erst nach der Entzifferung der Hieroglyphen durch J.-F. Champollion im Jahre 1822 hat sich die Ägyptologie nach und nach etabliert, und es dauerte lange, bis denn der Sport der pharaonischen Hoch-

---

[1] Es sei hier nur auf die grundlegenden Arbeiten „Quellentexte zu Sport und Körperkultur im alten Ägypten" (DECKER 1975), „Sport und Spiel im Alten Ägypten" (DECKER 1987), den monumentalen „Bildatlas zum Sport im Alten Ägypten" (DECKER & HERB 1994), die auf die Rolle des *sporting king* fokussierenden Werke „Die physische Leistung Pharaos" (DECKER 1971) und „Pharao und Sport" (DECKER 2006) sowie zuletzt die kommentierte Textsammlung „Sport am Nil. Texte aus drei Jahrtausenden ägyptischer Geschichte" (DECKER 2012) hingewiesen, ferner auf die systematische Erschließung der einschlägigen Literatur durch die „Annotierte Bibliographie zum Sport im Alten Ägypten" (DECKER 1978; DECKER & FÖRSTER 2002), die ihresgleichen auf dem Gebiet der Sportgeschichte sucht. Ein Vergleich mit der verdienstvollen ersten Überblicksdarstellung zum Thema, „Der Sport im Alten Ägypten" von A.D. Touny und St. Wenig aus dem Jahre 1969 (TOUNY & WENIG 1969), macht deutlich, wie sehr unser Wissen auf diesem Teilgebiet seitdem erweitert worden ist, vornehmlich durch die Arbeiten von Wolfgang Decker.

kultur einer wissenschaftlichen Zuwendung für würdig befunden wurde. Im Gegensatz etwa zur griechischen Agonistik, die bereits früh als Element der seit der Renaissance als vorbildlich erachteten hellenischen Kultur ausgemacht wurde, hat der altägyptische Sport keine Botschaft an die Moderne geliefert. Ihn hat kein Olympia in den Mittelpunkt des modernen Interesses gespült; ihm sekundierte kein Pierre de Coubertin, der mit der Wiederbelebung der Olympischen Spiele ein Klima schuf, das der Erforschung seines griechischen Vorbildes äußerst günstig war.

Dennoch verdient die altägyptische Sportkultur wegen ihres hohen Alters, ihrer Einzigartigkeit und ihres Kontrastes zum Sport der Klassischen Antike unsere besondere Aufmerksamkeit. [...]" (DECKER, in: DECKER & FÖRSTER 2014: 17f.).

Unter den drei Schlagworten Tradition, Rezeption und Adaption soll im Folgenden der Versuch unternommen werden, anhand einiger ausgewählter Beispiele Eigenart, Wandel und Wirkung der altägyptischen Sportkultur kurz zu skizzieren bzw. schlaglichtartig zu beleuchten. Insbesondere interessieren uns hierbei die kulturelle Einbettung und Verankerung sportlicher Phänomene im Alten Ägypten einerseits und deren (mögliche) interkulturelle Strahlkraft andererseits, durchaus auch bis in die moderne Zeit hinein. Im Sinne Ingomar Weilers, nach dem „der Sport" – hier im denkbar weitesten Sinne verstanden – trotz allen kulturellen Wandels als eine „biologisch-anthropologische Konstante" anzusehen ist (WEILER 1981: XI), liefert auch und gerade der Sport der pharaonischen Hochkultur als eine der ältesten bildlich, textlich und auch materiell greifbaren Sportkulturen überhaupt zahlreiche Ansatzpunkte für komparatistische Untersuchungen, um Gemeinsamkeiten und Unterschiede auf diesem Gebiet im interkulturellen und diachronen Vergleich herauszuarbeiten. Gerade die zeitliche, räumliche und eben auch kulturelle Entfernung zum Land am Nil schafft dabei aus westlich-europäischer Sicht eine Distanz, die solche Vergleiche als besonders fruchtbar und anregend erscheinen lassen. Wie oben bereits angedeutet, soll der Begriff „Sport" hier – trotz gelegentlich noch immer vorgebrachter Einwände hinsichtlich einer anachronistischen Anwendung – als allgemeinverständlicher Sammelbegriff für Kulturphänomene dienen, die auf die eine oder andere Art nahezu universell anzutreffen sind und deren Ausprägungen letztlich auch vielleicht eher randständig wirkende Erscheinungsformen wie Jagd, Spiel und Tanz umfassen (vgl. das weite Spektrum der für den „Bildatlas zum

Sport im Alten Ägypten" zugrunde gelegten Systematik: DECKER & HERB 1994). Neben seiner gesellschaftlichen und kulturellen Bedeutung spielt der altägyptische Sport oft auch eine ideologische Rolle, was selbstverständlich insbesondere im Bereich des Königtums zum Ausdruck kommt. Überhaupt bietet es sich an, zwischen „königlichem" und „privatem" Sport zu unterscheiden (vgl. DECKER 1987: 27–111), obwohl auch bei letzterem ideologische Komponenten nicht selten klar auszumachen sind. Die folgenden Beispiele entstammen beiden Bereichen und umfassen die „Disziplinen" (Königs-)Lauf, Bogenschießen auf ein Ziel, Stockfechten, Ringkampf, Bootsrennen, das sog. Stierspringen sowie das weitverbreitete und noch heute als Kinderspiel praktizierte *khazza lawizza* (ein Hochweitsprung).

Ein großer Vorzug, der sich aus komparatistischer Sicht aus der Beschäftigung mit der pharaonischen Sportkultur ergibt, ist ihre große Zeittiefe, die es nicht nur erlaubt, Ursprüngen, Anfängen und archetypischen Zügen des Sports auf die Spur zu kommen, sondern auch Entwicklungen über vergleichsweise lange Zeiträume hinweg zu verfolgen. Damit lassen sich grundlegende Aspekte wie Form, Konstanz und Wandel altägyptischer „Sportmodelle" in den Blick nehmen und Aussagen über Tradition, Innovation und Funktion verschiedener sportlicher Ausprägungen im Alten Ägypten, ihre Eigenart und ihre mögliche Strahlkraft im Kulturvergleich treffen. An dieser Stelle soll jedoch nicht unerwähnt bleiben, dass unser heutiges Bild in hohem Maße einerseits von offiziellen Verlautbarungen des Königs und seiner höchsten Beamten sowie von funerären Quellen (insbesondere Grabdekorationen, aber auch textlichen Zeugnissen) geprägt ist und daher nur einen (oft ideologisch gefärbten) „gefilterten" Teil der Wirklichkeit wiedergibt, der den eigentlichen „Sitz im Leben" zum Teil verunklären oder gar völlig in den Hintergrund treten lassen könnte. Zum anderen spielt selbst in Ägypten als einer der aus archäologisch-konservatorischer Sicht günstigsten Regionen der Welt der Erhaltungs- und Überlieferungszufall eine wesentliche Rolle, der man sich stets bewusst sein sollte. Dies zeigt sich nicht zuletzt auch durch immer wieder einmal auftretende bedeutende Neufunde, die – durchaus auch auf dem Gebiet der Sportgeschichte, wie weiter unten zu zeigen sein wird – unerwartet zu wichtigen neuen Erkenntnissen führen können.

2 (Königs-)Lauf

Als Sinnbild für den altägyptischen Sport schlechthin könnte gut der archetypische Kultlauf Pharaos dienen, den offiziell jeder König nach 30jähriger Regentschaft, d.h. nach Ablauf etwa einer Generation, zu zelebrieren hatte (**Abb 1–3**).

Abb. 1: Ein König der 1. Dynastie (Horus Den/Udimu) im Kultlauf. Teil eines Holztäfelchens aus Abydos, um 2900 v.Chr. (DECKER & HERB 1994: Dok. A4).

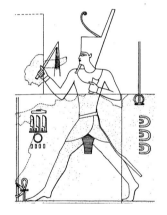

Abb. 2: Pharao Mentuhotep II. (11. Dyn., 2046–1995 v.Chr.) im Sedfestlauf. Totentempel des Königs in Deir el-Bahari, Theben-West (Ausschnitt aus DECKER & HERB 1994: Dok. A31).

Abb. 3: Ptolemaios III. (246–222/1 v.Chr.) im sog. Vasenlauf vor dem Gott Amun (DECKER & HERB 1994: Dok. A264).

Im Rahmen des sog. Sed- oder Jubiläums-Festes (vgl. hierzu HORNUNG & STAEHELIN 1974; 2006) war dieser Lauf zwischen zwei Wendemalen Teil eines weitgespannten verbindlichen Rituals, in dessen Verlauf sich die Kräfte des amtierenden Herrschers magisch für die weitere Regierungszeit erneuern sollten. Die Ursprünge des Sed-Festes mitsamt seines Kultlaufes liegen sicher tief in prädynastischer Zeit, und es ist unter anderem vermutet worden, dass der Lauf auf vorgeschichtliche Jäger-Sammler-Gesellschaften zurückgeht, die den schnellsten und ausdauerndsten Hetzjäger zum Oberhaupt ihrer Gemeinschaft erkoren (DECKER & HERB 1994: 24; DECKER 1987: 32–41; vgl. aber auch HERB 2006). Eine prähistorische Felsbilddarstellung in der sog. „Höhle der Schwimmer" im Wadi Sura (Gilf Kebir, Südwest-Ägypten), die in das 6. Jahrtausend v.Chr. datiert wird und eine laufende, anscheinend mit einem Kopfputz oder einer Art „Krone" und anderen Insignien ausgestattete Person zeigt, ist kürzlich als möglicher Vorläufer des pharaonischen Jubiläumslaufes in Anspruch genommen worden (BÁRTA 2015). Allerdings erscheint eine solche postulierte Tradierung des Motivs schon angesichts der räumlichen und zeitlichen Distanz zwischen den betreffenden Quellen sowie ihrer völlig unterschiedlichen sozio-kulturellen Einbettung als sehr fragwürdig (vgl. generell FÖRSTER & KUPER 2013).

Wo genau auch immer die Ursprünge des pharaonischen Kultlaufes liegen mögen, dessen herrschaftsideologischer Gehalt auf der Hand liegt und der mit ähnlichen, aus anderen alten Kulturen bekannten Legitimierungs- oder Besitzergreifungsläufen zu vergleichen ist (etwa mit dem im sumerischen Šulgi-Hymnus überlieferten Langstreckenlauf dieses Königs von Nippur nach Ur und wieder zurück, vgl. hierzu ROLLINGER 1994; DEMSKY 2005) – ihm war jedenfalls als integraler Bestandteil des altägyptischen Königtums eine äußerst lange Kontinuität oder buchstäblich Laufzeit beschieden, die sich über rund drei Jahrtausende und damit über die gesamte pharaonische Geschichte erstreckte (vgl. DECKER & HERB 1994: 31–123, Dok. A1–314; DECKER 2006: 12–17). Noch die griechischen und römischen Eroberer Ägyptens schlüpften gerne zu ihrer lokalen Legitimierung in die Rolle des kraftvoll laufenden Pharaos, dessen sportliche Darbietung nach Auskunft der bildlichen Überlieferung im Laufe der Zeit auch einen Wandel durchmachte, der zu Variationen und Erweiterungen wie dem sog. Ruder-, Vasen- oder Vogellauf führte, bei denen der König verschiedene symbolträchtige Gegenstände in den Händen mit sich führte (vgl. ebd.).

Auch wenn zwischen bildlich tradiertem Anspruch und gelebter royaler Realität gewiss eine Lücke klafft und sicherlich nicht jeder Herrscher seinen Rundlauf zelebrierte, wenn die Zeit dafür gekommen war, ist die Kontinuität dieses sportlichen Motivs über zahlreiche Epochen hinweg ebenso beeindruckend wie signifikant. In seiner Ikonizität lässt es sich nur mit zwei anderen, für das altägyptische Königtum elementar bedeutsamen Bildformeln vergleichen: dem „Erschlagen der Feinde" und der „Vereinigung der Beiden Länder (= Ober- und Unterägypten, symbolisiert durch deren miteinander verknotete ‚Wappenpflanzen')"; diese visualisieren die – neben dem Götterkult – beiden hauptsächlichen Aufgaben des Herrschers, den Schutz des Landes nach außen und die Einheit und Fürsorge nach innen (vgl. KOOTZ 2006: 201–211). Im Südhof der Stufenpyramidenanlage des Königs Djoser aus der 3. Dynastie (um 2650 v.Chr.) in Sakkara hat sich jedoch tatsächlich einmal eine solche königliche „Laufanlage" als Modell für jenseitige Jubiläumsfeiern erhalten (**Abb. 4**), deren steinerne Wendemale in Gestalt doppelter Halbrunde die Identifizierung als solche sicherstellen, da sie in ganz ähnlicher Form bei den flachbildlichen Darstellungen in Erscheinung treten (wenn auch hier in jeweils dreifacher Form gezeigt; DECKER & HERB 1994: 33f., Dok. A9; vgl. DECKER 1992; 2006: 12–14, Abb. 6–8).

Abb. 4: Südhof der Stufenpyramidenanlage des Königs Djoser in Sakkara (3. Dynastie, um 2650 v.Chr.). In Bildmitte die „Laufanlage" mit zwei steinernen Wendemalen in Gestalt doppelter Halbrunde (DECKER & HERB 1994: Dok. A9).

An dieser Stelle sei gleich als Kontrast eine ganz andere und sehr viel jüngere Quelle zum Laufsport im Alten Ägypten angesprochen: die sog. Lauf-Stele des Taharka (ALTENMÜLLER & MOUSSA 1981; vgl. DECKER 1984; LEITZ 2001) **(Abb. 5)**.

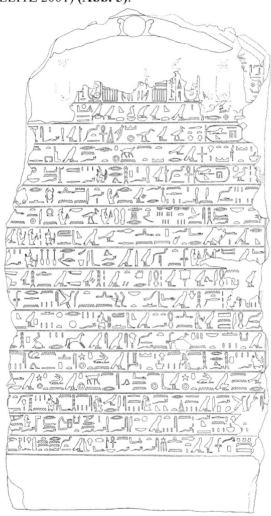

Abb. 5*: Die Lauf-Stele des Taharka in Umzeichnung (ALTENMÜLLER & MOUSSA 1981: 64, Abb. 2).*

Der Denkstein berichtet von einem Langstreckenlauf ausgewählter Soldaten des Königs Taharka (690–664 v.Chr.), der als einer der aus Nubien stammenden Herrscher der 25. oder kuschitischen Dynastie Ägypten regierte. Bei einer Inspektion des Herrschers wird unter den täglich trainierenden Soldaten ein nächtlicher Wettlauf angesetzt, der von der Residenzstadt Memphis zum Fayum und – nach zweistündiger Pause – wieder zurück führt (insgesamt ca. 100 km) und an dem der König streckenweise selbst teilnimmt; die Ersten werden von ihm mit Preisen ausgezeichnet (vgl. auch DECKER 1991: 105–108; 2012: 62–65). Dass sich der Herrscher bei dem insgesamt wohl rund neunstündigen Wettrennen zeitweise selbst unter die Läufer mischt, entspricht dabei ganz und gar nicht dem altägyptischen Königsdogma, nach dem Pharao absolut unantastbar und konkurrenzlos ist. Im Unterschied zu den stereotypen Sedfest-Läufen zeigt sich hier möglicherweise ein sportlich-kultureller Einfluss aus dem Süden oder „Innerafrika": „Es ist nicht von der Hand zu weisen, daß der nubische König hier unter dem Einfluß der in seinem Stammland herrschenden Sitten eine besondere Nähe zu seinen Elitesoldaten demonstrieren wollte, unter denen sich möglicherweise auch größere Kontingente seiner Landsleute befanden" (DECKER 1991: 107). Kaum zu bezweifeln hingegen ist, dass es die Steigerung der körperliche Fitness der Soldaten im Hinblick auf anstehende kriegerische Auseinandersetzungen war, die den pragmatischen Hintergrund sowohl für das tägliche Lauftraining als auch für die anspornende Ermittlung der Besten bei dem Wettlauf bildete.

3   Ein bedeutender Neufund vom Pyramidenaufweg des Sahure (5. Dynastie)

Aus einer anderen Pyramidenanlage des Alten Reiches aus deutlich späterer Zeit als der des oben genannten Djoser, nämlich aus der 5. Dynastie unter König Sahure (2496–2483 v.Chr.)[2], stammt ein großer Kalksteinblock, dessen erst vor wenigen Jahren umfassend und mustergültig vorgelegte Reliefdekoration eine ganze Reihe einschlägiger Szenen wiedergibt, die für die altägyptische Sportgeschichte von außerordentlicher, ja geradezu sensationeller Bedeutung sind (EL AWADY 2009: 206–214, Abb. 94–97, Falttaf. 12; vgl. bereits HAWASS & VERNER 1996: 184f., Abb.

---

[2] Konkrete Daten hier und im Folgenden nach VON BECKERATH 1997: 187–192.

2b, Taf. 56a–b; DECKER 2000: 114–129; 2006: 66–71 sowie jetzt ausführlich zur sporthistorischen Analyse und Wertung der Quelle DECKER & FÖRSTER 2014). Der Steinblock war ursprünglich Bestandteil des Pyramidenaufweges, der Tal- und Totentempel der königlichen Grabanlage des Sahure in Abusir, wenige Kilometer nördlich von Sakkara, miteinander verband. Seine in insgesamt fünf Register unterteilte Dekoration zeigt von oben nach unten jeweils mehrere Szenen des Bogenschießens auf einen Zielpfosten, des Stockfechtens sowie des Ringens, woran sich im vierten Register die Darstellung eines Bootsrennens anschließt (**Abb. 6**).

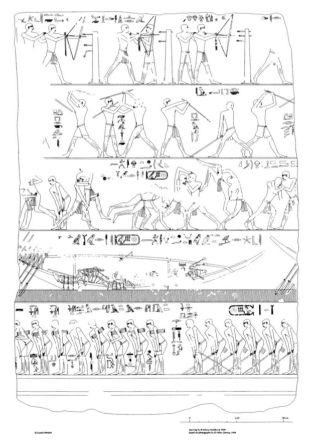

Abb. 6: Reliefierter Kalksteinblock vom Aufweg der Pyramide des Sahure in Abusir mit sportlichen Szenen in Umzeichnung (EL AWADY 2009: Falttaf. 12).

Das fünfte Register ganz unten schließlich enthält Darstellungen von Offiziellen und Arbeitermannschaften, die hier nicht weiter von Belang sind, aber im Verbund mit einer Reihe anderer Indizien deutlich zu erkennen geben, dass es sich um Personengruppen handelt, die beim Bau der Pyramidenanlage eingesetzt wurden, deren feierliche Fertigstellung das eigentliche, übergeordnete Bildthema auf diesem und – zum Teil verlorenen oder noch nicht aufgefundenen – Nachbarblöcken war (vgl. im Einzelnen DECKER & FÖRSTER 2014). Es handelt sich also um die Darstellung einer Art Richtfest mit sportlichem Begleitprogramm.

Gleich in mehrfacher Hinsicht ist dieses außergewöhnliche Dokument für die altägyptische Sportgeschichte von hoher Bedeutung: Es belegt zum Teil Sportarten, die bis dahin nur aus deutlich späterer Zeit bekannt waren (Bogenschießen auf ein Ziel und Stockfechten), und damit deren bislang unbekannte epochenübergreifende Kontinuität; in Vielzahl, Dichte und Variabilität der sportlichen Darstellungen ist es bislang beispiellos; die durch hieroglyphische Beischriften angereicherten Szenen sind ungemein informativ und enthalten zum Teil kurze verbale Trainingsanweisungen von begleitenden Ausbildern, die Auskunft über damalige Fachtermini und Übungseinheiten geben; zudem sind die gezeigten sportlichen Aktivitäten in einen klaren situativen (Fest-)Kontext eingebunden, was wichtige Einblicke in ihre Funktion und Bedeutung zur betreffenden Zeit ermöglicht. Zusammengefasst kann das sportliche Programm als eine von Ausbildern geleitete Leistungsschau bezeichnet werden, bei der der Stand der körperlichen Ausbildung der bei den Arbeiten eingesetzten jugendlichen Mannschaften im Rahmen eines feierlichen Festaktes öffentlich präsentiert wird.

Trotz einer ideologischen Einbettung gibt es keinen triftigen Grund, daran zu zweifeln, dass die hier wiedergegebenen sportlichen Aktivitäten so oder in ähnlicher Form tatsächlich anlässlich der Fertigstellung der Pyramidenanlage des Sahure stattgefunden haben. Es gibt sogar Hinweise darauf, dass auch andere Könige der 5. Dynastie (ca. 2500–2350 v.Chr.) solche Szenen in die Dekorationsprogramme ihrer Totenanlagen haben aufnehmen lassen, was von der hohen Bedeutung zeugt, die ihnen und damit dem physischen Training der Jugend damals beigemessen wurde (vgl. DECKER & FÖRSTER 2014). Hier zeigt sich eine Verankerung und Tradierung des praktizierten Sports in der altägyptischen Gesellschaft, die – wie in vielen anderen Kulturen auch – in erster Linie einem ganz pragmatischen Zweck gedient haben dürfte: der Ausbildung junger

Männer in diversen körperlichen Fertigkeiten, deren Beherrschung zu den elementaren Voraussetzungen für erfolgreiche kriegerische Einsätze zählte (vgl. bereits oben zur Lauf-Stele des Taharka).

Die verschiedenen auf dem Steinblock gezeigten Sportarten wollen wir im Folgenden zum Ausgangspunkt nehmen, um Art, Kontinuität und Wandel einiger sportlicher Erscheinungsformen über verschiedene Epochen des pharaonischen Ägypten hinweg zu verfolgen, soweit dies beim derzeitigen Forschungsstand möglich ist. Hierbei werden insbesondere technologische, aber auch geopolitische Veränderungen eine wichtige Rolle spielen, die spätestens ab dem Neuen Reich (ca. 1550–1070 v.Chr.), als Ägypten zu einer Weltmacht aufgestiegen war, zu deutlich erweiterten Kulturkontakten und gegenseitigen Einflüssen führten, auch auf dem Gebiet des Sports.

4 Bogenschießen auf ein Ziel

Das oberste Register des Steinblocks zeigt insgesamt vier Szenen des Bogenschießens auf einen wohl hölzernen Zielpfosten, wobei jeder Schütze von einem Ausbilder oder Lehrer (äg. *sb3w*) angeleitet wird, der sowohl die Körperhaltung aktiv korrigiert als auch in Beischriften notierte verbale Anweisungen gibt **(Abb. 7)**.

Abb. 7: *Szenen des Bogenschießens auf ein Ziel im ersten Register des Sahure-Blocks (Ausschnitt aus EL AWADY 2009: Falttaf. 12).*

Letztere betreffen u.a. die Positionierung der Schultern und das Anziehen der Bogensehne bis zur Mitte des bogenführenden Armes (vgl. DECKER & FÖRSTER 2014: 24–30). Selbstverständlich ist der jeweilige Zielpfosten, in dem bereits mehrere Pfeile stecken und somit vom guten Trainingserfolg künden, als viel weiter vom Schützen entfernt zu verstehen als im Bild aus Platz- und ikonographischen Gründen angezeigt. Auffallend ist die relativ weite Schrittstellung der Schützen, teils mit leicht erhobener hinterer Ferse, sowie das Spannen des sich kaum durchbiegenden, offenbar aus einem einzigen Holzstück gefertigten Bogens nur soweit, dass die Sehne nicht weiter als bis Armmitte gezogen wird, wie es ja auch der verbalen Anweisung des Ausbilders entspricht.

Das sportliche Bogenschießen auf ein unbewegtes Ziel war zwar schon zuvor für das pharaonische Ägypten belegt, doch – mit einer möglichen Ausnahme[3] – erst seit der Epoche des Neuen Reiches (vgl. DECKER & HERB 1994: 146–150, Dok. E1–9). Aus dem Beginn dieser Epoche, der 18. Dynastie, stammt auch ein einschlägiges Bildzeugnis, das wie kein anderes geeignet ist, Gemeinsamkeiten und vor allem Unterschiede zu den Bogenschießszenen auf dem Sahure-Block aus dem Alten Reich zu erkennen: die (heute leider weitgehend zerstörte) Darstellung des Prinzen und späteren Königs Amenophis II. im Grab des Gaufürsten Min in Theben, der seinen königlichen Zögling im Bogenschießen auf ein Ziel unterrichtet (**Abb. 8a–b**).

---

[3] DECKER & HERB 1994: 146, Dok. E1.

Tradition, Rezeption und Adaption

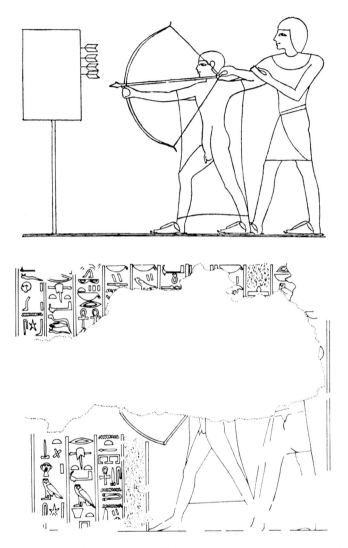

Abb. 8a–b: Der Prinz und spätere König Amenophis II. erhält Unterricht im Bogenschießen durch den Gaufürsten Min von Thinis, Thebanisches Grab 109, 18. Dynastie (DECKER & HERB 1994: Dok. E3). Oben: Rekonstruktion der Szene (DAVIES 1935: Abb. 7); unten: heutiger Zustand mit hieroglyphischen Beischriften (DER MANUELIAN 1987: Abb. 42).

Auch hier korrigiert der erfahrene Lehrer tatkräftig die Körperhaltung des Schülers, insbesondere die seiner Arme und Schultern – offenbar mit großem Erfolg, denn der spätere König Amenophis II. (1428–1397 v.Chr.), der sich u.a. in verschiedenen Stelen-Inschriften zahlreicher herausragender sportlicher Leistungen rühmt, gilt als „der sportliche Pharao" schlechthin und als „der vollkommene Athlet" (DECKER 1975: 52–65, Dok. 16–20; 2006: 42–47; 2012: 32–47, Dok. 6–10). In der auf älteren Aufnahmen basierenden Rekonstruktion der Szene sieht man in aller Deutlichkeit, was auch in der begleitenden Hieroglypheninschrift als verbale Trainingsanweisung des Gaufürsten zum Ausdruck kommt: eine perfekte Arm- und Schulterhaltung des Schützen, der die Sehne des nun stark durchgebogenen Bogens bis zum Ohr anzieht, um mit einem kraftvollen Schuss den nächsten Pfeil in ein vor ihm aufgestelltes Ziel einschlagen zu lassen. Möglicherweise wird die korrekte Körperhaltung sowohl im Hinblick auf die Schultern und Arme als auch auf die Beinstellung durch am Körper des Schützen angebrachte Schnüre, die Oberarme und Unterschenkel oder Knöchel jeweils miteinander verbinden, unterstützt, doch bleibt dieses Detail der Darstellung aufgrund der schlechten Erhaltung leider unklar. Jedenfalls ist im Vergleich zu den Szenen auf dem Sahure-Block eine deutlich andere Technik des Bogenschießens zu erkennen, die mit der Einführung des Kompositbogens während der dem Neuen Reich unmittelbar vorangegangenen Fremdherrschaft der westasiatischen Hyksos im Laufe der sog. Zweiten Zwischenzeit (1794–1539 v.Chr.) zusammenhängt. Dieser aus verschiedenen Hölzern und anderen Elementen zusammengesetzte, mit Horn verstärkte Bogentyp war weitaus flexibler als der einfache Bogen des Alten Reiches, ließ sich nur mit großer Kraftanstrengung optimal spannen und ermöglichte deutlich größere Schussweiten und eine höhere Durchschlagskraft der entsendeten Pfeile. Die Unterschiedlichkeit der beiden sportlichen Bildquellen reflektiert also eine einschneidende technologische Entwicklung.

Zwei andere „technologische Neuerungen", die den weiteren Verlauf der pharaonischen Geschichte entscheidend mitbestimmen sollten, übernahmen die Ägypter der ausgehenden 17. und beginnenden 18. Dynastie bei ihrem Befreiungskampf gegen die Hyksos von diesen gleich mit: das Pferd und den von einem Zweigespann gezogenen zweirädrigen Streitwagen, deren Einsatz das Kriegswesen regelrecht revolutionierte. Mit ihnen waren militärische Operationen wesentlich flexibler und in einer bis dahin unbekannten Geschwindigkeit durchzuführen, und ein neben dem Streitwagenlenker postierter Bogenschütze, ausgestattet mit dem neuen Kompositbogen, war eine überaus effektive Waffe. Das neue Kriegsgerät, in dessen Herstellung es die Ägypter schnell zur Meisterschaft brachten und das auch zur Herausbildung einer neuen, hochangesehenen gesellschaftlichen Schicht, die der Streitwagenfahrer, führte, war exquisit, teuer in der Anschaffung und äußerst anspruchsvoll in seiner Bedienung – ideale Voraussetzungen also, um als königliches und hochherrschaftliches Statussymbol zu dienen. Neben prestigeträchtigen, eher ruhigen Ausfahrten und Prozessionen sowie dem Einsatz des Gefährts bei der Jagd und Kriegseinsätzen kommt es im Laufe der 18. Dynastie zu einer völlig neuartigen, komplexen und ungemein eingängigen „sportlichen" Machtdemonstration vieler Pharaonen dieser Dynastie, die sowohl bildlichen als auch schriftlichen Niederschlag gefunden hat: Pharao steht allein auf dem Streitwagen, die Zügel um die Hüfte gebunden, und schießt in voller Fahrt seine Pfeile ab – und zwar auf einen oder gar mehrere am Boden aufgestellte oder auf Pfosten montierte Kupferbarren als Zielscheiben (**Abb. 9–10**).

Als genormtes Handelsgut waren solche, hauptsächlich aus Abbaugebieten wie Zypern und Kilikien stammende Kupferbarren, von denen sich auch einige Exemplare erhalten haben (etwa im Schiffswrack von Ulu Burun an der Südküste der Türkei, vgl. DECKER 2006: 23, 25, Abb. 19, 21), im Mittelmeerraum als „asiatisches Kupfer" zu dieser Zeit weit verbreitet. Diese sog. Ochsenhautbarren mit typisch eingezogenen Rändern waren natürlich auch bei Verwendung eines Kompositbogens von Pfeilen nicht zu durchdringen (vgl. die bei DECKER & KLAUCK 1974 beschriebenen experimentellen Überprüfungen), doch wird genau dies in den ägyptischen Bild- und Textquellen detailliert dargestellt bzw. beschrieben (vgl. DECKER 2006: 18–28; DECKER & HERB 1994: 147–150, Dok. E4–9). Es handelt sich also um ein bildlich-literarisches Motiv mit hochgradig ideologisch gefärbter Aussage, das zugleich die Geschicklichkeit, Kraft und tödliche Macht des Königs in Verbindung mit seinem Herrschaftsanspruch eindrucksvoll in Szene setzt. Besonders deutlich wird dies bei Darstellungen von am Zielpfosten angebundenen ausländischen Feiden, die den König um Gnade anflehen (**Abb. 10–11**) (vgl. auch DECKER & HERB 1994: Dok. E5–6).

Abb. 9a–b*: Die sog. Schieß-Stele Amenophis' II. (18. Dynastie), heute im Museum Luxor (DECKER & HERB 1994: Dok. E9). Oben: Foto (von W. Decker); unten: Umzeichnung (von P. Der Manuelian).*

Tradition, Rezeption und Adaption 117

Abb. 10: *König Eje (18. Dynastie) beim Schießen auf eine kupferne Zielscheibe vom Streitwagen aus (DECKER & HERB 1994: Dok. E7).*

Abb. 11: *Abrollung eines Rollsiegel aus Beisan mit Darstellung Ramses' II. (19. Dyn.) beim Schießen auf eine kupferne Zielscheibe (DECKER & HERB 1994: Dok. E9).*

An der – wenn auch vergleichsweise kurzfristigen – Tradierung dieses bildgewaltigen Motivs lässt sich auch erstmals ein sportlicher Rekordgedanke im Sinne der jedem Pharao auferlegten „Erweiterung des Bestehenden" (E. Hornung) festmachen (vgl. hierzu DECKER 1986): Im Verlauf der 18. Dynastie trachten mehrere Könige danach, ihren jeweiligen Vorgänger in dieser speziellen physischen Leistung zu übertreffen, wobei in den entsprechenden Texten teils recht genaue Angaben zur Dicke der beschossenen Zielscheiben, zur gesteigerten Eindringtiefe oder gar zum Durchschlag der Pfeile oder anderen zum herrschaftsübergreifenden Vergleich dienenden „objektiven" Kriterien gemacht werden (**Abb. 12**).[4]

Tabelle 2: Entwicklung der königlichen Rekorde im Bogenschießen, 18. Dyn.

König	Dicke der Zielscheibe	Schußleistung (Durchschlag des Pfeils)	Besonderheiten	Zuschauer	Quelle
Thutmosis III.	3 Finger	3 Handbreit		ja	QT 14 (Erment)
Amenophis II.	3 Finger	3 Handbreit	mehrmals	ja	QT 19 (Schieß-Stele)
Amenophis II.	3 Finger	⅔ Pfeilschaft	Wettkampf (!) 1. Versuch	ja	QT 20 (Medamud)
Amenophis II.	1 Handbreit (= 4 Finger)	ganz durch	4 Scheiben, jeweils im 1. Versuch		QT 17 (Sphinx-Stele)
Tutanchamun	[x Finger?]	ganz durch	[x Scheiben]	ja	Urk. IV, 2047 (Karnak)

QT = Decker, Quellentexte
Urk. = Helck, Urkunden der 18. Dynastie

Abb. 12: Die Entwicklung der königlichen Rekorde im Bogenschießen auf die kupferne Zielscheibe (nach DECKER 1987: 66, Tab. 2).

---

[4] Wie oben schon im Zusammenhang mit der Lauf-Stele des Taharka bemerkt, verbietet es das altägyptische Königsdogma von vornherein, die Einzigartigkeit und Souveränität des amtierenden Herrschers durch einen Wettkampf, an dem er teilnähme, in Frage zu stellen. Dies ist – mit einer bemerkenswerten Ausnahme, bei der es sich wiederum um Amenophis II. handeln dürfte (vgl. zuletzt DECKER 2012: 46f.) – nur herrschaftsübergreifend, also im Vergleich zu verstorbenen Amtsvorgängern, denkbar.

Mit der Behauptung, dass diese Demonstrationen königlicher Stärke vor Publikum, also unmittelbar beteiligten Augenzeugen, stattgefunden hätten, soll deren Glaubwürdigkeit erhöht werden. Dass dies bei den Untertanen und anderen Zeitgenossen auch so „ankam" und überzeugte, darf nach dem Gesagten bezweifelt werden, doch zeugt ein später Widerhall in der griechischen Epik zumindest von einer weit über die ägyptischen Grenzen hinausgehenden interkulturellen Strahlkraft dieses sportlichen Motivs: Wie W. Burkert (1973; vgl. ergänzend DECKER 1977) überzeugend darlegen konnte, geht der in Homers Odyssee beschriebene bekannte Meisterschuss des Protagonisten durch die Stiellöcher von zwölf hintereinander aufgestellten Äxten, mit dem Odysseus nach seiner Heimkehr die Herrschaft über Ithaka wiedererlangte, mit hoher Wahrscheinlichkeit über einen langen mündlichen Überlieferungsweg letztlich auf dieses tief im pharaonischen Königsdogma verwurzelte Vorbild zurück. „Das ägyptische Vorbild der Kupferplatten ist variiert und in der Zahl vergrößert worden. Es ist leicht vorstellbar, daß im Laufe von Jahrhunderten mündlicher Tradition der vorhomerischen Ilias das Urmotiv mißverstanden und in ein anderes Bild umgewandelt wurde. Die Anschauung des Durchschießens von Metall hat sich jedoch gehalten, und griechische Äxte und die Kupferbarren der Bronzezeit sind sich in ihrer Form fast zum Verwechseln ähnlich. [...] Wie Pharao legitimiert er [= Odysseus] sich mit dieser Leistung im Bogenschießen als alter und neuer Herrscher. [...]" (DECKER 2006: 28).

5 Stockfechten

Das zweite Register auf dem Sahure-Block ist dem sportlichen Stockkampf oder Stockfechten gewidmet (**Abb. 13**). Zwar sind von den insgesamt vier Fechtpaaren, die bis auf eine Ausnahme stets aus einem Ausbilder und einem Schüler zu bestehen scheinen (wie die unterschiedlichen Schurzformen andeuten), zwei nicht vollständig erhalten. Doch genügen die erhaltenen Szenenfolgen mitsamt ihren Beischriften, um den Trainings- und Ausbildungscharakter der sportlichen Darstellungen deutlich zu erkennen: Auch hier werden, wie beim Bogenschießen im ersten Register, Haltungen und Bewegungsabläufe einstudiert, etwa schnelle Gegenschläge oder Paraden, eine spezielle Parierhaltung oder der Angriff auf kurzfristig entblößte Körperflächen des Gegners (vgl. DECKER & FÖRSTER 2014: 36–44). Insbesondere scheint hier Wert auf ein technisch anspruchsvolles schnelles „Umschalten" von Abwehr auf Angriff gelegt worden zu sein.

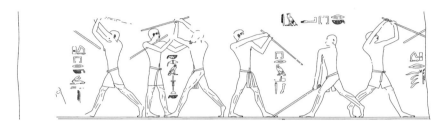

Abb. 13: Szenen des Stockfechtens im zweiten Register des Sahure-Blocks (Ausschnitt aus EL AWADY 2009: Falttaf. 12).

Die Darstellungen auf dem Steinblock sind die mit Abstand ältesten Belege dieser Disziplin, die bislang aus dem Alten Ägypten bekannt sind (vgl. DECKER & HERB 1994: Dok. M1–12). Gäbe es nicht eine aus sporthistorischer Sicht lange Zeit verkannte einschlägige Textquelle aus dem Mittleren Reich, nämlich die Stele des Chuisobek aus der 12. Dynastie, die sowohl über die altägyptische Bezeichnung der Sportart ($^ch3\ m\ ht$, „Kämpfen mit dem Stock") als auch über ein mutmaßliches Stockkampfturnier in Gegenwart des damaligen Königs, Sesostris III. (1872–1853/52 v. Chr.), informiert (vgl. FÖRSTER 2005: 80–83; DECKER 2012: 194–196), so klaffte eine gewaltige Lücke zu den nächsten bekannten Quellen aus dem Neuen Reich. Erneut führt uns dies vor Augen, welchen Einfluss der Erhaltungs- oder Überlieferungszufall auf unser heutiges Bild haben kann. Hätte man bis vor kurzem noch die Behauptung wagen können, das Stockfechten als sportliche Disziplin sei eine Erfindung des Neuen Reiches gewesen, so beweist der Sahure-Block jetzt nicht nur sein sehr hohes Alter, sondern illustriert auch eindrucksvoll die anspruchsvolle Technik des mit beiden Händen geführten Fechtstockes.

Im Vergleich zu den Bildquellen des Neuen Reiches (DECKER & HERB 1994: Dok. M1–12) wird offenbar, dass sich zu dieser Zeit Waffe und Technik im sportlichen Stockkampf deutlich geändert hatten – vermutlich auch dies eine Auswirkung kriegserprobter Neuerungen: Offenbar war es im Ernstfall nunmehr effektiver und aussichtsreicher, nicht mit einem beidhändig geführten langen Fechtstock, sondern mit einem oft an der Spitze verstärkten kurzen Stock zu kämpfen, der mit nur einer Hand

eingesetzt werden konnte, so dass der andere Arm frei war; dieser konnte
– bewehrt mit einem Holzschild am Unterarm – zur Verteidigung dienen
oder aber einen zweiten Stock führen (**Abb. 14–16**).

Abb. 14: Stockfechterpaar mit jeweils kurzem Fechtstock in der Schlaghand und Unterarmschützer am anderen Arm. Grab des Amenmose, 19. Dynastie, in Theben-West (Ausschnitt aus FOUCART 1935: Taf. 13; vgl. DECKER & HERB 1994: Dok. M5). Zum Bildkontext vgl. Abb. 17.

Abb. 15: Stockfechterpaar mit kurzen Schlagstöcken und Unterarmschützern im Totentempel Ramses' III. in Medinet Habu, 20. Dynastie (DECKER & HERB 1994: Dok. M9; Foto: W. Decker). Zum Bildkontext vgl. Abb. 18.

Abb. 16: Darstellung zweier Soldaten im Stockkampf auf einem bemalten Ostrakon, Deir el-Medineh, 19./20. Dynastie (DECKER & HERB 1994: Dok. M11).

Zwei der soeben beispielhaft angeführten Stockkampfszenen des Neuen Reiches (**Abb. 14–15**) sind jeweils Teil einer größeren Bildkomposition, die sich zum einen im Grab des Amenmose in Theben-West aus der 19. Dynastie (**Abb. 17**) und zum anderen unterhalb des sog. Erscheinungsfensters im Totentempel Ramses' III. in Medinet Habu aus der 20. Dynastie findet (**Abb. 18**).

Tradition, Rezeption und Adaption

Abb. 17: *Ringer und Stockfechter vor einer Kapelle mit dem Kultbild des Königs Thutmosis III. aus der 18. Dynastie (Rekonstruktion der Szene). Darstellung im Grab des Amenmose, 19. Dynastie, in Theben-West (vgl. Abb. 14; DECKER & HERB 1994: Dok. L30/M5).*

Abb. 18: *Internationale Wettkämpfe im Stockfechten und Ringen zwischen Ägyptern und Ausländern (Libyern, Syrern, Schwarzafrikanern) vor ausländischen Gesandten. Darstellung unterhalb des sog. Erscheinungsfensters im Totentempel Ramses' III. in Medinet Habu, 20. Dynastie (DECKER & HERB 1994: Dok. L34/M9).*

Beide Bildquellen bezeugen eine enge Kontaktstellung des Stockfechtens mit einer anderen Kampfsportart, dem Ringen, wie dies auch für eine Reihe anderer Bildzeugnisse aus dem Neuen Reich gilt. Im Totentempel Ramses' III. (1183–1152 v.Chr.) sind es drei Stockfechter- und sieben Ringerpaare, die aus jeweils einem Ägypter und einem ausländischen Vertreter aus Libyen, Syrien oder einem schwarzafrikanischen, „nubischen" Land zusammengesetzt sind und in Gegenwart Pharaos sowie ausländischer Gesandter ihre Kämpfe austragen (**Abb. 18**). Es kann nicht verwundern, dass die Vertreter Ägyptens bei diesem in Szene gesetzten „internationalen Kampfsportturnier" zumeist entweder als die sicheren Sieger oder in vorteilhafter Kampfsituation gezeigt sind, so dass auch hier die ideologische Aussage von der Unüberwindbarkeit Pharaos und seiner Untergebenen im Vordergrund steht (hierzu zusammenfassend zuletzt DECKER 2006: 81–91). Dennoch darf man annehmen, dass tatsächlich solche oder ähnliche Turniere mit internationaler Beteiligung am ägyptischen Hofe abgehalten wurden, vielleicht auch über mehrere Herrschergenerationen hinweg, was zu einer entsprechenden Verbreitung (aber auch möglichen Beeinflussung) altägyptischer Kampfkunst über die Landesgrenzen hinaus geführt haben könnte. Zumindest zur Zeit Ramses' II. (1279–1213 v.Chr.) scheint es bereits ganz ähnliche Wettkämpfe zwischen Vertretern verschiedener Völker gegeben zu haben, wenngleich nur Fragmente der entsprechenden Wanddekoration im Ramesseum, dem Totentempel Ramses' II. in Theben-West, auf uns gekommen sind (vgl. DECKER & HERB 1994: Dok. L31).

Mit Blick auf die oben angesprochene Bildkomposition im Grab des Amenmose in Theben-West (**Abb. 17**) ist sogar vorstellbar, dass der altägyptische Kampfsport impulsgebend auf das Entstehen der griechischen Totenagone gewirkt hat (vgl. DECKER 2004). In dem ramessidischen Grab ist nämlich wiedergegeben, wie Stockfechten und Ringen (letzteres wohl zweiphasig inklusive Siegerpose dargestellt) zu Ehren eines bereits lange verstorbenen Königs zelebriert werden: Thutmosis III. aus der 18. Dynastie, dessen Statue und Prozessionsbarke hier in einem Kapellenheiligtum gezeigt werden, offenbar vorbereitet für einen festlichen Auszug. Solche Wettkämpfe bei Statuen- oder auch Sargprozessionen sind bereits seit dem Mittleren Reich belegt (vgl. DECKER & HERB 1994: Dok. L22), doch bleibt es Aufgabe zukünftiger Forschung, die möglichen interkulturellen Einflüsse und Wege solcher sportlicher Phänomene genauer zu bestimmen. In jedem Falle dürfen, kulturgeschichtlich betrachtet,

Ausübung und Vorführung von Wettkampfsportarten bei verschiedenen festlichen Anlässen wie dem Richtfest der Pyramidenanlage des Sahure oder bei der Prozession der Statue eines verstorbenen Königs als „Vorformen griechischer Agone in der Alten Welt" (DECKER 2004) angesehen werden (vgl. auch DECKER 2000).

Kehren wir noch einmal kurz zur „alten" Technik des Stockfechtens zurück, wie sie auf dem Sahure-Block in Erscheinung tritt, bevor wir uns intensiver dem Ringkampf zuwenden. Art und Gebrauch der beidhändig geführten, einfachen langen Fechtstöcke erinnern aus heutiger Sicht stark an das *Nabbût* oder *Tahtib*, das traditionelle ägyptische Stockfechten der Moderne, das noch heute in ländlichen Regionen bei Festveranstaltungen aufgeführt wird und in seiner rhythmisierten Darbietung eher einem Tanz als einem Wettkampf gleicht (vgl. DIEM 1938; MAHMOUD 1982; FAROUT 2010). Als Beweis für das schon seit langem vermutete hohe, möglicherweise bis in pharaonische Zeit zurückgehende Alter des traditionellen ägyptischen Stockfechtens sind nun die betreffenden Darstellungen auf dem Steinblock vom Sahure-Aufweg als willkommener Kronzeuge herangezogen worden, zeigen sie doch eine nahezu identische Waffenführung und -technik (vgl. BOULAD 2014, insb. S. 230–235 [z.T. von T. El Awady verfasst]). Die Szenen aus der 5. Dynastie erscheinen sogar auf dem Cover eines kürzlich erschienenen Buches, das A.P. Boulad (2014) dem „modern Tahtib" als „Egyptian baton martial and festive art" gewidmet hat und das als Lehrbuch die moderne Kampfkunst und entsprechende Trainingseinheiten in den Vordergrund stellt (**Abb. 19– 20**).

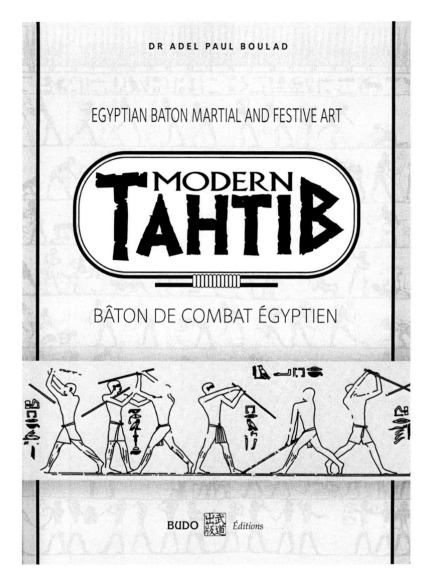

Abb. 19: *Cover des Buches „Modern Tahtib" von A.P. Boulad (2014) mit Wiedergabe der Stockfechtszenen auf dem reliefierten Kalksteinblock vom Pyramidenaufweg des Sahure (vgl. Abb. 13).*

Tradition, Rezeption und Adaption 127

Abb. 20: *Beispiel für das Trainieren von Bewegungsabläufen im Lehrbuchteil des Buches „Modern Tahtib" (BOULAD 2014: 162, leicht vereinfacht).*

Wenngleich eine bruchlose Kontinuität des ägyptischen Stockfechtens – gerade auch angesichts der sich im Laufe der Zeit wandelnden Techniken – keinesfalls als erwiesen gelten kann und auch andere Tradierungswege für die moderne ägyptisch-arabische Spielart denkbar sind, so ist es doch ungeachtet seines Alters sehr bemerkenswert, dass auf Initiative von A.P. Boulad diese traditionelle Sportart in die UNESCO-Liste des immateriellen Weltkulturerbes aufgenommen werden soll:

> Modern Tahtib is the updated version of an Egyptian martial art transmitted in the Egyptian villages. Its first physical evidences date back to 2800 BC. Five thousand years later, the modern version of this art is a possible answer to the need for peaceful development. It is about movements and jousts with a 1m30 (about 4 feet) long rattan stick celebrated in martial and festive gatherings orchestrated by participative crowd and musicians. This developing art is currently in the filing process of Unesco Intangible Cultural Heritage as 'Tahtib Stick game'. (BOULAD 2014: Klappentext).

6 Ringkampf

Wenngleich der Ringkampf zu den am besten repräsentierten sportlichen Disziplinen im Alten Ägypten zählt und für alle großen Epochen des Pharaonenreiches belegt ist (vgl. DECKER & HERB 1994: Dok. L1–43; WILSDORF 1939; WILSON 1931; DECKER 1987: 80–90), gab es vor Bekanntwerden der aus insgesamt sechs Kampfpaaren sowie einem Ausbilder bestehenden Szenen auf dem Sahure-Block **(Abb. 21)** (vgl. DECKER & FÖRSTER 2014: 45–54) nur eine einzige bekannte Darstellung aus der Zeit des Alten Reiches. Diese stammt aus dem Grab des Wesirs Ptahhotep in Sakkara und zeigt in wiederum sechs Einzelszenen oder Bildsequenzen das Ringen zweier namentlich genannter Jugendlicher (als solche erkennbar an ihrer Seitenlocke und Nacktheit), wozu auch gewagte Überwürfe zählen **(Abb. 22)**.

Abb. 21: Ringkampfszenen im dritten Register des Sahure-Blocks (Ausschnitt aus EL AWADY 2009: Falttaf. 12).

Abb. 22: Ringkampfszenen im Grab des Wesirs Ptahhotep in Sakkara, späte 5. Dynastie (DECKER & HERB 1994: Dok. L4).

Zudem ist kürzlich eine weitere, leider nur fragmentarisch erhaltene Ringkampfdarstellung bekannt geworden, die ursprünglich wohl Teil der Dekoration des Pyramidenaufweges des Unas, des letzten Königs der 5. Dynastie, war (HARPUR 2009: 223, Abb. 4). Die beiden letztgenannten Bildquellen stehen in engem Kontakt zu Szenen von Kinder- oder Jugendspielen und dürften damit wie auf dem Sahure-Block dem übergeordneten Thema der körperlich-spielerischen Ausbildung des Nachwuchses zuzuordnen sein (s.o.). Hier zeigt sich offenbar eine bewusst ins Bild gesetzte, ja regelrecht inszenierte Wertschätzung einer solchen physischen Ausbildung der Jugend über die gesamte 5. Dynastie hinweg.

Die hieroglyphischen Beischriften der Ringerszenen auf dem Sahure-Block geben zwar diesmal keine Trainingsanweisungen der Ausbilder wieder, informieren aber darüber, dass die Kämpfe „öffentlich" ausgetragen wurden und auf einer „Arena von Sand", also auf einem wohl eigens eingerichteten sandbedeckten Ringkampfplatz, stattfanden. Weiterhin belegen sie einen bislang nur aufgrund späterer Quellen hypothetisch erschlossenen Fachterminus für „Ringen": *km3*, was ursprünglich „(zu Boden) werfen" bedeutet (vgl. FÖRSTER 2005). Der hohe Ausbildungsstand zeigt sich in komplizierten Griffansätzen und einer hohe Dynamik, die wiederum in einem Überwurf kulminiert (2. Paar von rechts). Auch im Mittleren Reich, nach dem empfindlichen Einschnitt der sog. Ersten Zwischenzeit, als die Zentralmacht des ägyptischen Staates zusammengebrochen war und lokale Gaufürstentümer um die Vorherrschaft in ihren Landesteilen gerungen hatten, stand die Ringkampfkunst als Teil der körperlichen Ausbildung und indivieduellen Fitness hoch im Kurs: Bis zu 220 Ringerpaare in verschiedenen Griffen werden nun in den Gräbern der Elite dargestellt, oft in Verbindung mit kriegerischen Szenen (**Abb. 23**).

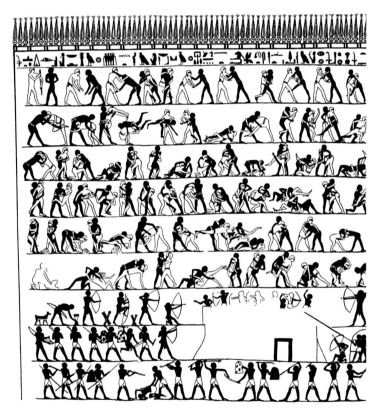

Abb. 23: Ausschnitt aus dem sog. „Großen Ringplatz" mit insgesamt 220 verschiedenen Ringerpaaren auf einer bemalten Wand im Grab des Gaufürsten Baqti III. in Beni Hasan, 11./12. Dynastie (DECKER & HERB 1994: Falttaf. D, Dok. L18).

In Anzahl, Dichte und Variabilität bleiben diese einschlägigen Szenen für den gesamten Verlauf der pharaonischen Geschichte unerreicht, und man kann von einer Blütezeit der ägyptischen Ringkampfkunst sprechen.

In der imperialistischen Epoche des Neuen Reiches treten dann erstmals Nubier aufgrund ihrer besonderen Konstitution und wohl auch wegen ihrer eigenen Ringkampftraditionen als Nahkampfexperten auf den Plan. Auf ihre Teilnahme an dem „internationen Kampfsportturnier" unter Ramses III. in Medinet Habu ist oben bereits hingewiesen worden (**Abb. 24; vgl. Abb. 18)**.

Abb. 24: Ringkampf zwischen Ägypter und Nubier (Foto: W. Decker). Detail der szenischen Darstellung unterhalb des sog. Erscheinungsfensters im Totentempel Ramses' III. in Medinet Habu, 20. Dynastie (DECKER & HERB 1994: Dok. L34). Vgl. Abb.18.

Als in ägyptischen Diensten stehende Söldner, denen ein hoher Anteil an der Kampfkraft des Heeres zukam, genossen sie mitunter ein recht hohes Ansehen, was sich nicht zuletzt auch in einer Reihe bildlicher Darstellungen niederschlug **(Abb. 25)** (vgl. DECKER & HERB 1994: Dok. L27–29, 38–40).

Abb. 25: Gruppe nubischer Söldner mit Stöcken und „Ringkampfstandarte", die sich aufgrund ihrer Konstitution als Nahkämpfer (Ringen und Stockkampf) anboten. Darstellung im Grab des Tjanuni in Theben-West, 18. Dynastie (DECKER & HERB 1994: Dok. L27/M1).

Spätestens seit den fotografischen Dokumentationen der nubischen Bergstämme im heutigen Sudan durch Leni Riefenstahl (1973: 129–168) ist bekannt, dass die Kunst des Ringkampfes dort bis heute einen hohen kulturellen und gesellschaftlichen Stellenwert besitzt **(Abb. 26–27)** (vgl. DECKER 1991: 97–105; MEERPOHL 2012: 185–187).

Abb. 26*: Ringkampf der Nuba, fotografiert von L. Riefenstahl (RIEFENSTAHL 1973: Foto auf S. 159).*

Abb. 27*: Ringkampf moderner Nuba im 21. Jahrhundert, fotografiert von M. Meerpohl (MEERPOHL 2012: 186, Bild 200).*

Teilweise scheinen sogar Bestandteile der Kampftracht – vor allem an den Schurzen angehängte Kalebassen – über Jahrtausende nahezu unverändert beibehalten worden zu sein (DECKER 1991: 100, Abb. 4–5). So ist durchaus damit zu rechnen, dass das altägyptische Ringen Einflüsse seitens der südlichen Nachbarn empfing, zumindest während der Epoche des Neuen Reiches.

Wie oben bereits angemerkt, ist durch die Beischriften auf dem Sahure-Block der altägyptische *terminus technicus* für das (sportliche) Ringen nun eindeutig identifiziert (das Wort *km3* erscheint dort gleich zweimal). Als solcher war der Begriff zumindest im Alten und frühen Mittleren Reich in Gebrauch, wohingegen er in den folgenden Epochen anscheinend einen Bedeutungswandel in Richtung der erweiterten Bedeutung „(im bewaffneten Nahkampf) kämpfen" erfuhr (vgl. FÖRSTER 2005: 78f.). Eine interessante Textstelle im Corpus der Sargtexte (Spruch 389) ist nun ebenso eindeutig dahingehend zu verstehen, dass die Götter Horus und Seth hier regelrecht miteinander (sportlich) ringen und nicht etwa nur „kämpfen", wie zuvor meist angenommen und übersetzt worden war (vgl. op.cit.). In ihrem Streit um die Nachfolge des von Seth getöteten Osiris als Herrscher treten die beiden Aspiranten auf Geheiß des Götterrates auch in zwei anderen Wettkämpfen, nämlich einem Wetttauchen und einer Schiffswettfahrt, gegeneinander an, wie wir aus der sehr viel späteren, ramessidischen „Erzählung vom Streit zwischen Horus und Seth" wissen (Papyrus Chester Beatty I; zu den Episoden aus sporthistorischer Sicht siehe DECKER 1975: Dok. 36; 2012: Dok. 14). Beide Wettkämpfe führen zu keiner Entscheidung, und auch das früher belegte Ringen – das in der Erzählung nicht vorkommt – endet offenbar mit einem Patt, wenn wir eine Passage aus zwei sog. Tagewählkalendern, ebenfalls aus ramessidischer Zeit, als weiteres Element in diesem vielgestaltigen und überaus lange tradierten Göttermythos hiermit in Verbindung bringen dürfen: Dort heißt es nämlich, *beide* Götter waren „auf ihren (Körper-)Seiten", lagen also gleichzeitig am Boden, womit im übrigen ein typischer Ringerausdruck verwendet wird, der in Redebeischriften entsprechender bildlicher Darstellungen vorkommt (vgl. FÖRSTER 2005: 76f. mit Literaturangaben). Letztlich ist es ein göttlicher Richtspruch, der die Auseinandersetzung zugunsten von Horus entscheidet.

Die Tatsache, dass das – in Ägypten vermutlich schon lange vor dem Datum der ältesten verfügbaren Quellen praktizierte – sportliche Ringen Eingang in die Mythologie gefunden hat, zeugt nicht nur von seiner allgemeinen hohen Wertschätzung, sondern auch von einer tiefen Verankerung des Konkurrenzprinzips in der altägyptischen Gesellschaft. Angesichts der langen Tradition und vielfältigen „Einsatzmöglichkeit" des Ringkampf-Motivs bis in die Sphäre der Götter hinein mag man sich durchaus die Frage stellen, ob der Ringkampf zwischen Gilgamesch und Enkidu im mesopotamischen Epos (vgl. WEILER 1981: 66) nicht vielleicht auf eine „Anregung" aus Ägypten zurückgeht.

7 Bootsrennen

Das vierte Register des Sahure-Blocks schließlich zeigt eine der innerhalb der altägyptischen Überlieferung höchst seltenen Darstellungen eines Bootsrennens (**Abb. 28**) (vgl. DECKER & FÖRSTER 2014: 54–59).

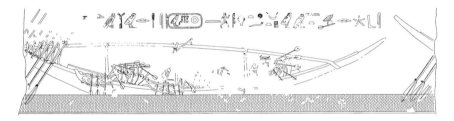

Abb. 28: Bootsrennen im vierten Register des Sahure-Blocks (Ausschnitt aus EL AWADY 2009: Falttaf. 12).

Offenbar ging es hier konkret darum, ein großes Segelschiff (mit niedergelegtem Mast) in Konkurrenz zu einem zweiten, auf dem Steinblock nur teilweise erhaltenen Schiff mit schnellen Paddelschlägen möglichst rasch „auf Fahrt zu bringen": „Um die zügige Aufeinanderfolge dieser Schläge zu verdeutlichen, wurde eine Bildsequenz von agierenden Personen gewählt, die ihre Handlung in kinematographischem Ablauf ausführen. Die dargestellten Mitglieder der Bootsbesatzung bewegen sich in der Art einer Sinuskurve und zeigen auf diese Weise den Verlauf des Paddelschlags vom mächtigen Ausholen über das Eintauchen ins Wasser und den kräftigen Durchzug bis zum erneuten Ausholen, um diese Bewegung kontinuierlich und zyklisch zu wiederholen. [...] Der schnelle Rhythmus der Schläge läßt sich an der wellenförmigen Formation der Mannschaft ablesen, die in Wirklichkeit durch die exakte Gleichförmigkeit der nautischen Tätigkeit im Gleichtakt bestimmt war" (DECKER & FÖRSTER 2014: 54). Die hieroglyphische Inschrift, die die graphisch höchst kunstvoll umgesetzte Szene begleitet, spricht dabei klar von einem „Unterricht im ‚Rudern' beim Start", der öffentlich stattgefunden habe. Es darf vermutet werden, dass die Paddel bei Erreichen einer gewissen Grundgeschwindigkeit beiseite gelegt wurden, um nun mit Rudern für den weiteren Vortrieb des Schiffes zu sorgen.

Es ist signifikant, dass die einzige bildliche Parallele zu diesem – nicht zuletzt aus kunsthistorischer Sicht – außergewöhnlichen Motiv aus der Pyramidenanlage des Vaters und Amtsvorgängers des Sahure, des Dynastiegründers Userkaf (2504–2496 v.Chr.), stammt (**Abb. 29**).

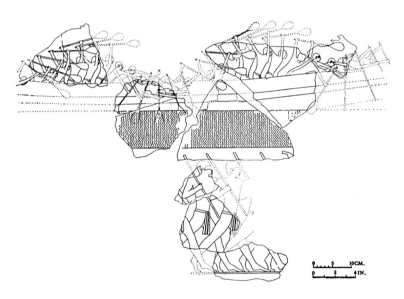

Abb. 29: Fragmentarisch erhaltene, teilweise rekonstruierte Darstellung eines Bootsrennens im Totentempel des Userkaf in Sakkara, 5. Dynastie (SMITH 1958: Abb. 32 = DECKER & HERB 1994: Dok. T4.2).

Dies gibt erneut zu erkennen, dass die Wiedergabe solcher sportlicher Aktivitäten Teil des Dekorationsprogramms zumindest mancher der königlichen Grabanlagen dieser Dynastie waren – was wiederum erneut ein Licht auf die Wertschätzung wirft, die der physischen Ausbildung der Jugend in dieser Zeit entgegengebracht wurde.

Erst im Neuen Reich, unter der Regentschaft Tutanchamuns aus der 18. Dynastie, ist in den zur Verfügung stehenden Quellen wieder von einer Wettfahrt zu Schiff die Rede, wobei es sich aber diesmal um eine „echte" Ruderregatta handelt – und zwar die älteste, die die Sportgeschichte bislang kennt. Auf einem kleinen Zeremonialstab aus dem Grab des genannten Herrschers ist eine hieroglyphische Inschrift angebracht, die in lakonischer Kürze besagt, der König sei eines Tages erschienen, „um die besten Rudermannschaften auszulesen, indem Seine Majestät – er lebe, sei heil und gesund – kam, um die Besten zu ermitteln (wörtlich: um den Ersten gegenüber dem Zweiten zu machen) unter den Jungmannschaften, die er hatte trainieren lassen" (**Abb. 30**) (DECKER & KURTH 1999; vgl. DECKER 2012: Dok. 12).

Hieroglyphentext (nach Beinlich/Saleh)

Übersetzung

Es erschien der König in eigener Person, der König von Ober- und Unterägypten, der Herr der Beiden Länder, (Neb-cheperu-Re)|, um die besten Rudermannschaften auszulesen[a], indem Seine Majestät – er lebe, sei heil und gesund – kam[b], um die Besten zu ermitteln[c] unter den Jungmannschaften, die er hatte trainieren lassen[d]. Dabei[e] war Seine Majestät[f] – er lebe, sei heil und gesund – von Herzen froh, als er das zahlreiche[g] Heer[h] betrachtete, der Sohn des Re (Tut-anch-Amun, Herrscher von Theben)| mit Leben beschenkt[i].

Abb. 30: Hieroglyphischer Text und Übersetzung einer Inschrift auf einem kleinen Zeremonialstab des Königs Tutanchamun, 18. Dynastie, die von einer Ruderregatta berichtet (nach DECKER & KURTH 1999).

Möglicherweise hielt Tutanchamun diesen Stab bei dem Ereignis sogar in der Hand. Dem Wettkampf ging jedenfalls (ähnlich wie bei dem Langstreckenlauf unter Taharka, s.o.) ein Training der „Jungmannschaften" voraus, was auf eine ebenso erfolgreiche und effektvolle Inszenierung schließen lässt wie bei den „Start-Paddlern", die auf dem Sahure-Block verewigt sind.

Aus der Distanz betrachtet erstaunt es, dass aus einer rund drei Jahrtausende währenden Hochkultur, deren tägliches Leben so sehr vom Nil als Lebensspender und Verkehrsader abhing, nur drei Quellen existieren, die von sportlichen Wettfahrten auf seinem Wasser künden. Sind diese tatsächlich nur ganz selten einmal veranstaltet worden, oder wird unser Blick nicht vielmehr getrübt durch den Erhaltungszufall, der möglicherweise nur einen winzigen Bruchteil der damaligen Realität zu erkennen gibt? Die Frage muss natürlich offenbleiben, doch lehrt die Erfahrung der letzten Jahrzehnte, dass es auf dem Gebiet der altägyptischen Sportgeschichte oftmals einzelne, mehr oder minder zufällige Neufunde waren, die unser Wissen nicht nur beträchtlich erweitert haben, sondern mitunter Einblicke in zuvor völlig unbekannte Bereiche ermöglichten.

8 Stierspringen

Ein solcher Fall eines die Perspektiven plötzlich deutlich erweiternden Neufundes betrifft das sog. Stierspringen, wie es aus der kretisch-minoischen Welt bekannt ist. Bei Grabungen in Tell el-Dabᶜa, dem griechischen Auaris im östlichen Nildelta, traten vor rund 20 Jahren im Bereich einer hyksoszeitlichen, von den Ägyptern der 18. Dynastie zurückeroberten und als Palast genutzten Festung überraschend Fragmente größerer Wandfresken zutage, die eindeutig minoische Motive zeigen, darunter solche des Stierspringens (**Abb. 31**).

***Abb. 31**: Rekonstruierte Wandmalerei aus einem Palast der 18. Dynastie in Tell el-Dabᶜa/Auaris mit Darstellung des Stierspringens (nach DECKER 2006: 95, Abb. 97).*

Maltechnik, Stil, Bildkomposition und Ausführung der Motive deuten dabei klar auf das Werk minoischer Kunsthandwerker hin, die Ägypten besucht haben müssen und möglicherweise von der Insel Kreta stammten. In der Tat gibt es in einigen ägyptischen Gräbern hoher Beamte dieser Zeit Darstellungen von Gesandten aus Kreta, was einen direkten Kulturkonkakt bezeugt. Der *raison d'être* dieser typisch minoischen Fresken auf ägyptischem Boden war und ist Gegenstand zahlreicher Vermutungen und Spekulationen, unter denen die These, dass es sich um die Dekoration von Räumlichkeiten einer kretischen Prinzessin handelt, die aus politischen Gründen mit einem Herrscher der 18. Dynastie verheiratet worden war, derzeit als am wahrscheinlichsten erscheint (vgl. zusammenfassend aus sporthistorischer Sicht und mit weiterführenden Literaturangaben DECKER 2006: 95–97, 107f.; vgl. zudem DECKER 2003).

***Abb. 32**: Zeichnerische Rekonstruktion des sog. Stierspringens oder Stierspiels in einem kretischen Palasthof (DECKER 2006: 97, Abb. 100 [Zeichnung von M.C. Shaw & N. Holmes-Kantzios]).*

Ungeachtet der vieldiskutierten Frage nach der Bedeutung (Mutprobe als Teil eines Initiationsrituals?) und Technik **(vgl. Abb. 32)** des gefährlichen Überspringens eines wilden Stieres liegt hier einmal ein direkter und eindeutiger Beleg für eine transkulturelle Vermittlung eines sportlichen Motivs vor. Allerdings war das sog. Stierspringen oder Stierspiel im altmediterranen Raum weit verbreitet und findet sich in verschiedenen Ausprägungen etwa auch bei den Hethitern und im syrischen Raum, ja sogar im frühen Indien und im neolithischen Çatal Hüyük (vgl. MORENZ 2000; DECKER 2003; 2006: 96f.). Auch aus Ägypten ist schon seit langem eine Bildquelle bekannt, die wiederum in die 18. Dynastie datiert: eine Darstellung auf einem Holzkästchen aus einem Grab in Lischt (Kahun), bei dem es sich aber wohl um ein ägäisches oder syrisches Importstück handelt (DECKER & HERB 1994: Dok. R4.2) **(Abb. 33)**.

Abb. 33: Darstellung des Stierspringens auf einem Holzkästchen aus einem ägyptischen Grab nahe Lischt (Kahun), 18. Dynastie (DECKER 2006: 96, Abb. 98; vgl. DECKER & HERB 1994: Dok. R4.2).

So liegen bislang keine klaren Hinweise darauf vor, dass die Ägypter des Neuen Reiches die typisch minoische Prägung des Motivs „Stierspringen", das nachweislich mindestens einmal in dieser Form Eingang in ihr Land fand, aufgegriffen und adaptiert hätten.

9 *Khazza lawizza* (ein Hochweitsprung)

Zuletzt sei noch ein kurzer Blick auf ein in zwei Gräbern des Alten Reiches in Sakkara wiedergegebenes Kinderspiel in Gestalt eines Hochweitsprungs geworfen (DECKER & HERB 1994: Dok. P2.1–2): Zwei Kinder, als solche erkennbar an ihrer Nacktheit und der Seitenlocke, sitzen sich mit gespreizten oder übereinander gelegten Beinen gegenüber und bilden mit ihren vorgestreckten, übereinander gehaltenen Händen mit gespreizten Fingern eine Hürde, über die ein anlaufendes drittes Kind zu springen hat (**Abb. 34–35**).

Abb. 34: Eine von zwei aus dem Alten Ägypten bekannten Darstellungen eines Hochweitsprungs, der als Kinderspiel noch heute unter dem arabischen Namen khazza lawizza bekannt ist. Aus dem Grab des Wesirs Ptahhotep in Sakkara, 5. Dynastie (DECKER & HERB 1994: Dok. P2.1).

Abb. 35: Die in Abb. 34 wiedergegebene Darstellung im Grab des Ptahhotep in Umzeichnung (links) sowie die Umsetzung der Hochweitsprung-Szene in moderne Sichtweise (rechts) (SCHÄFER 1963: Abb. 135).

Vermutlich ist das derart gebildete Hindernis schrittweise erhöht worden, um den Schwierigkeitsgrad nach und nach zu steigern. Dass die beiden Grabszenen, die typisch altägyptischen ikonographischen Konventionen verpflichtet sind, in der beschriebenen Weise zu verstehen sind, obwohl die beiden Sitzenden – für den modernen Betrachter irritierend – übereinander dargestellt sind, ist erst von einem ägyptischen Ägyptologen erkannt worden, der dieses auf Arabisch *khazza lawizza* genannte Spiel in seiner Kindheit selbst gespielt hat (SAAD 1937; vgl. auch EATON 1937). Der spielerische Hochweitsprung ist also nicht nur über das knappe halbe Jahrhundert tradiert worden, dass die beiden Grabanlagen der Wesire Ptahhotep und Mereruka aus der 5. bzw. 6. Dynastie voneinander trennt, sondern bis in die moderne Zeit hinein (**Abb. 36–37**) – ein deutliches Beispiel dafür, wie ausschnitthaft unsere Kenntnis anhand des aus der Antike erhaltenen Quellenmaterials ist!

Abb. 36–37: Khazza lawizza als modernes Kinderspiel in Ägypten und Jordanien (SAAD 1937: Taf. IIB; EATON 1937: Abb. auf S. 54).

Das einfache und anspruchslose Kinderspiel war und ist offenbar ungemein beliebt und findet sich beispielsweise auch in Jordanien (EATON 1937) und sogar in Burma/Myanmar (BREWSTER 1960). Dass es im pharaonischen Ägypten seinen Ursprung hat und sich von dort langsam in verschiedene umliegende Kulturen ausbreitete, ist zumindest gut vorstellbar, wenngleich freilich nicht zu beweisen.

10 Zusammenfassung und Ausblick

Nach unserem Gang durch verschiedene sportliche Disziplinen und Zeiten der pharaonischen Geschichte lassen sich in der Zusammenschau folgende Punkte festhalten und für komparatistische Betrachtungen zur Diskussion stellen: Hinsichtlich der Frage nach Tradition und Funktion des Sports in der altägyptischen Gesellschaft ist zunächst zwischen königlichem Sport und demjenigen der Privatleute (inklusive der hohen Beamten) zu unterscheiden. Ersterer ist in der Regel hochgradig ideologisch geprägt, was mit dem tief im Königsdogma verankerten Bild vom unbesiegbaren, konkurrenzlosen und unantastbaren Herrscher als Garant der Weltordnung zusammenhängt. Stereotyp ist die über rund 3000 Jahre tradierte Darstellung des Königs beim Jubiläums- oder Kultlauf, mit dem die Herrschaft nach 30jähriger Regentschaft erneut legitimiert und das Reich symbolisch wieder in Besitz genommen wird. Die physische Leistungsfähigkeit Pharaos ist also ein ganz wesentlicher Pfeiler seiner Herrschaft und Legitimation (vgl. hierzu ausführlich DECKER 1971). In der 18. Dynastie des Neuen Reiches wird hierfür ein völlig neuartiges Bild gefunden, das die enorme sozio-ökonomische Bedeutung technologischer, von den Hyksos übernommener Neuerungen (Pferd und Streitwagen sowie Kompositbogen) widerspiegelt: Pharao beim Bogenschießen auf Kupferbarren vom fahrenden Streitwagen aus – ein überaus wirkmächtiges innovatives Bild, das trotz seiner Realitätsferne sogar einen späten Widerhall in der griechischen Epik (Odysee) gefunden hat, was von seiner interkulturellen Strahlkraft zeugt.

In der imperialistischen Epoche des Neuen Reiches finden am Hofe offenbar auch internationale Wettkämpfe im Ringen und Stockfechten statt, deren bildliche Umsetzung in den Totentempeln Ramses' II. und Ramses' III. naturgemäß voll und ganz auf die ägyptische Dominanz fokussiert. Nubier, Libyer und Asiaten werden nach Auskunft dieser Quellen auch auf dem Gebiet des Sports „beherrscht" – die Realität mag freilich anders ausgesehen haben. Insbesondere Nubier, die als Söldner und Nahkampfexperten das ägyptische Heer verstärkten, tauchen vermehrt auch in anderen sportlichen Quellen auf, vor allem solchen des Ringens, ihrer bis heute bewahrten und tradierten „Spezialdisziplin", aber auch solchen des Stockfechtens. Sehr wahrscheinlich hat ihre Kampfkunst und -erfahrung einen Einfluss auf jene in Ägypten mindestens seit dem Alten Reich praktizierte Sportarten ausgeübt.

Neben dem Meisterschuss des Odysseus, mit dem dieser seine Herrschaft über Ithaka wiedererlangte, könnte auch die Sitte der griechischen Totenagone auf altägyptische Vorbilder zurückgehen, konkret auf die Veranstaltung von Ring- und Stockkämpfen zu Ehren Verstorbener. Umgekehrt ist das Motive des Stierspringens der kretisch-minoischen Kultur wenigstens einmal, zur Zeit der 18. Dynastie, nach Ägypten gelangt, wenngleich diese spezielle Form eines nicht nur im Mittelmeerraum weit verbreiteten allgemeinen Motivkreises „Stierspiel" nach heutiger Kenntnis dort nicht aufgegriffen oder adaptiert wurde. Bis in moderne Zeit hingegen reicht die Tradierung des von Kindern praktizierten Hochweitsprungs, der unter dem Namen *khazza lawizza* bekannt ist, sowie möglicherweise auch des altägyptischen Stockfechtens in seiner modernen Erscheinungsform des *Tahtib* oder *Nabbût*. Die ältesten Darstellungen des Stockfechtens auf dem Steinblock vom Pyramidenaufweg des Sahure, dessen zahlreiche sportliche Motive als Ausgangspunkt für unsere Betrachtung einzelner Disziplinen dienten, werden heute herangezogen, um ein hohes Alter des *Tahtib* zu begründen und auf diesem Wege dazu beizutragen, dass es den Status eines schützenswerten immateriellen Weltkulturerbes erlangt.

Über nahezu alle Epochen der ägyptischen Geschichte hinweg ist die Rolle und Funktion des Sports bei der physischen Ausbildung der Jugend zu verfolgen. Wie in vielen anderen Kulturen auch, stellt das sportlichspielerische Training im pharaonischen Ägypten gleichsam ein „militärisches Kapital" dar, das sich bei kriegerischen Auseinandersetzungen auszahlt. Die jeweiligen Ausprägungen näher zu untersuchen und interkulturell zu vergleichen, dürfte zu den interessantesten Aspekten zukünftiger komparatistischer Studien zählen. Die Einbindung sportlicher Elemente in rituelle und festliche Aktivitäten ist sicher ein weiterer lohnenswerter Untersuchungsgegenstand (vgl. DECKER 2000) wie auch die Beleuchtung zeitlich wie räumlich beschränkter „Sporttraditionen" (z.B. das königliche Bogenschießen der 18. Dynastie mit einem klar zum Ausdruck gebrachten Rekordstreben, die internationalen Wettkampfturniere unter Ramses II. und III. sowie die in mehreren Dekorationsprogrammen der Pyramidenanlagen der 5. Dynastie thematisierte körperliche Ausbildung und Leistungsschau).

Auch wenn die altägyptischen Sporttreibenden selbst, sofern es sich nicht um den König handelt, bis auf ganz wenige Ausnahmen – die ringenden Knaben im Grab des Ptahhotep (**Abb. 22**) und der Stockfechter Chuisobek (vgl. FÖRSTER 2005: 80–83) – bezeichnenderweise und im markanten Unterschied zum Sport der Klassischen Antike anonym bleiben, dürfte der Sport im pharaonischen Ägypten genug Material und Anregungen liefern, um die zeitliche wie phänomenologische Tiefe sportlicher Erscheinungsformen und ihre jeweilige gesellschaftliche und ideologische Relevanz in verschiedenen Kulturen weiter auszuloten.

11 Literatur

ALTENMÜLLER, H. & A.M. MOUSSA (1981) Die Inschriften auf der Taharkastele von der Dahschurstraße. Studien zur Altägyptischen Kultur 9: 57–84.

BÁRTA, M. (2015) The oldest mythological run in Egyptian Western Desert? On the possible origins of the Sed feast in ancient Egypt. In: S. SÁZELOVÁ et al. (Hg.), Forgotten times and spaces: New perspectives in paleoanthropological, paleoetnological and archeological studies. Brno: 487–493.

BOULAD, A.P. (2014) Modern Tahtib – Egyptian baton martial and festive art / Bâton de combat égyptien. Noisy-sur-École.

BREWSTER, P.G. (1960) The Egyptian Game Khazza lawizza and its Burmese Counterparts. Zeitschrift für Ethnologie 85: 211–213.

BURKERT, W. (1973) Von Amenophis II. zur Bogenprobe des Odysseus. Grazer Beiträge 1: 69–78.

DAVIES, N. DE GARIS (1935) The King as Sportsman. Bulletin of the Metropolitan Museum of Art 30/2: 49–53.

DECKER, W. (1971) Die physische Leistung Pharaos. Untersuchungen zu Heldentum, Jagd und Leibesübungen der ägyptischen Könige. Köln.

DECKER, W. (1975) Quellentexte zu Sport und Körperkultur im alten Ägypten. St. Augustin.

DECKER, W. (1977) Zur Bogenprobe des Odysseus. Kölner Beiträge zur Sportwissenschaft 6: 149–153.

DECKER, W. (1978) Annotierte Bibliographie zum Sport im alten Ägypten. St. Augustin.

DECKER, W. (1984) Die Lauf-Stele des Königs Taharka. Kölner Beiträge zur Sportwissenschaft 13: 7–37.

DECKER, W. (1986) Der Rekord des Rituals. Zum sportlichen Rekord im Alten Ägypten. In: G. SPITZER & D. SCHMIDT (Red.), Sport zwischen Eigenständigkeit und Fremdbestimmung. Festschrift für Hajo Bernett. Bonn: 66–74.

DECKER, W. (1987) Sport und Spiel im Alten Ägypten (Beck's Archäologische Bibliothek). München.
DECKER, W. (1991) Ägyptischer Sport und Afrika. In: D. MENDEL & U. CLAUDI (Hg.), Ägypten im afro-orientalischen Kontext. Aufsätze zur Archäologie, Geschichte und Sprache eines unbegrenzten Raumes. Gedenkschrift Peter Behrens (Afrikanistische Arbeitspapiere, Sondernummer 1991). Köln: 95–108.
DECKER, W. (1992) Altägyptische Sportstätten. In: I. GAMER-WALLERT & W. HELCK (Hg.), Gegengabe. Festschrift für Emma Brunner-Traut. Tübingen: 61–72.
DECKER, W. (2000) Sport und Fest im Alten Ägypten. In: C. ULF (Hg.), Ideologie – Sport – Außenseiter. Aktuelle Aspekte einer Beschäftigung mit der antiken Gesellschaft (Innsbrucker Beiträge zur Kulturwissenschaft, Sonderheft 108). Innsbruck: 111–145.
DECKER, W. (2003) Zum Stand der Erforschung des „Stierspiels" in der Alten Welt. In: R. DITTMANN, C. EDER & B. JACOBS (Hg.), Altertumswissenschaften im Dialog. Festschrift für Wolfram Nagel zur Vollendung seines 80. Lebensjahres (Alter Orient und Altes Testament 306). Münster: 31–79.
DECKER, W. (2004) Vorformen griechischer Agone in der Alten Welt. Nikephoros 17: 9–25.
DECKER, W. (2006) Pharao und Sport. Mainz.
DECKER, W. (2012) Sport am Nil. Texte aus drei Jahrtausenden ägyptischer Geschichte. Hildesheim.
DECKER, W. & FÖRSTER, F. (2002) Annotierte Bibliographie zum Sport im Alten Ägypten II: 1978–2000, nebst Nachträgen aus früheren Jahren und unter Einbeziehung des Sports der Nachbarkulturen (Nikephoros Beihefte 8). Hildesheim.
DECKER, W. & FÖRSTER, F. (2014) Sahures trainierte Truppe. Sporthistorische Bemerkungen zu einem Relief aus der Pyramidenanlage des ägyptischen Königs Sahure (2496–2483 v.Chr.). Nikephoros 24: 17–70.
DECKER, W. & HERB, M. (1994) Bildatlas zum Sport im Alten Ägypten. Corpus der bildlichen Quellen zu Leibesübungen, Spiel, Jagd, Tanz und verwandten Themen (Handbuch der Orientalistik XIV 1–2). Leiden, New York, Köln.
DECKER, W. & KLAUCK, J. (1974) Königliche Bogenschießleistungen in der 18. ägyptischen Dynastie. Historische Dokumente und Aspekte für eine experimentelle Überprüfung. Kölner Beiträge zur Sportwissenschaft 3: 23–55.
DECKER, W. & KURTH, D. (1999) Eine Ruderregatta zur Zeit des Tutanchamun. Nikephoros 12: 19–31.
DEMSKY, A. (2005) Shulgi the Runner: Sumerian – Talmudic Affinities. In: Y. SEFATI et. al. (Hg.), „An Experienced Scribe Who Neglects Nothing". Ancient Near Eastern Studies in Honor of Jacob Klein. Bethesda: 85–97.
DER MANUELIAN, P. (1987) Studies in the Reign of Amenophis II (Hildesheimer Ägyptologische Beiträge 26). Hildesheim.
DIEM, C. (1938) Nabbût (Stockfechten). Olympische Rundschau 3: 12–15.
EATON, E.S. (1937) An Egyptian High-Jump. Bulletin of the Museum of Fine Arts, Boston 35: 54–55.
EL AWADY, T. (2009) Sahure – The Pyramid Causeway. History and Decoration Program in the Old Kingdom (Abusir XVI). Prag.

FAROUT, D. (2010) Tahtib, l'art de l'accomplissement et du bâton. Égypte, Afrique & Orient 60: 67–69.
FÖRSTER, F. (2005) Altägyptische Ausdrücke für „Ringen" und „Stockfechten". Nikephoros 18: 71–83.
FÖRSTER, F. & KUPER, R. (2013) Catching the Beasts – Myths and messages in rock art. In: R. KUPER et al., Wadi Sura – The Cave of Beasts. A rock art site in the Gilf Kebir (SW-Egypt) (Africa Praehistorica 26). Köln: 24–27.
FOUCART, G. (1935) Tombes thébaines. Nécropole de Dirâ Abû-Nága. Le tombeau d'Amonmos (Tombeau no. 19). Mémoires publiés par les membres de la mission archéologique française au Caire 57/4). Kairo.
HARPUR, Y. (2009) Re-used Blocks in the Eighteenth Dynasty Tomb of Maya at Saqqara: A Preview of Nine Reliefs from an Unpublished Corpus. In: D. MAGEE, J. BOURRIAU & S. QUIRKE (Hg.), Sitting beside Lepsius. Studies in Honour of Jaromir Malek at the Griffith Institute (Orientalia Lovaniensia Analecta 185). Löwen et al.: 203–225.
HAWASS, Z. & VERNER, M. (1996) Newly Discovered Blocks from the Causeway of Sahure (Archaeological Report). Mitteilungen des Deutschen Archäologischen Instituts, Abt. Kairo 52: 177–186.
HERB, M. (2006) Der Jäger der Wüste. Zur kulturgeschichtlichen Entwicklung der Jagd im Alten Ägypten. Nikephoros 18: 21–37.
HORNUNG, E. & STAEHELIN, E. (1974) Studien zum Sedfest (Aegyptiaca Helvetica 1). Genf et al.
HORNUNG, E. & STAEHELIN, E. (2006) Neue Studien zum Sedfest (Aegyptiaca Helvetica 20). Basel.
KOOTZ, A.B. (2006) Der altägyptische Staat. Untersuchung aus politikwissenschaftlicher Sicht (Menes 4). Wiesbaden.
LEITZ, C. (2001) Die Dauer des Wettlaufs unter dem ägyptischen König Taharqa aus dem 7. Jahrhundert v. Chr. Nikephoros 14: 7–9.
MAHMOUD, M.A.A. (1982) Das ägyptische Nabbût und seine Vorläufer. Köln [unpubl. Diplomarbeit an der Deutschen Sporthochschule, Köln]
MEERPOHL, M. (2012) The Tima of the Nuba Mountains (Sudan). A Social Anthropological Study (Topics in Interdisciplinary African Studies 28). Köln.
MORENZ, L.D. (2000) Stierspringen und die Sitte des Stierspieles im altmediterranen Raum. Ägypten und Levante 10: 195–203.
RIEFENSTAHL, L. (1973) Die Nuba. Menschen wie von einem anderen Stern. Pöcking.
ROLLINGER, R. (1994) Aspekte des Sports im Alten Sumer. Sportliche Betätigung und Herrschaftsideologie im Wechselspiel. Nikephoros 7: 7–64.
SAAD, Z. (1937) Khazza lawizza. Annales du Service des Antiquités de l'Égypte 37: 212–218.
SCHÄFER, H. (1963) Von ägyptischer Kunst. Eine Grundlage. 4., verbesserte Auflage herausgegeben und mit einem Nachwort versehen von Emma Brunner-Traut. Wiesbaden.
SMITH, W.S. (1958) The Art and Architecture of Ancient Egypt. Harmondsworth.
TOUNY, A.D. & WENIG, S. (1969) Der Sport im Alten Ägypten. Leipzig [auch vorgelegt in einer englischen Ausgabe: Sport in Ancient Egypt, Leipzig 1969].

VON BECKERATH, J. (1997) Chronologie des pharaonischen Ägypten. Die Zeitbestimmung der ägyptischen Geschichte von der Vorzeit bis 332 v.Chr. (Münchner Ägyptologische Studien 46). Mainz.

WEILER, I. (1981) Der Sport bei den Völkern der alten Welt. Eine Einführung. Darmstadt.

WILSDORF, H. (1939) Ringkampf im alten Ägypten (Schriften des Institutes für Leibesübungen der Universität Leipzig 3). Würzburg-Aumühle.

WILSON, J.A. (1931) Ceremonial Games in the New Kingdom. Journal of Egyptian Archaeology 17: 211–220.

»Olympische Spiele« – Ein kritischer Blick auf ihre Symbolkraft in Antike und Neuzeit

Ulrich Sinn

»Wegen vieler anderer großer Taten hat Herakles es verdient, dass man sich seiner erinnert, nicht zuletzt deswegen, ihr Männer, weil er in wohlwollender Gesinnung für Griechenland als erster diesen Wettkampf (*agōn*) veranstaltet hat. Denn in den Zeiten davor standen sich die einzelnen Stadtstaaten (*poleis*) fremd gegenüber. Nachdem Herakles aber die Tyrannen gestürzt und dem Treiben der Frevler ein Ende bereitet hatte, begründete er am schönsten Ort Griechenlands einen körperlichen Wettkampf (*agōn sōmatōn*), eine Zurschaustellung der Segnungen unseres Wohlergehens (*ploutos*) und unserer Geisteskraft (*gnōmē*). Zu diesem Zweck sollten wir alle als Zuschauer und Zuhörer dort zusammenkommen. Er erhoffte sich nämlich von dieser Versammlung (*syllogos*) den Beginn freundschaftlicher Verbundenheit (*philia*) unter den Griechen«.

So beginnt die berühmte Olympische Rede, die der athenische Redner Lysias 388 v. Chr. in Olympia vor den versammelten Festgästen gehalten hat.[1] Der verheerende fast 30 Jahre währende »Peloponnesische Krieg« (431–404 v. Chr.) war kaum beendet, als die griechischen Stadtstaaten im »Korinthischen Krieg« (395–386 v. Chr.) erneut übereinander herfielen. Es herrschte also Krieg, als Lysias seine Rede hielt. So erweckt die Eingangspassage den Eindruck eines flammenden Appells, von kriegerischen Auseinandersetzungen abzulassen und sich auf eine dem Olympische Fest innewohnende Frieden und Eintracht stiftende Intention zu besinnen. Doch der Aufruf zur Einstellung des Krieges unter den Griechen geht mit der Aufforderung einher, gegen Dionysios I. von Syrakus auf Sizilien zu Felde zu ziehen. Der Oberbefehl sollte den Spartanern übertragen werden »wegen ihrer angeborenen Tapferkeit und ihrer Kriegskunst«.[2]

Der Lexikograph Dionysios von Halikarnassos (etwa 60–7 v. Chr.), der den Anfang der Rede des Lysias in seiner Schrift »Über die alten Redner« überliefert, informiert in einem vorangestellten Kurztext über die weiteren Ausführungen und Intentionen des Lysias. Wir lesen: »Es gibt eine Festrede (*panēgyrikos logos*) des Lysias, in welcher er bei der festli-

---

[1] Lys. 33, 1–2.
[2] Lys. 33, 6–7.

chen Volksversammlung (*panēgyris*) in Olympia die Griechen dazu drängt, den Tyrannen Dionysios zu stürzen und Sizilien zu befreien, und zwar solle man sofort mit den Feindseligkeiten beginnen und das mit Gold, Purpur und vielem anderen Zierrat geschmückte Zelt des Tyrannen plündern. Dionysios hatte nämlich Gesandte zu dem Fest (*panēgyris*) geschickt, um dem Gott Opfer zu überbringen. Der Aufzug der Festgesandtschaft (*theoria*) im Heiligen Bezirk war überaus prachtvoll und kostspielig, denn dem Tyrannen lag daran, von den Griechen bewundert zu werden«.[3]

Eine Bestätigung dieses Vorgangs findet sich in der Universalgeschichte (*bibliothēkē*) des Historikers Diodorus Siculus (etwa 40–110 n. Chr.). Im Text des Diodor erfahren wir, dass Dinoysios im Rahmen des Festes eigene Gedichte von Rhapsoden vortragen ließ. Zur Teilnahme an den Wettkämpfen im Hippodrom hatte er zudem auch mehrere Viergespanne angemeldet. Doch in ihrer prachtvollen Ausstattung waren sie ebenso wie die Zuschaustellung der Prunkzelte vorrangig dazu bestimmt, die Aufmerksamkeit der Besucher des Festes auf sich bzw. den dahinter stehenden Herrscher, Dionysios aus Syrakus, zu lenken.[4]

Die Teilnahme der Festgesandtschaft des Dionysios an der Panegyris, die Auftritte der Rhapsoden und vor allem die Zulassung der Viergespanne zum Rennen im Hippodrom wären undenkbar gewesen, hätte man Dionysios nicht als Griechen anerkannt. Bekanntlich war Nichtgriechen (*barbaroi*) die aktive Teilnahme an den Wettkämpfen untersagt.[5] Mit seinem Aufruf zum Krieg gegen Dionysios von Syrakus, verstieß gegen sein eigenes Werben für die Eintracht unter den Griechen und – gravierender noch – gegen die Normen der *ekecheiria* (siehe unten S. 161).

Zwei Olympiaden nach dem Auftritt des Lysias, trat Isokrates aus Athen 380 v. Chr. mit einer Festrede vor die Besucher des Olympischen Festes.[6] Wie vor ihm Lysias, rief auch Isokrates zur Eintracht unter den griechischen Stadtstaaten (*homonoia pros hēmas*) auf, verband dies jedoch unmittelbar mit der Aufforderung zum gemeinsamen Krieg gegen den äußeren Feind (*polemos pros tous barbarous*) – gemeint waren die

---

[3] Dion. Hal., Lysias 29 p. 519–520.
[4] Diod. 14, 109; Weiler 2004 (a) 188 Nr. 21.
[5] Hdt. V 22.
[6] Isokr. or. IV (*Panēgyrikos*).

Perser.[7] Doch diese seit den Perserkriegen populäre Doktrin war für Isokrates wiederum nur ein Vorwand, um sein eigentliches Ziel zu proklamieren: die Anerkennung Athens als Führungsmacht in der griechischen Staatenwelt. Der weitere Verlauf der langen Rede war denn auch ein einziger hymnischer Lobpreis der Überlegenheit Athens in allen Belangen. Mit ihren vielfältigen Geschichtsverfälschungen waren diese Ausführungen an Hybris kaum zu überbieten. Mehr noch: In seinen pro-athenischen Hymnus hat Isokrates Passagen eingeflochten, die in ihrer aggressiven Herabsetzung Spartas an die Wortgefechte vor dem Ausbruch des Peloponnesischen Krieges erinnerten.[8] Diese Provokation des athenischen Erzfeindes Sparta ist entlarvend, stand sie doch seinem wortreich beschworenen Streben nach innergriechischer Befriedung diametral entgegen.

Olympia hat jedoch auch Augenblicke erlebt, die von einem ernsten, unvoreingenommenen Willen geprägt waren, dem Krieg und seinen bitteren Folgen Einhalt zu gebieten. Exemplarisch sei dazu auf das Fest des Jahres 324 v. Chr. verwiesen. Zu dieser Zeit war die Zahl der durch die jahrzehntelangen innergriechischen Zwistigkeiten aus ihrer Heimat Geflüchteten bzw. von dort Verbannten bedrohlich angestiegen. Aus der Ferne setzte Alexander d. Gr. alles daran, dem daraus erwachsenen sozialen, politischen und ökonomischen Notstand ein Ende zu bereiten. Herolde riefen die Betroffenen auf, sich zur *Panēgyris* in Olympia einzufinden. Zwanzigtausend sollen dem Aufruf gefolgt sein. Nikanor, ein Vertrauter Alexanders, verlas vor dieser Kulisse dessen Dekret, das für die Mehrzahl der Verbannten eine Amnestie und das Recht zur Rückkehr in die Heimat zusicherte.[9]

Wer auch immer in Olympia vor der Festversammlung das Wort ergriff, sah sich und seine Zuhörer umgeben von Bauten und Statuen, die von einer Vielzahl griechischer Poleis dem olympischen Zeus in Erinnerung an Erfolge auf dem Schlachtfeld geweiht worden waren. Diese Weihungen standen in einem Zusammenhang mit dem spätestens seit dem 8. Jh. v. Chr. in Olympia tätigen Orakel.[10] Als Orakel gebende Gottheit

---

[7] Isokr. or. IV 14–15.
[8] Isokr. or. IV bes. 122–128.
[9] Diod. XVII 109,1; XVIII 8,2–5; Sinn 2004, 193–195.
[10] Strabon VIII 3, 30 p. 353: »Seine Berühmtheit erlangte das Heiligtum ursprünglich durch das Orakel (*Manteion*) des Zeus Olympios«.

wurde Zeus verehrt. Seine Seher wirkten an dessen großen Aschenaltar.[11] Anders als das Orakel von Delphi, dessen Autorität sich auf alle Bereiche des privaten und öffentlichen Lebens erstreckte, waren die Seher von Olympia stark auf *einen* Aspekt fokussiert: Sie agierten als Ratgeber in Kriegsangelegenheiten. Zeus wurde in Olympia als Lenker der Kriege verehrt.[12]

Überwältigend ist die Zahl der bei den Ausgrabungen geborgenen Weihungen von Waffen und Rüstungen.[13] Zugespitzt bezeichnete Hans-Volkmar Herrmann als hervorragender Kenner des Zeus-Heiligtums Olympia als das »größte antike Waffenarsenal«.[14]

Unübersehbar traten im äußeren Erscheinungsbild Olympias Kriegstrophäen in Erscheinung, mit denen man Zeus für errungene militärische Erfolge in meist innergriechischen Kriegen Dank abstattete. Neben oftmals monumentalen Bronzestatuen gehören dazu auch viele der am Fuß des Kronos-Hügels aufgereihten Schatzhäuser.[15] Ganz im Sinne dieser Selbstdarstellung des Heiligtums war die Behauptung der Eleer, sie hätten den Bau des Zeus-Tempels und die Errichtung des darin aufgestellten monumentalen Götterbildes aus Gold und Elfenbein aus Kriegsbeute finanziert.[16] Freilich: weder im 6. noch im frühen 5. Jh. v. Chr. hatten die Eleer einen Krieg geführt, aus dem sie eine derart gewaltige Beute hätten erringen können. Aber die beim Bau des Zeus-Tempels um 470/460 v. Chr. im Kult des olympischen Kriegsgottes Zeus noch immer dominante Ideologie verlangte geradezu, den Tempel des Gottes als Kriegstrophäe zu präsentieren.[17]

Von der stolzen Zurschaustellung militärischer Erfolge waren auch die Wettkampfstätten nicht ausgenommen. In seinen Studien zu den Waffenweihungen in Olympia hat Holger Baitinger aufgezeigt, dass die sich heute so idyllisch darbietenden Erdwälle des Stadions und wohl auch des

---

[11] Weniger 1915 passim; Sinn 1991, 38–42.
[12] Kyrieleis 2011, 79–86.
[13] Baitinger 2001; Frielinghaus 2011.
[14] Herrmann 1972, 108.
[15] Sinn 1991, 42–44 mit Anm. 39–51
[16] Überliefert ist diese Version bei Pausanias V 10, 2: »Der Tempel (*naós*) und die Statue (*ágalma*) des Zeus wurden aus Beute hergestellt, die die Eleer bei der Vernichtung der Stadt Pisa und deren gleichfalls abtrünnigen Nachbarn im Krieg abgenommen hatten«..
[17] Hennemeyer 2012, 121.

benachbarten Hippodrom sogar besonders begehrte Aufstellungsorte von erbeuteten Waffen und Rüstungen waren.[18]

Olympia war also keinesfalls ein Hort des Friedens ein oder gar ein Symbol der innergriechischen Eintracht. Was hob es dennoch aus der Vielzahl der übrigen griechischen Heiligtümer so prominent heraus? Die dort ausgetragenen sportlichen Wettkämpfe wurden von den gleichen Athleten bestritten, die auch in Delphi und den anderen ›panhellenischen‹ Wettkampfstätten den Sieg anstrebten. In der Beschreibung des Apollon-Heiligtums in Delphi durch Pausanias findet sich dazu eine aufschlussreiche Bemerkung. Pausanias verzichtet auf eine Liste der in Delphi geweihten Statuen erfolgreicher Athleten mit dem Argument, sie würde weitgehend die gleichen Namen enthalten wie seine Aufzählung der Siegerstatuen im Zeus-Heiligtum von Olympia: »Die Athleten, die Bemerkenswertes geleistet haben, wurden schon in meiner Beschreibung Olympias gewürdigt«.[19]

Weiterhin steht die Frage im Raum, durch welches spezifische Merkmal sich Olympia seine Sonderstellung unter allen griechischen Heiligtümern erworben hat.

Den Schlüssel zur Beantwortung dieser Frage könnte eine knappe Bemerkung in der sechsten Olympischen Ode des Pindar in sich tragen: Pindar bescheinigt dem Zeus-Heiligtum von Olympia, das »volkreichste Fest« (*heorta pleistombrotos*) auszurichten.[20] Als das Heiligtum mit der größten Anziehungskraft in der gesamten griechischen Welt wird Olympia auch in der Rede des Isokrates charakterisiert, die vom Auftritt des Alkibiades beim Fest des Jahres 416 v. Chr. handelt. Darin legt er dem Sohn des Alkibiades folgende Worte in den Mund: »Mein Vater sah, dass die Festversammlung (*panēgyris*) in Olympia von allen Menschen hoch geschätzt und bewundert wurde und dass die Griechen dort ihren Reichtum (*ploutos*), ihre Körperkraft (*rhōmē*) sowie ihre Erziehung und Bildung (*paideusis*) zur Schau stellten. Ihm war bekannt, dass in der Heimatstadt erbrachte Leistungen nur von den Mitbürgern gewürdigt wurden, in Olympia erworbener Ruhm sich aber in ganz Griechenland verbreitete«.[21]

---

[18] Baitinger 1999.
[19] Paus. X 9,2.
[20] Pind. O. VI 69.
[21] Isokr. or. XVI 32–33.

Es war die in ihrem Umfang einzigartige Ansammlung von Menschen aus *allen* Regionen der griechischen Welt – einschließlich der überseeischen Kolonien –, die Olympia gegenüber den anderen Festorten um so vieles attraktiver machte. Privilegien für Besucher Olympias aus griechischen Orten jenseits der Grenzen des Mutterlandes sind in einer leider nur fragmentarisch erhaltenen Bronzeinschrift aus der Zeit um 500 v. Chr. dokumentiert.[22] Olympia avancierte zu einem »Heimatfest der Auslandsgriechen«.[23] In solcher Rücksichtnahme auf griechische Festteilnehmer aus großer Ferne spiegelt sich der Charakter der olympischen Panegyris als ein im Wortsinn pan-hellenisches Fest. Dazu ein weiteres beredtes Zeugnis aus der Antike:

In seiner Schrift über den Historiker Herodot versetzte der im 2. Jh. n. Chr. wirkende Schriftsteller Lukian seine Leser in die Zeit kurz nach der Mitte des 5. Jhs. v. Chr. zurück, als Herodot sein Geschichtswerk vollendet hatte und es nun bekannt machen wollte. Lukian schreibt: »Von einer Stadt zur anderen zu reisen und sein Werk nacheinander erst den Athenern, dann den Korinthern und Argivern und schließlich den Spartanern jeweils gesondert vorzulesen, hielt er für zu umständlich und zu langwierig. So war er auf der Suche nach einem Ort, an dem er auf eine Resonanz bei allen Griechen hoffen konnte. Zu seinem Glück stand gerade das große Fest der Olympien bevor. Eine günstigere Gelegenheit für sein Ansinnen, alle Griechen auf einmal (*tous Hellēnas hapantas*) zu erreichen, hätte er sich nicht wünschen können. Er wartete also ab, bis das Volksfest (*panegyris*) sehr gut besucht und die besten Männer aus allen Teilen Griechenlands anwesend waren. Dann trat er im rückwärtigen Raum [des Zeus-Tempels] auf und las aus seinem Geschichtswerk vor. Danach war Herodot bekannter als jeder der bei diesem Fest siegreichen Athleten [sic!]. Wer Herodot nicht in Olympia selbst gehört hatte, erfuhr es von denen, die vom Fest in ihre Heimat zurückgekehrt waren. Nach diesem Erfolg gab es in der griechischen Welt niemanden mehr, dem der Name und das Werk des Herodot unbekannt gewesen wäre. Durch den Auftritt bei einer einzigen, die ganze hellenische Welt erfassenden Menschenansammlung erhielt er für sein Geschichtswerk einhellige Zustimmung. Als

---

[22] Siewert 2013, 29–31.
[23] Sinn 2002, 30–32.

Übermittler fungierte kein Herold des Zeus, es waren die Teilnehmer an der Panegyris, die die Kenntnis in allen Städten verbreiteten«.[24]

Dem bei allen Griechen unvergleichlich guten Kenntnisstand über das Geschehen bei den olympischen Festversammlungen dürfte es geschuldet sein, dass man sich bei der Einführung einer gesamtgriechischen Zeitrechnung im 3. Jh. v. Chr. an der Zählung der Olympiaden orientierte. Sowohl für Olympia als auch für Delphi wurden in der Antike Listen der Wettkampfsieger angefertigt. Das auf Aristoteles und seinen Neffen Kallisthenes zurückgehende Verzeichnis der Sieger in Delphi ließ man außer Acht.[25] Man entschied sich für die im späten 5. Jh. v. Chr. von Hippias aus Elis vorgelegte Olympionikenliste. Sie liegt uns mit mancherlei Fehlstellen in hellenistischen und spätantiken Abschriften vor.[26] Inschriftenfunde aus den Grabungen konnten einige Lücken schließen oder falsche Ergänzungen korrigieren.[27] Ungeachtet der bereits in der Antike angezweifelten und heute als Fiktion eingeschätzten Eintragungen zu den ersten Jahrzehnten[28] lag nach damaliger Einschätzung offenbar nur mit dieser Chronik ein Kalendarium vor, dessen Eintragungen in ganz Griechenland im Wesentlichen als bekannt vorausgesetzt werden konnten. Im 3. Jh. v. Chr. ergänzte der auch historisch versierte Geograph Erathostenes die Siegerliste des Hippias durch eine Synopse der bis dahin gebräuchlichen lokalen Jahreszählungen. Damit gab er den Anstoß, dass die Olympionikenliste die Vielzahl der lokalen Zeitrechnungen ablöste. 700 Jahre hindurch, vom 3. Jh. v. Chr. bis in das ausgehende 4. Jh. n. Chr., war die Olympiadenzählung in der griechisch geprägten Welt das kanonische Zeitmaß, aber auch in Rom wusste man die Angaben der Olympiadenzählung mit dem eigenen Zeitsystem ›ab urbe condita‹ zu korrelieren.

Zu fragen ist nun noch nach dem Stellenwert der sportlichen Wettkämpfe innerhalb der olympischen Festversammlung (Panegyris).

Unter einer Panegyris verstanden die Griechen ganz allgemein ein festliches Ereignis, zu dem sich eine große Teilnehmerzahl zusammenfand.[29]

---

[24] Lukian, Herodot 1–2 und 7.
[25] Zur Delphischen Siegerliste: Maaß 1993, 77 mit Lit. in Anm. 8.
[26] Heilmeyer 2012, 269–273: ›Das Programm der antiken Olympischen Spiele‹ [Chr. Wacker].
[27] Zuletzt Siewert 2013, 75–86 Nr. 21–33.
[28] Christesen 2007; zum aktuellen Forschungsstand kritisch zusammenfassend: Kyrieleis 2011, 132–133.
[29] Zur Panegyris allgemein: Ziehen 1949; Nilsson 1955, 826–831.

Angesprochen war in erster Linie die Bevölkerung der Stadt, die das Fest ausrichtete. Die Verantwortlichen konnten aber weitere Gäste aus Städten einladen, mit denen sie freundschaftlich verbunden waren, oder zu denen sie gute Beziehungen aufnehmen wollten. Die Panegyreis wurden in den Heiligtümern begangen. Der im Deutschen deshalb verwendete Begriff »Kultfest« ist insofern irreführend, weil diese Feste weit über die rituellen Handlungen – Prozession, Opfer und Gebet – hinaus ein weitgefächertes Programmangebot umfassten. Man kann die Differenzierung gut an einem Vorgang aus dem Artemis-Heiligtum von Magnesia am Mäander in Kleinasien erläutern. Dort entschloss man sich im späteren 3. Jh. v. Chr. zu einer Neugründung des Hauptfestes. Der anlässlich der Gründungsfeier an viele Städte versandte Einladungstext nennt folgende drei Programmpunkte des Festes: Opferhandlungen, Volksfest und Wettkampf (*thysias kai panegyrin kai agona*).[30]

In der facettenreichen schriftlichen Überlieferung zum Wesen einer Panegyris schält sich überdeutlich deren grundsätzlich sinnenreicher, entspannter, aber auch kommerzieller Charakter heraus. Während der Panegyris zogen neben den Athleten regelmäßig auch Schriftsteller, Poeten, bildende Künstler und Sänger (Rhapsoden), Philosophen und selbst ernannte Universalgelehrte (*Sophisten*) und mancherlei Wichtigtuer die Aufmerksamkeit auf sich. Männer mit politischen Ambitionen suchten das Bad in der Menge.[31] Großen Raum nahm das gesellige Beisammensein bei Speis und Trank ein. Darauf nimmt Pindar in seiner zehnten Olympischen Ode Bezug, wenn er zur topographischen Gestaltung des Heiligtums bei der Gründung durch Herakles schreibt: »Er steckte den heiligen Hain ab dem höchsten Vater, / und durch Umhegung sonderte er die Altis aus auf reinem Platz. / Aber die Ebene ringsum bestimmte er für die Erquickung beim Mahl«.[32]

Der alte Vorschlag von Ludwig Ziehen, die Panegyris mit einem Volksfest gleichzusetzen,[33] beschreibt deren Charakter noch immer am besten. Diesem Charakter wird auch ein weiteres obligatorisches Angebot bei je-

---

[30] Chaniotis 1999, 58.
[31] Eine umfangreiche Übersicht der einschlägigen antiken Quellenzeugnisse bei Weiler 2004 (a); Sinn 2004, 175–209: ›Olympisches Gästebuch‹; Brüggenbrock 2006, 100-127.
[32] Pind. O. X 45–49.
[33] Ziehen 1949, 582; ähnlich auch Weiler (a) 2004, 180–181.

der Panegyris gerecht: Das Marktgeschehen.[34] So entwickelte sich das Apollonheiligum auf Delos seit dem 4. v. Chr. bis zu den verheerenden Plünderungen und Verwüstungen durch die Truppen des Mithridates in den Jahren 88 und 69 v. Chr. zu einem der bedeutendsten Handelsplätze im Mittelmeerraum. Strabon beschreibt den Sachverhalt denkbar eindeutig: »Die Panegyris ist gewissermaßen ein Handelsmarkt«.[35]

Dass auch Olympia als Marktplatz eine besondere Bedeutung hatte, lässt sich aus antiken Quellen ableiten und wird durch archäologische Funde bestätigt. Zeus wurde an einem gesonderten Altar als Hüter des Marktes (*agoraios*) verehrt.[36] Die aus den Angaben des Pausanias ungefähr zu ermittelnde Position dieses Altars im Süden des Heiligtums deckt sich mit der Region, in der untrügliche Hinterlassenschaften des Marktgeschehen als Bodenfunde gesichert sind: Bronzegewichte[37] und Maßgefäße.[38] Das Marktgeschehen mit seinem überregionalen Angebot dürfte entscheidend zur besonderen Attraktivität der olympischen Panegyris beigetragen haben.[39]

Es ist bemerkenswert, dass in den Beschreibungen von Aktivitäten und Ereignissen während der Panegyreis der Sport nicht etwa als das Hauptereignis hervorgehoben wird. Zahlreich sind die Stimmen, die eine Überbewertung des Athletentums beklagen. Bezeichnend ist in dieser Hinsicht die Eingangsbemerkung des Isokrates zu seiner Olympischen Festrede. »Ich bin immer wieder verwundert über die Veranstalter der Festversammlungen (*panēgyreis*), die zugleich auch die gymnischen Agone eingeführt haben, dass sie denen, die durch die Gunst eines Zufalls mit körperlichen Vorzügen ausgestattet sind, große Belohnungen zuteilwerden lassen, denen aber, die sich mit ihrer Geisteskraft (*psychē*) nach Kräften bemühen, dem Allgemeinwohl nützlich zu sein, gleiche Ehrungen vorenthalten. Würde ein Athlet seine Leistungen verdoppeln, wäre das für

---

[34] Prott / Ziehen 1906, Nr. 256; Nilsson 1955, 831; Dillon 1997, 214–217.
[35] Strab. X 5, 4 p. 486; ähnlich Paus. III 23, 3 und VIII 33, 2.
[36] Paus. V 15, 4.
[37] Hitzl 1996; Baitinger / Eder 2001, 192; Baitinger 2011, 167 mit der Zurückweisung der These von P. Siewert, die Bronzegewichte als Substitute an Stelle der Dedikation von Waffen interpretiert; siehe dazu auch Frielinghaus 2011, 230–231 mit Anm. 1129; zur Datierung: Siewert 2013, 233–242.
[38] Hamdorf 1981; Schilbach 1999; Siewert 2013, 248–257.
[39] Zum Markt und zur Versorgung der Festteilnehmer zusammenfassend: Sinn, 2004, 115–125 und 172–173; Kyrieleis 2011, 111–115.

die Gemeinschaft ohne Belang, die Weisheit eines gedankenvollen Menschen könne aber allen, die es wünschen, Orientierung bieten«.[40] Isokrates fügt sich damit in die Reihe zahlreicher Intellektueller von Tyrtaios (7. Jh. v. Chr.) über Xenophanes (etwa 545–475 v. Chr.) bis Vitruv (1. Jh. v. Chr.), die sich als Opfer der ihrer Überzeugung nach überzogenen Bewunderung athletischer Leistungen sehen.[41] Indirekt spiegelt sich in solchem öffentlich bekundeten Missmut die Popularität der athletischen Wettkämpfe. Doch konnten die Athleten nicht darauf zählen, dass ihnen während der *Panēgyris* automatisch die höchste Aufmerksamkeit entgegengebracht wurde. So hatten die Athleten das Nachsehen, als sich 476 v. Chr. Themistokles, der Bezwinger der Perser in der Entscheidungsschlacht bei Plataiai (479 v. Chr.) von den Festteilnehmern feiern ließ.[42] Mit seiner Lesung im Zeustempel stellte auch Herodot die Athleten in den Schatten (siehe oben S. 156).

Im Ablauf der Olympischen Festversammlung unterlagen nur die obligatorischen rituellen Handlungen und die ebenfalls zum traditionellen Bestand zählenden Agone festen Regeln. Entsprechendes darf auch für die Durchführung des Marktgeschehens vorausgesetzt werden. Der spezifische Charakter einer jeden Panegyris hing aber maßgeblich von der jeweiligen Zusammensetzung der aktiven und passiven Festteilnehmer ab. Wie zuvor exemplarisch gezeigt, wurde das Fest durchaus nicht immer vom Sport dominiert. Um es auf den Punkt zu bringen: Das Zeusheiligtum von Olympia ist nicht als Wettkampfstätte gegründet worden. Der Sport war immer eingebettet in ein weitgefächertes Festgeschehen. Damit werden auch alle früheren Versuche hinfällig, zwischen der Institution der *ekecheiria* und der Ausrichtung der Wettkämpfe einen spezifischen Zusammenhang herzustellen und dem Sport eine friedensstiftende Funktion zuzumessen.[43] Vor dem Hintergrund der Zersplitterung des von

---

[40] Isokr. or. IV, 43–44; Weiler 2004 (a), 187.
[41] Tyrtaios 9. Elegie; Xenophan. 2. Elegie; Vitr. IX 1–2; siehe dazu Sinn 2002, 36–40: ›Was nützt der Menschheit ein Sieg in Olymoia?‹.
[42] Plut. Themistokles 17.
[43] Lämmer 1982/83, 47–48 mit einem Überblick über die Vertreter der These einer antiken ›Olympischen Friedensidee‹ ebenda Anm. 1–7; Höfer 1994, 302–303, zutreffend ist seine Formulierung, »daß die Olympischen Spiele der Antike keinen Beitrag zu Frieden und Völkerverständigung geleistet haben, ja nicht einmal leisten wollten«. Unzutreffend ist jedoch die nachfolgende Begründung, dass sie »einen ausschließlich nationalen Charakter hatten«. Das Territorium des antiken Griechenland bildete keine ›Nation‹, sondern

Griechen besiedelten Territoriums in eine Vielzahl völlig autonomer ›Stadtstaaten‹ (Poleis) diente die Ekecheiria einzig dem Zweck, die An- und Abreise aller Festteilnehmer sicher zu stellen. Denn wer die Grenzen seiner Heimatstadt überschritt, war recht- und schutzlos.[44] Die olympische Ekecheiria wich nicht von den entsprechenden Vereinbarungen anderer Heiligtümer ab. In Olympia setzte man dieses Instrument wie andernorts sehr pragmatisch und am aktuellen Zeitgeschehen orientiert ein. Das heißt, wer in Olympia aus politischen oder anderen Gründen nicht genehm war, wurde nicht eingeladen, war dann freilich auch nicht an die Einhaltung des Festfriedens gebunden. Das ist zum Beispiel 420 v. Chr. den Spartanern widerfahren.[45] Die oben angesprochene Hetzrede des Lysias gegen die im Heiligtum weilende Festgesandtschaft aus Syrakus ist hingegen als Missachtung der Ekecheiria zu werten.[46]

Es steht außer Frage: Man kann sich nicht auf die Antike berufen, wenn man die Olympischen Spielen der Neuzeit als eine Frieden stiftende Institution charakterisiert.

Eine neuzeitliche »Olympische Idee« ohne Berufung auf die Antike
Kurz verdient ein Ansatz erwähnt zu werden, der die Austragung Olympischer Spiele ohne einen verklärten Blick auf die Antike mit Bemühungen um Friedfertigkeit in der Welt verbinden wollte. Im Vorfeld der 2004 in Athen veranstalteten Olympischen Spiele konstituierte sich im Jahr 2000 das ›Internationale Olympische Friedenszentrum‹. In einem 2004 an der Universität Heidelberg gehaltenen Vortrag hat der damalige Griechische Generalkonsul in Stuttgart, Dimitrios Moschopoulos, die Idee und das Wirken des Olympischen Friedenszentrums vorgestellt: »Die Olympische Bewegung [...] stellt einen mächtigen symbolischen Aufruf zum Olympischen Frieden dar, einen Aufruf, der den Zyklus der Gewalt für

---

war zersplittert in eine Vielzahl souveräner ›Stadtstaaten‹ (*Poleis*), die sich besonders im 5. und 4. Jh. v. Chr. wechselseitig mit kriegerischen Auseinandersetzungen bekämpfen. – Eine sachlich-kritische Darstellung der Gründung und Entwicklung der ›Olympischen Spiele der Neuzeit‹ zuletzt bei Behringer 2012, 281–294.
[44] Zur Geschichte, Entwicklung und Funktion der *Ekecheira* generell: Theotikou 2013; speziell zu Olympia: Mann 2001, 25–26; Sinn 2004, 104. 176–178. 183–185; Theotikou 2013, 89–162.
[45] Theotikou 2013, 153–157.
[46] Diod. XIV 109: dazu auch Lämmer 1982/83, 61 mit zahlreichen weiteren Belegen für die Missachtung der Ekecheiria.

einige Tage oder sogar Wochen, während aller zukünftigen Olympischen Spiele und hoffentlich auch darüber hinaus, zu durchbrechen vermag«.[47] Ausdrücklich bezeichnete er das Anliegen des Friedenszentrum, die Olympischen Spiele als ›Weckruf‹ zur Friedensbereitschaft zu nutzen, als einen neuzeitlichen Ansatz, »Der Frieden war im Altertum nicht das Ziel, sondern er war das Werkzeug, um den reibungslosen Ablauf der Spiele über einen so langen Zeitraum zu garantieren«.[48]

Als Beleg für die Durchsetzungskraft des Friedenszentrums verwies Moschopoulos auf die Unterzeichnung zahlreicher Deklarationen und Absichtserklärungen durch die UNO, die EU und die Unterstützung durch herausragende Persönlichkeiten aus den Bereichen Politik und Religion.[49] Doch der Realität des seither sogar noch verstärkten und an Brutalität kaum noch zu überbietenden Kriegswütens in der Welt haben diese Friedensbekundungen nichts entgegen zu setzen vermocht. Ursache des Scheiterns ist freilich nicht allein die verantwortungslose Uneinsichtigkeit der Real*politik*. Auch der Real*zustand* des institutionalisieren »Olympischen Sports« hat in seiner derzeitigen Verfassung jegliche positive Symbolkraft eingebüßt. In seiner Abhandlung über Coubertins multikulturellen Olympismus äußert Yves-Pierre Boulonge die Zuversicht »Die Spiele werden weiter existieren«, fügt aber umgehend hinzu: »vorausgesetzt, die Exzesse (Gigantismus, Kommerzialisierung, Sponsoring) können kontrolliert werden«.[50] Von dieser Voraussetzung hat sich das IOC (unumkehrbar?) weit entfernt. Coubertins Devise »Frieden durch Freundschaft im Sport«[51] hat sich spätestens jetzt überlebt.[52]

Eine zeitgemäße Rückbesinnung auf das Olympische Fest

In seiner Blütezeit des 1. Jahrtausends v. Chr. verstand sich Olympia, wie im Voranstehenden ausgeführt, dezidiert als ein Treffpunkt *aller* Hellenen. In Kenntnis dieses Sachverhaltes beschworen patriotische Griechen

---

[47] Moschopoulos 2005, 14.
[48] Moschopoulos 2005, 13–14.
[49] Moschopoulos 2005, 14–16.
[50] Boulonge 1996, 45.
[51] Nigmann 1996, 70.
[52] Ernüchtert und die Realität ungeschminkt darstellend bereits Gebauer 1996.

im ausgehenden 18. Jahrhundert und in ihrer Folge dann auch die Gründerväter des Neuen Griechenland den Geist des antiken Olympia. Viele der nachantiken Ansätze einer Wiederbelebung des Olympischen Festes waren ihnen natürlich bekannt.[53]

Zu den bedeutendsten Vordenkern der griechischen Unabhängigkeitsbewegung gehört Rigas Velestinlis, genannt Pheraios.[54] Der von Peter Hess nach 1841 für die nördlichen Arkaden des Münchner Hofgartens geschaffene Bilderzyklus, der in 39 Szenen die Geschichte des griechischen Freiheitskampfes erzählt, räumt ihm folgerichtig die erste Position ein. Die Darstellung trägt den Titel »Rigas begeistert die Griechen für die Freyheit«.[55]

Rigas hielt sich von 1794 bis 1796 in Wien auf, um von hier aus für die Idee eines vom Osmanischen Reich unabhängigen Balkanstaates zu werben. Ihm stand ein Staat vor Augen, der den gesamten Balkan südlich der Donau bis zu deren Mündung ins Schwarze Meer umfassen und natürlich die ägäischen Inseln, aber auch das westliche Kleinasien einschließlich Konstantinopels einbeziehen sollte. Die räumliche Ausdehnung des von ihm konzipierten Föderalstaates unter griechischer Führung manifestierte Rigas in einem monumentalen Tafelwerk, das er unter der Bezeichnung »Charta täs Helládos« (Geographische Urkunde Griechenlands) in den Jahren 1796 und 1797 in hoher Auflage verbreitete.[56]

Die »Charta« ist ein beredtes Zeugnis der Vorgehensweise des Rigas. Er agierte nicht als eifernder Umstürzler. Er warb als belesener Kenner der griechischen Geschichte und Kultur für seine Idee. Seine »Charta« trägt mit ihren eingefügten Plänen und Abbildungen von antiken Stätten, Bauten und Münzen Züge eines historisch-archäologischen Kompendiums des Griechentums von der Antike bis weit in die Neuzeit.[57]

---

[53] Eine umfassende Darstellung der Sportfeste vom Mittelalter bis in die Neuzeit bei Behringer 2012, 84–281.
[54] Zu Rigas Pheraios als Wegbereiter des griechischen Widerstands gegen das Osmanische Reich: Baumstark 1999, 253–254 Kat. Nr. 61 (E. Turczynski); Georgiadis 2000, 17–18.
[55] Baumstark 1999, 306–313 und 334–336 zu Kat. Nr. 168 und 129 (S. Fastert).
[56] Kolorierter Kupferstich, in zwölf Blättern, 205 x 209 cm. Athen, Nationalhistorisches Museum, Inv.-Nr. 640: Baumstark 1999, 255 Kat. Nr. 62 (A. Solomou-Prokopiou); Livieratos 2008.
[57] Pazarli 2008.

Eine entscheidende Anregung erhielt Rigas aus der seinerzeit höchst populären, auf einem Libretto des Pietro Metastasio basierenden Oper »L'Olimpiade«.[58] 1797 publizierte Rigas ein Sammelwerk, das drei von ihm ins Neugriechische übersetzte Dichtungen vereinte, darunter unter dem Titel »Olympia« auch die als Drama ausgearbeitete Übertragung des Metastasio-Librettos der »L'Olimpiade«. Seine Veröffentlichung trug den Titel »Ithikós Tripous« (Belehrender Dreifuß).[59] Diese Bezeichnung nimmt offenkundig Bezug auf Orakel in Delphi: Dort gab die Pythia auf einem Dreifuß sitzend ihre oftmals moralisch-ethischen Belehrungen kund. Im Vorwort betonte Rigas ausdrücklich, das Werk sei »zur Aufklärung der griechischen Nation« bestimmt.[60] Alle diese Aktivitäten sind im Kontext des maßgeblich von Rigas betriebenen Planes zu sehen, die Griechen mit ihrer großen Vergangenheit vertraut zu machen, und in ihnen das Bewusstsein ihrer nationalen Zusammengehörigkeit zu schärfen – zumal viele von ihnen in der Diaspora lebten. Nichts schien ihm besser geeignet, als die Einrichtung eines Nationalfestes nach antikem Vorbild. Dass die Vorlage dafür einzig in Olympia zu suchen sei, stand für Rigas außer Frage.

Rigas blieb es verwehrt, die spätere Realisierung seines Planes zu erleben. Im Zusammenwirken österreichischer und osmanischer Institutionen wurde er 1798 in Triest verhaftet, in Wien verhört, an die Osmanischen Behörden in Belgrad ausgeliefert und dort ohne weiteres Verfahren hingerichtet.[61] Doch seine Idee, das wiederbelebte Griechenland durch eine gemeinsame Feier nach dem Vorbild der Olympischen Panegyris zu einen, wurde in den Folgejahren kontinuierlich gepflegt.[62]

1859 fanden in Athen die ersten »Olympien« statt.[63] Mit ihrem Programm, das neben den athletischen Agonen auch Künstlern eine Bühne bot und eine große Waren- und Handelsmesse einbezog, stellten sich diese Olympien dezidiert in die Tradition des antiken Festes. Der Charakter einer panhellenischen Panegyris, eines Festes aller Griechen, fand seinen

---

[58] Zur Oper L'Olimpiade: Maeder 1993; Puchner 2009, 428 mit Anm. 254. – Zur Rezeption des Librettos von Metastasio in Wien auch: Ghelen 1764.
[59] Puchner 2009, 427–429.
[60] Georgiadis 2000, 36.
[61] Baumstark 1999, 255 Kat. Nr. 63 (A. Moutafidou).
[62] Georgiadis 2000, 37–44; Weiler (b) 2004, 428; Behringer 2012, 263.
[63] Georgiadis 2000, 37–41; Decker 2012.

Niederschlag nicht zuletzt in der Mitwirkung der Auslandsgriechen, der Griechen auch aus jenen Regionen und Städten, die 1859 noch dem Osmanischen Reich angehörten. Wahrlich eine Wiederbelebung des Olympischen Festes im Geist der antiken Panegyris. Nach drei weiteren Olympien in den Jahren 1870, 1875 und 1888/89 wurde die stimmige Rezeption des antiken Olympischen Festes in neuzeitlichem Gewand durch das Eingreifen Coubertin's und die von ihm betriebene Fokussierung auf den Sport ausgelöscht.[64]

Bibliographie

Baitinger, H., Waffen und Bewaffnung aus der Perserbeute in Olympia. In.: Archäologischer Anzeiger 1999, 125–139.
Baitinger, H., / Eder, B., Hellenistische Stimmarken aus Elis und Olympia. In: Jahrbuch des deutschen Archäologischen Instituts 116, 2001, 163–257.
Baitinger, H., Waffenweihungen in griechischen Heiligtümern. Monographien des Römisch-Germanischen Zentralmuseums. Mainz 2011.
Baumstark, R. (Hg.), Das neue Hellas. Griechen und Bayern zur Zeit Ludwigs I. Katalog zur Ausstellung des Bayerischen Nationalmuseums München, 9. November 1999 bis 13. Februar 2000. München 1999.
Behringer, W., Kulturgeschichte des Sports. Vom antiken Olympia bis ins 21. Jahrhundert. München 2012.
Boulongne, Y.-P., Coubertins multikultureller Olympismus. In: Müller, N. / Messing, M. 1996, 39–47.
Brüggenbrock, C., Die Ehre in Zeiten der Demokratie. Das Verhältnis von atti-scher Polis und Ehre in Klassischer Zeit. Göttingen 2006.
Chaniotis, A., Empfängerformular und Urkundenfälschung: Bemerkungen zum Urkundendossier von Magnesia am Mäander. In: R. G. Khoury (Hg.): Urkunden und Urkundenfälschung im Klassischen Altertum und in den orientalischen Kulturen. Heidelberg 1999, 51–69.
Christesen, P., Olympic victor lists and ancient Greek history. Cambridge University Press 2007.
Decker, W., The First Project for Modern Olympics: The Memorandum of I. Kolettis/P. Soutsos of the Year 1835 to Otto I., King of Greece. In: Petermandl, W., Ulf, Chr. (Hg.), Youth – Sports – Olympic Games. Nikephoros Special Issue 2012. Hildesheim 2012, 155–169.
Dillon, M., Pilgrims and Pilgrimage in Ancient Greece. London, New York 1997
Frielinghaus, H., Die Helme von Olympia: ein Beitrag zu Waffenweihungen in griechischen Heiligtümern. Olympische Forschungen 33. Berlin 2011.

---

[64] Die von Coubertin allenfalls halbherzig geduldeten griechischen Olympien des Jahres 1906 können nur als trauriger Abgesang eingeordnet werden. Lennartz 1996; Georgiadis 2000, 355–366; Sinn 2004, 38.

Gebauer, G., Krieg und Spiele. Was bewirkte der olympische Frieden? In: Gebauer, G., (Hg.): Olympische Spiele – die andere Utopie der Moderne. Olympia zwischen und Droge. Frankfurt/Main 1996, 279–288.

Georgiadis, K., Die ideengeschichtliche Grundlage der Erneuerung der Olympischen Spiele im 19. Jahrhundert in Griechenland und ihre Umsetzung 1896 in Athen. Olympische Studien 4. Kassel 2000.

Ghelen, J. A. E. von, Das olympische Jahresfest, ein Singspiel, vorgestellet auf der privilegirten Schaubuehne naechst der kaiserl. Burg im Jahr 1764 und in das Deutsche übertragen von J. A. E. v. G. Wien 1764.

Hamdorf, F. W., Karpometra. In: Olympia-Bericht 10, 1981, 192–208.

Heilmeyer, W.-D. (Hg.), Mythos Olympia. Kult und Spiele. München 2012.

Hennemeyer, A., Der Zeustempel von Olympia. In: W.-D. Heilmeyer u. a. (Hg.): Mythos Olympia – Kult und Spiele. München 2012.

Herrmann, H.-V., Olympia. Heiligtum und Wettkampfstätte. München 1972.

Hitzl, K., Die Gewichte der griechischen Zeit aus Olympia. Olympische Forschungen 25. Berlin 1996.

Höfer, A., Der Olympische Friede: Anspruch und Wirklichkeit einer Idee. Die olympische Friedensidee zwischen Anspruch und Wirklichkeit. Sankt Augustin 1994.

Kyrieleis, H., Olympia. Archäologie eines Heiligtums. Darmstadt/Mainz 2011.

Lämmer, M., Der sogenannte Olympische Friede in der griechischen Antike. In: Stadion 8/9, 1982/1983, 47–83.

Lennartz, K., Die *Olympischen Spiele 1906* in Athen. In: Decker, W. / Dolianitis, G. / Lennartz, K. (Hg.), 100 Jahre Olympische Spiele. Der neugriechische Ursprung. Würzburg 1996, 118–125

Liveriatos, E., On the Cartography of Rigas Charta. In: e-Perimetron, Vol. 3 No. 3, 120–145 (2008).

Maaß, M., Das antikke Delphi. Orakel, Schätze und Monumente. Darmstadt 1993.

Maaß, M., Das antike Delphi. München 2007.

Maeder, C., Metastasio, l'«Olimpiade» e l'opera del settecento. Bologna 1993.

Mann, Chr., Athlet und Polis im archaischen und frühklassischen Griechenland, Göttingen 2001.

Moschopoulos, D., Die Waffen sollen während der Olympischen Spiele wieder ruhen. Zur Wiederbelebung der antiken Ekecheiria. In: Bette, K.-H. u. a., Olympia – Sieg und Niederlage. Sammelband der Vorträge des Studium Generale der Ruprecht-Karls-Universität Heidelberg im Sommersemester 2004. Heidelberg 2005, 9–16.

Müller, N. / Messing, M. (Hg), Auf der Suche nach der Olympischen Idee. Kassel 1996

Nigmann, W., Pierre de Coubertin: Der Beitrag der Olympischen Spiele zum internationalen Frieden. In: Müller, N. / Messing, M. 1996, 63–73.

Nilsson, M. P., Geschichte der Griechischen Religion, Bd. I, 2. Aufl. München 1955

Pazarli, M., The coins represented in Rigas Charta as a major thematic cartographic element. In: e-Perimetron, Vol. 3 No. 3, 173–182 (2008).

Prott, H. von / Ziehen, L., Leges graecorum sacrae e titulis collectae, Vol. 2, Leipzig 1906.

Puchner, W., Studien zur Volkskunde Südosteuropas und des mediterranen Raums. Wien / Köln / Weimar 2009.

Schilbach, J., Maßbecher. In: Olympia-Bericht 11, 1999, 323–356.

Siewert, P., Neue Inschriften von Olympia. Die ab 1896 veröffentlichten Texte, Wien 2013.
Sinn, U., Die Stellung der Wettkämpfe im Kult des Zeus Olympios. In: Nikephoros 4, 1991, 31–54.
Sinn, U., Olympia. Kult, Sport und Fest in der Antike. ²München 2002.
Sinn, U., Das antike Olympia. Götter, Spiel und Kunst. $^{1-3}$München 2004.
Theotikou, M., Die *ekecheiria* zwischen Religion und Politik. Der sog. „Gottesfriede" als Instrument in den zwischenstaatlichen Beziehungen der griechischen Welt. Münster 2013.
Weiler (a), I., Das antike Olympia als Festwiese – was gab es neben dem Sport? Überlegungen zu einer Soziologie der Olympiabesucher und Zuschauer. In: M. Messing / N. Müller / H. Preuß (Hg.): Olympischer Dreiklang. Werte – Geschichte – Zeitgeist. Olympische Studien 6. Kassel 2004, 173–197.
Weiler (b), I., The predecessors of the Olympic movement, and Pierre de Coubertin. In: European Review, Vol. 12 No. 3, 427–443 (2004).
Weniger, L., Die Seher von Olympia. In: Archiv für Religionswissenschaft 18, 1915, 53–115.
Ziehen, L., Panegyris. In: RE XVIII 2, 1949, 581–582.
Kürzel der antiken Autoren nach: Der neue Pauly. Enzyklopädie der Antike, Bd. 1. Stuttgart / Weimar 1996/1998, S. XXXIX–XLVII.

Der Sportbegriff in Ostasien

Reinhard Zöllner

Der in den modernen ostasiatischen Sprachen übliche Begriff für Sport ist wörtlich „Leibeserziehung" (jap. *taiiku*, chin. *tiyu*); er wurde Ende des 19. Jhs. in Japan als Lehnwort eingeführt und wenig später auch in China eingeführt.[1] Im modernen Japanisch wird allerdings das englische Wort *sports* als Fremdwort (*supōtsu*) in japanischer Silbenschrift geschrieben. Konzeptionell steht „Leibeserziehung" in Japan für den Schulsport als einer Subkategorie des Sports.

Eine vormoderne Begrifflichkeit für Sport existiert in keiner der ostasiatischen Sprachen. Versucht man, die von Guttmann postulierten Charakteristika des modernen Sports[2] auf vormoderne Sportarten in Japan anzuwenden, zeigt sich ziemlich deutlich, daß der traditionelle japanische Sport sie im Mittelalter (vor 1600) gar nicht, in der anschließenden Frühen Neuzeit (1600–1868) allerdings wenigstens zum Teil bereits durchaus aufwies, wenngleich nicht durchgängig und systematisch.[3] *Säkularismus*, die Entkoppelung von religiösem Ritual und Sport, läßt sich nur in Ansätzen erkennen: systematisch betriebener Sport bleibt weiterhin eine Sache der männlichen Eliten. Doch *Chancengleichheit*, *Bürokratisierung* (Verschulung), *Spezialisierung* (Professionalisierung) und *Rationalisierung* (in Form von Wettkampfregeln, Standardisierung der Übungswaffen und Lehrschriften) sind erkennbar auf dem Vormarsch, *Rekorde* (z. B. gewonnene Zweikämpfe, Wettschießen) werden festgehalten, im Sumō entsteht durch die öffentlichen Ranglisten (Banzuke) auch eine stetig aktualisierte *Quantifizierung*, und *Kommerzialisierung* wird durch die öffentlichen Schaukämpfe, wiederum v. a. im Sumō, belegt.

Insofern war die Idee des modernen Sportes zumindest partiell nicht fremd,[4] als Ende des 19. Jhs. der westliche Sport als Gesamtkonzept nach Japan eingeführt wurde. Es erwies sich deshalb auch als möglich, manche der althergebrachten Sportarten über die Modernisierungsschwelle zu hieven. In jenen Fällen, in denen eine konsequente Modernisierung des

---

[1] Xu 2009, S. 12; Adamski 2014, S. 381–383.
[2] Guttmann 1978, S. 16.
[3] Kietlinski 2011, S. 18–20.
[4] Kietlinski 2011, S. 19.

„alten" Sports möglich war, gelang es sogar, ihn zu internationaler Anerkennung zu bringen; dies gilt in erster Linie für Judo und Karate, die in ihrer heutigen Gestalt das Ergebnis bewußter und radikaler Traditionsbrüche darstellen und dennoch als „traditioneller" Sport im Bewußtsein verankert sind. Auf dieser Grundlage war es sogar möglich, neue „traditionelle" Sportarten wie Aikido und Taekwondo zu kreieren, die nicht zufällig beide eng mit dem modernen Militär Japans bzw. Koreas verbunden sind und nationalistisches Gedankengut inkorporieren.[5]

Das Bedürfnis, sich auch im Zeitalter des modernen Sports auf echte oder erfundene Traditionen zu berufen, zeigt sich jedoch nicht nur in den Kampfsportarten. Auch neue Sportarten sollten „indigenisiert" werden, indem alte Übungsformen und Konzepte auf sie übertragen wurden;[6] ein besonderer Schlüsselbegriff ist die „Form" (jap. *kata*, kor. *hyŏng*), in der Bewegungsabläufe überindividuell konserviert werden.

Allerdings ist die Hervorhebung solcher traditionellen Bestandteile des ostasiatischen Sports immer auch als Strategie zu verstehen, die zur Profilierung und Identitätsbildung benutzt werden kann. Der ironische oder parodistische Charakter mag für den „Einheimischen" evident sein; dem ausländischen Beobachter ist er jedoch nicht so offensichtlich. Xu nennt den (von den nationalistischen Regimen durchaus bemühten) Bezug zur vormodernen Sporttradition deshalb „irreführend", denn diese sei für die Moderne „nicht wirklich relevant"[7] – jedenfalls nicht im Wortsinne. Wenn nämlich z. B. die japanische Fußballnationalmannschaft heute als *Samurai Blue* verkauft wird, so ist dies auf keinen Fall als wörtlicher Rückgriff auf historische Traditionen zu verstehen:

> Being a samurai is no longer a fate for Japanese sportsmen and fans alike — it can also be a carnevalesque masquerade ... At the same time, samurai have been remodelled into a brand in order to promote commodification.[8]

---

[5] Hierzu Zöllner 2003.
[6] Miller 2015, S. 22.
[7] Xu 2009, S. 13.
[8] Niehaus und Tagsold 2013, S. 5.

1 Sport und kulturelles Gedächtnis

Seit dem 19. Jh. galt beim Aufeinandertreffen der „modernen" Nationen und der „traditionalen" nicht-westlichen Nationen das Fehlen eines nach westlichen Vorstellungen modernen Sports als Kriterium für „kulturelle Schwäche und sogar rassische Unterlegenheit".[9] Japan war das erste nicht-westliche Land, das sich in den Augen der westlichen Welt erfolgreich von diesem Vorurteil emanzipierte und seine eigenen Traditionen vis-à-vis des internationalen Sports rehabilitierte.

Als die Deutsche Sportjugend nach ihrem Besuch bei den Olympischen Spielen von Tōkyō 1964 ihre Reiseeindrücke als Buch herausgeben ließ, waren die deutschen Besucher noch von der Sonderstellung Japans innerhalb der olympischen Bewegung und vom besonderen Charakters des dort praktizierten Sports überzeugt. Zur Einführung heißt es dort:

> Das sportliche Leben in Japan wird bestimmt von der lebendigen Tradition der altjapanischen Sportkünste und der Aufgeschlossenheit der gesamten Nation gegenüber den modernen Sportarten ... Dieser Gegensatz ist so typisch japanisch begründet, daß ihm in der westlichen Welt nichts Vergleichbares gegenübersteht.[10]

Seitdem ist diese exotisierende Sichtweise grundlegend korrigiert worden; was sich in Japan auf dem Gebiet des modernen Sports entwickelte, wird heute als Teil größerer, weltumspannender Prozesse gesehen, in denen nicht das Andersartige, sondern vielmehr das Ähnliche und Typische gesucht wird. In der Einleitung zu ihrem Sammelband über *Sport, Memory and Nationhood in Japan: Remembering the Glory Days* von 2013 schreiben die Herausgeber deshalb:

> Western-style sports were introduced into Japan in order to modernize the country and develop a culture of consciousness about bodies resembling that of the Western world. ... In analysing the realms of sports in Japanese sports, five dimensions serve as focal points: identity, tradition, body, commodification and irony.[11]

---

[9] Roden 1980, S. 512.
[10] Horn und Mevert 1965, S. 34.
[11] Niehaus und Tagsold 2013, S. 1.

Was hier über den japanischen Sport gesagt wird, gilt *mutatis mutandis* auch für das übrige Ostasien, das noch zur Zeit der Spiele von Tōkyō sportlich gesehen nahezu irrelevant war: Auch in China, Taiwan und den beiden Koreas wird Sport heute weitgehend so betrieben wie in der westlichen Welt. Auch dort erfüllte Sport Funktionen, die sich in die Felder Identität, Tradition, Körper, Konsum und Ironie gliedern lassen. Signifikant ist zudem, daß Japan, Südkorea und China bislang die einzigen asiatischen Staaten sind, welche Olympische Spiele ausgetragen haben bzw. in naher Zukunft austragen werden.

Jahr	*Ort*	*Land*	*Zeit*
1964	*Tōkyō*	*Japan*	*Sommer*
1972	*Sapporo*	*Japan*	*Winter*
1988	*Seoul*	*Südkorea*	*Sommer*
1998	*Nagano*	*Japan*	*Winter*
2008	*Beijing*	*China*	*Sommer*
2018	*Pyŏngchang*	*Südkorea*	*Winter*
2020	*Tōkyō*	*Japan*	*Sommer*
2022	*Beijing*	*China*	*Winter*

Tabelle 1: Olympische Spiele in Asien

Diese Übereinstimmungen der großen ostasiatischen Staaten kommen nicht von ungefähr. Sie haben jeweils historische Gründe, die sich im einzelnen nachzeichnen lassen, wie dies mittlerweile in einer Anzahl sporthistorischer Untersuchungen geleistet worden ist, auf welche dieser Aufsatz aufbaut.[12] Sie haben jedoch auch einen gemeinsamen, globalgeschichtlichen Hintergrund: die Modernisierung. Dies bedeutet jedoch nicht, daß überall alles nach demselben Muster abgelaufen wäre; denn gerade „sport has served as a perfect illustration of the fact that modernity is not a monolithic entity disseminated around the world in a one-way

---

[12] Zur Forschungsgeschichte s. Besnier und Brownell (2012).

low."[13] Dies wird allein schon daran deutlich, daß, wie Miller feststellt, die ostasiatischen Länder (allen voran Japan) nicht einfach jeden Sport, sondern bestimmte Sportarten übernommen und entwickelt haben[14] – ein Prozeß, der sicher nicht allein auf Zufall beruht, sondern mit den Funktionen zusammenhängt, welche dieses Sportarten in dem gegebenen soziokulturellen Umfeld erwartungsgemäß besonders effektiv erfüllen konnten.

Für die Gesamtperspektive des Sports in Asien mag dabei gelten, was Sen über die Entwicklung des indischen Sports gesagt hat: Nämlich daß sie erzählt werden kann „through their encounter in successive stages with colonialism, nationalism, the state, and globalization."[15]

2   Nationale Identität

Ein zentrales Problem der Modernisierung stellte die Schaffung neuer Identitätsangebote dar, welche im Zuge der Entstehung moderner Individuen an die Stelle obsoleter vormoderner Solidarisierungen traten. Auf mehreren Ebenen trägt moderner Sport in Ostasien zur Bildung solcher Identitäten bei. Im folgenden greife ich drei von ihnen auf: Nation, Geschlecht und Körper.[16]

3   Sport und Nation: Das japanische Vorbild

1938 wurden die für 1940 in Tōkyō geplanten Olympischen Spiele wegen der bewaffneten Konflikte in Ostasien abgesagt – trotz weit vorangeschrittener Planungen, die vor allem darauf abzielten, die aus Europa stammenden Spiele kunstvoll „religiös-nationalistisch" mit der auf der japanischen Mythologie beruhenden 2600-Jahr-Feier des japanischen

---

[13] Ebd., S. 447.
[14] Miller 2015, S. 14.
[15] Sen 2015, S. 316.
[16] Ein anderes wichtiges Paradigma wäre natürlich der soziale Status. Angesichts der sehr unterschiedlichen sozialgeschichtlichen Entwicklungen im modernen Ostasien und auch der auf diesem Feld herrschenden Forschungslücken verzichte ich hier jedoch auf eine Behandlung. Freilich wäre anzumerken, daß die Konstrukte von Nation und Geschlecht partiell auch darauf abzielen, soziale Gegensätze zu egalisieren.

Reiches zu verbinden.[17] Der Krieg zerschlug diese Pläne, doch schon 1952 bewarb sich Tōkyō erneut, unterlag zunächst Rom und hatte 1958 schließlich Erfolg. Getragen vom Schwung des Wiederaufbaus in Wirtschaft und Technik gerieten die Spiele von Tokyo zu einer Demonstration des neuen japanischen „Wirtschaftsnationalismus",[18] die in der westlichen Wahrnehmung Staunen auslöste. Die altjapanischen Mythen von militärischem Samurai-Geist und traditionsreichem, geheimnisvollem Kaiser-Kult, welche 1940 beschworen werden sollten, wichen dem Mythos der fleißigen, erfindungsreichen, friedlichen, modernen Nation unter Führung eines zum bloßen Symbol geschrumpften, zivilen Kaisers. Das westliche Publikum war hierauf nicht wirklich vorbereitet. Verwirrung, wohl auch leise Enttäuschung sprechen aus dem Reisebericht der Deutschen Sportjugend, in dem es darum geht, was 1964 gerade nicht zu sehen war:

> Der europäische Besucher der Olympischen Spiele hat sich häufig genug vergeblich nach diesen Traditionen umgesehen ... Als ein weit und tief wurzelndes Volksgut mußten sie dem flüchtigen Gast verborgen bleiben, weil sie ihrem Wesen nach mehr zum persönlich-intimen und nicht so sehr zum öffentlichen Lebens des Japaners gehören.[19]

Die Außenwirkung war das Eine. Nach Innen sollten die Spiele gerade nach dem verlorenen Zweiten Weltkrieg und mitten in den heftigen Diskussionen um die Wiederaufrüstung Japans, seine Bindung an die USA und seine nationalen Symbole einen kräftigen Impuls für die Wiederbelebung des Nationalgefühls bilden, wie es ein Sportfunktionär formulierte:

> Die Zuschauer erfahren – auch wenn es ihnen unangenehm ist –, dass sie Japaner sind. Indem dies zwei Wochen lang wiederholt wird, entwickelt sich bei den Bürgern im positiven Sinn ein Nationalbewusstsein ...[20]

Dies erwies sich als beispielgebend; deshalb urteilt Tagsold:

---

[17] Tagsold 2002, S. 45.
[18] Ebd., S. 96.
[19] Horn und Mevert 1965, S. 34–35.
[20] Nishisaka Shio, zit. in Tagsold 2002, S. 159.

Die olympische Geschichte lässt vermuten, dass die Spiele Tōkyō 1964 in ihrer Zielrichtung der Wiedergewinnung nationaler Identität kein isoliertes Beispiel darstellen.[21]

4 Koreas doppeltes Dilemma

Tatsächlich war es Japans Nachbar Südkorea, der eine japanische Wiederholung dieser „Inszenierung der kulturellen Identität in Japan" – so der Untertitel von Tagsolds Buch – verhinderte, als Seoul 1981 über seinen Mitbewerber Nagoya im Wettbewerb um die Sommerspiele 1988 obsiegte. Die Spiele in Seoul wurden dann „ganz ähnlich wie die früheren Spiele von Tōkyō ... für Samsung und andere Elektronikkonzerne zum Sprungbrett, um ihre Technologien und Geräte vorzuführen."[22]

Die Konkurrenz zwischen Japan und Korea auf sportlichem Gebiet wird in der die öffentliche Meinung nach 1945 beherrschenden Lesart Koreas als Akt des Widerstandes gegen japanische Hegemonie verstanden. Ein jüngeres Beispiel hierfür ist Oks Darstellung *The Transformation of Modern Korean Sport: Imperialism, Nationalism, Globalization* von 2007. Ok mischt Daten zur Sportgeschichte mit solchen der Religions- und politischen Geschichte. Für ihn sind die Entwicklungen des koreanischen Sports seit 1876, als das Land von Japan zur Öffnung für den internationalen Verkehr gezwungen wurde, „not just about sport, they were as much about national resistance to the Japanese".[23] Ganz in Übereinstimmung mit dem konventionellen, „overly simplistic"[24] Narrativ des postkolonialen Nationalismus schreibt er die Einführung des modernen Sportes da, wo er sie für förderlich hält, westlichen christlichen Missionaren und Lehrern in ihren Privatschulen zu, während die anti-christlichen Japaner in ihren staatlichen Schulen Sport nur als „militärischen Drill" einführten, um durch Leibeserziehung „die Japanisierung der Koreaner zu erreichen".[25] Immerhin ließen sie die koreanischen Jungen außer Baseball

---

[21] Tagsold 2002, S. 12.
[22] Bridges 2012, S. 70.
[23] Ok 2007, S. 168.
[24] Bridges 2012, S. 25.
[25] Ok 2007, S. 214.

auch den bereits seit 1904 an koreanischen Schulen eingeführten Fußball spielen,[26] der sich als „gut geeignet für die koreanischen Jungen" erwies:

> Boys could play anywhere with a ball. Boys could express their feeling about Japanese colonialism and promoted fighting spirit with smart strategy.[27]

In seinem Bemühen, „nationalism versus colonialism" als die Triebkraft der koreanischen Modernisierung darzustellen und die koreanische Sportgeschichte in dieser Dichotomie zu verorten,[28] entgeht Ok die logische Pointe: daß nämlich derselbe Sport sehr wohl beiden Ideologien dienen kann. Und daß die koloniale Situation pragmatische Paradoxa verursachen kann. Mangan und Ha lösen das Paradox scheinbar auf, indem sie erklären, das eine Übel – der westliche kulturelle Imperialismus, wie er sich im westlichen Sport manifestierte – habe in Korea als Waffe gegen das andere Übel – japanischen politischen Imperialismus – gewirkt: „In this way, imperialism as a malign phenomenon became a benign phenomenon!"[29] Sie verkennen dabei jedoch, daß der Sport sehr bald nach der Inbesitznahme Koreas durch Japan nach japanischen Regeln gestaltet wurde und daß die Koreaner dabei bereitwillig mitwirkten. Absurd falsch ist deshalb Mangan und Has Behauptung, „during the course of Japanese colonial rule sport was not used as a part and parcel of a positive imperial strategy."[30] Den Geist des YMCA hatten sich die Japaner schon längst einverleibt.

Bei den Olympischen Spielen 1936 in Berlin umfaßte die japanische Fußballmannschaft auch zwei koreanische Spieler aus Seoul, die der Mannschaft von Hansŏng (jap. Keijō) angehörten. Ihr Team hatte 1935 das erste gesamtjapanische Fußballturnier gewonnen. Während man sich in Japan nun darüber freute, daß Japans Mannschaft beim Olympischen Turnier sensationell Schweden besiegte, ärgerte man sich in Korea darüber, daß die Japaner nicht noch mehr Mitglieder des Hansŏng-Team mitspielen ließen.[31]

---

[26] Koh 2004, S. 70.
[27] Ok 2007, S. 215.
[28] Ebd., S. 354.
[29] Mangan und Ha 2001, S. 72–73.
[30] Ebd., S. 59.
[31] Manzenreiter und Horne 2002, S. 78, S. 91–92, S. 122.

Als 1936 koreanische Marathonläufer die Gold- und Bronzemedaille bei den Olympischen Spielen in Berlin errangen, liefen sie als japanische Staatsangehörige unter japanischer Flagge. Ihre gesamte sportliche Ausbildung war vom japanischen Staat finanziert worden. In der Bildberichterstattung der koreanischen Tageszeitung *Dong-A Ilbo* wurde das japanische Emblem auf der Brust der Läufer wegretuschiert. Die Zeitung wurde daraufhin von der Kolonialverwaltung verboten und die Verantwortlichen wurden bestraft.[32] Die Erinnerung an dieses Ereignis wird vor dem Olympiastadium in Seoul in einem Gedenkstein mit der umstrittenen Fotografie festgehalten. Der antike griechische Kriegerhelm, den der Sieger Son Kijŏng (jap. Son Kitei) auf Wunsch einer griechischen Zeitung in Berlin erhalten sollte, wurde ihm zwar erst 1986 ausgehändigt; im Jahr darauf wurde er zum nationalen Kulturschatz Koreas erklärt.[33] Die japanische Erwartung war zweifellos gewesen, koreanische Sportler als Integrationsfiguren auf internationaler Bühne auftreten zu lassen; dies widersprach jedoch dem Gefühl der nationalen Demütigung auf der Seite vieler Koreaner.

Mehr als zehn Jahre zuvor hatte dieselbe Tageszeitung *Dong-A Ilbo* behauptet:

> The success or failure of the nation is not dependent on politics and economy, but it depends on sport … Sport for all is definitely useful for our society, especially, under the Japanese colonization.[34]

Der Kampf gegen koloniale Unterlegenheit und Abhängigkeit wirkt bis heute nach. Ōshima bilanziert die nachbarschaftliche Sportgeschichte zwischen Japan und Korea daher:

> Zu jeder Zeit und in jedem Sport werden Wettkämpfe zwischen Japan und Korea als stolzgetränkte, heftige Schlachten ausgefochten. Besonders in der durch Gewalt beherrschten Kolonialzeit war für die Koreaner das Vor-

---

[32] Bridges 2012, S. 27–28; Ok 2007, S. 235.
[33] „Marathon Winner in '36 Berlin Games Will Be Given Prize–50 Years Late", in: Los Angeles Times, 10.8.1986, http://articles.latimes.com/1986-08-10/news/mn-2184_1_marathon-winner, letzter Zugriff: 25.07.2016. Der Reuters-Meldung zufolge lehnte das IOC die Preisübergabe ab, weil sie nicht den Regularien entsprach. Der Helm wanderte ins Museum Charlottenburg, das sich später weigerte, ihn herauszugeben.
[34] 26.9.1925, zit. in Ok 2007, S. 323.

handensein des Sports, in dem man nach fairen Regeln frontal kämpfen konnte, wichtig.[35]

Auf der internationalen Bühne stand Korea allerdings auch nach dem Ende der Kolonialzeit noch lange im Schatten Japans. Bei den Olympischen Spielen erreichte Japan zwischen 1948 und 1976 insgesamt 58 Goldmedaillen, Südkorea hingegen nur eine einzige. Erst 1984[36] änderte sich das Bild; Japan gewann 10, Südkorea 6. Der südkoreanische Aufstieg wurde durch eine systematische Förderung von staatlicher Seite erreicht. Eine wichtige Rolle spielte hierbei das 1980 gegründete Koreanische Institut für Sportwissenschaft.[37] Bei den Spielen in Seoul 1988 belegten Südkoreaner dann gleich dreimal so viele Erste Plätze (12) wie die Japaner (4). Ein ähnliches Bild zeigte sich bei den Asienspielen, wo Japan bis 1982 dem Nachbarn stets haushoch überlegen war; auch hier drehte sich die Situation 1986 in Seoul. Seit dieser Zeit war die japanische Dominanz gebrochen;[38] bei den Olympischen Sommerspielen von Rio de Janeiro 2016 gewann Japan jedoch überraschend mit 12 Goldmedaillen drei mehr als sein Nachbar und insgesamt fast exakt doppelt so viele Medaillen wie Südkorea.

Ein Schlüsselmoment für das koreanische Nationalsportgefühl kam 1992 während der Olympischen Spiele von Barcelona, als Hwang Young-cho im Marathonlauf mit 22 Sekunden Vorsprung vor dem Japaner Morishita Kōichi siegte.[39] Es war für Südkorea die erste Goldmedaille nach der Selbstbefreiung von der Militärdiktatur. Hwang selbst kommentierte damals: „Zwischen Korea und Japan gibt es heikle Gefühle, doch habe ich von Japan viel gelernt und meine, daß Geschichte eben nur Geschichte ist."[40] Beim Marathonlauf denke man an sich und seine Familie, aber ganz gewiß nicht an Geschichtskonflikte. Außerdem stammten seine siegreichen Laufschuhe aus Japan. Dennoch wurde sein Sieg in Korea als Revanche für den Olympiasieg von Son Ki-jŏng in Berlin 1936 gesehen, der nach koreanischer Auffassung den Koreanern durch die Japaner „ge-

---

[35] Ōshima 2006, S. 11.
[36] Beide Länder nahmen an den Moskauer Spielen 1980 nicht teil.
[37] Won 2012, S. 95–97.
[38] Ōshima 2008, S. 4.
[39] Won 2012, S. 50.
[40] Ōshima 2008, S. 223.

stohlen" worden war. Diese Interpretation mag der Grund dafür sein, daß in dem deutschen Wikipedia-Artikel über Hwang (und nur hier) behauptet wird, Son Ki-jŏng sei Hwangs Trainer gewesen.[41] Dies ist offenkundig falsch, auch wenn Hwang schließlich Son seine Goldmedaille schenkte. Son soll bei dieser Gelegenheit geäußert haben, nach dem ersten Olympiasieg eines Koreaners unter koreanischer Flagge könne er nunmehr ohne Bedauern sterben.[42] Als er 2002 wirklich im Sterben lag, soll er gesagt haben:

> The Japanese could stop our musicians from playing our songs. They could stop our singers and silence our speakers," Sohn said before he died. „But they could not stop me from running.[43]

Tatsächlich die Japaner hatten überhaupt nicht versucht, Son vom Laufen abzuhalten. Im Gegenteil. Sie hatten ihn zum Siegen nach Berlin geschickt. Doch gerade sein Sieg wurde als Niederlage der koreanischen Nation interpretiert. Das postkoloniale Traum besteht bis heute fort, wie Manzenreiter und Horne konzedieren:

> When Korean sports players or teams compete against Japanese ones, the only outcome of the game that any Korean can think of is victory over Japan.[44]

Die aus der Position der Unterlegenheit in der Kolonialzeit geborene Rivalität zum Nachbarn Japan ist für den koreanischen Sport also ein wichtiges identitätsstiftendes Motiv, allerdings nicht das einzige: Korea ist eine gespaltene Nation. Das erste sportliche Aufeinandertreffen der beiden koreanischen Nationalmannschaften fand ausgerechnet während der Olympischen Spiele von Tōkyō 1964 statt.

Auch in Nordkorea gilt die Auffassung, daß Sport für die nationale Selbstbehauptung wichtiger als Politik und Ökonomie sei.[45] 1971 nahm Nordkorea an der Tischtennis-Weltmeisterschaft in Japan teil – widerwil-

---

[41] https://de.wikipedia.org/wiki/Hwang_Young-cho,Stand:15.08.2016.
[42] Witt 2012, S. 148.
[43] Andy Bull: „The forgotten story of Sohn Kee-chung, Korea's Olympic hero." In: *The Guardian*, 27.8.2011 https://www.theguardian.com/sport/blog/2011/aug/27/sohn-kee-chung-olympics-korea?CMP=twt_gu, Stand: 15.08.2016.
[44] Manzenreiter und Horne 2002, S. 75.
[45] Merkel 2014.

lig, weil Nordkorea nur schlechte Beziehungen zu Japan unterhielt. Den Ausschlag für seine Teilnahme gab das Versprechen der chinesischen Verbündeten, im direkten Aufeinandertreffen den Nordkoreanern einige Spiele abzuschenken, damit die Nordkoreaner auf die in Japan lebende „nordkoreanische" Minderheit[46] einen guten Eindruck machen konnten. Die chinesischen Spieler hielten sich jedoch nicht an diese (als Teil der damaligen „Ping-Pong-Diplomatie"[47] zu betrachtende) Abmachung, weshalb Ministerpräsident Zhou Enlai bei Kim Il Sung um Entschuldigung bitten ließ. Kim Il Sung soll großmütig geantwortet haben, er könne es den chinesischen Spielern nicht verdenken, gewinnen zu wollen, denn das Verschenken von Siegen „klingt nicht richtig".[48]

Mit Blick auf die innerkoreanische Rivalität stellt Bridges heraus, daß Sport, wenn er als Mittel zur politischen und nationalen Identitätsstiftung dient, immer in der Hand der Politik bleibt – so daß innerkoreanische Sportbegegnungen stets unter dem Primat der Politik stehen. Sie können nur dann die politischen Grenzen überwinden, wenn die Politik dies zuläßt.[49] Da beide Teile Koreas die wahre nationale Legitimität jeweils für sich selbst beanspruchen, kann auch von einer nationalen Einheit im und durch den Sport nicht die Rede sein. Immerhin marschierten die nord- und südkoreanische Mannschaft bei den Olympischen Sommerspielen in Sydney 2000 und Athen 2004 sowie bei den Asienspielen 2002 in Pusan und den Winterspielen 2006 in Turin unter einer Flagge ein (kämpften dann allerdings getrennt).[50]

5 Chinas körperliche Qualität

Auch in China spielt der moderne Sport eine wichtige Rolle für die Entstehung der modernen chinesischen Nation. So stellt auch Xu fest:

---

[46] Formal Staatenlose, die sich traditionell Nordkorea verbunden fühlen und in einer starken Konkurrenz zu den gleichfalls in Japan verbliebenen „Südkoreanern" stehen.
[47] Hierzu ausführlich Xu 2009, S. 117–162.
[48] Bridges 2012, S. 45; Xu 2009, S. 50–51.
[49] Bridges 2012, S. 165.
[50] Xu 2009, S. 256.

> Sports, perhaps more than other modern cultural activities, provide a useful perspective on – and may even help shape – how national identity is developed and internationalization is achieved.[51]

Dieser Prozeß setzte noch während der Kaiserzeit ein, als fremdenfeindliche Bewegungen wie die „Boxer" auf Leibesübungen als Mittel nationalen Widerstandes setzten.[52] Chinesische Denker an der Wende zum 20. Jh. verstanden die politische Misere ihres Landes unter Rückgriff auf sozialdarwinistische Ideen auch als körperliches Problem: China war gegenüber dem „sportlichen" Westen und Japan körperlich krank und unterentwickelt – China wurde damals auch im Ausland gern als der „kranke Mann Ostasiens" bezeichnet. Eine Lösung sahen sie in der Teilnahme Chinas am internationalen Sport.[53] Die kommunistische Bewegung griff diese Gedanken nahtlos auf und betrachtete Sport nach dem Ende des Bürgerkriegs als Mittel zur Entwicklung eines sozialistischen Volkskörpers. Mao Zedong forderte bereits 1915 starke Körper, um den Feinden zu widerstehen,[54] bezeichnete 1917 Leibeserziehung als „erste Priorität" für sein Volk[55] und forderte noch nach der erfolgreichen Revolution am 10.6.1952: „Entwickelt die Bewegung für Leibeserziehung, stärkt die körperliche Qualität des Volkes!" Nur einen Monat später wurde die VR China erstmals zu Olympischen Spielen (in Helsinki) eingeladen. Chinas politische Führung betreibt seither Sportförderung auch als Medium der nationalen Propaganda im In- und Ausland, wie Dong feststellt:

> Although the socialist revolution initiated in 1949 has brought about fundamental social, political and cultural changes in the country, it has failed to raise Chinese living standards to western levels. In these circumstances, sporting victory, no matter whether by men or women, has been desperately needed to demonstrate socialist superiority and to create a strong image of communist China in the world.[56]

---

[51] Xu 2009, S. 1.
[52] Ebd., S. 16–17.
[53] Ebd., S. 24.
[54] Mangan und Ha 2001, S. 63.
[55] Xu 2009, S. 22; vgl. Adamski 2014, S. 383.
[56] Dong 2004, S. 179.

Die Rivalität zu Japan spielte seit Anbeginn eine Rolle für die Entwicklung des modernen chinesischen Sports. Als 1936 eine chinesische Mannschaft zu den Olympischen Spielen in Berlin geschickt wurde (allerdings ohne eine einzige Medaille zu gewinnen), gaben chinesische Medien ihr auf den Weg, sie dürfe gegen jeden verlieren – nur nicht gegen Japan.[57] Seit den 1980ern wird Chinas anti-japanischer Nationalismus im Sport widergespiegelt und zugleich verstärkt. Sport hat also durchaus einen Anteil daran, die Spannungen zwischen den beiden Staaten zu erhöhen.[58] Als Gegenbeispiel mag man allerdings betrachten, daß es nach langen Auseinandersetzungen gelang, sowohl die VR China als auch Taiwan, das sich selbst immer noch als wahre Republik China sieht, trotz ihrer Alleinvertretungsansprüche gemeinsam am internationalen Sport teilhaben zu lassen.[59]

In den 1980er Jahren wurde es für die chinesische Regierung zu einer Frage der nationalen Stärke erhoben, möglichst viele Goldmedaillen bei Olympischen Spielen zu gewinnen.[60] Obwohl auch Xu glaubt, Chinas Interesse am internationalen Sport „weitgehend" auf den Nationalismus zurückführen zu können,[61] sieht er dennoch darin auch teilweise den Ausdruck eines den Nationalismus übersteigenden Internationalismus, der auch mit der Begeisterung zusammenhänge, mit der man im 19 Jh. in Japan den modernen Sport aufgenommen hatte.[62]

6 Sexuelle Identität

In den traditionellen Kampfkünsten Ostasiens ist die Frage nach dem Geschlecht der Ausführenden von untergeordneter Bedeutung. Dies gilt für China[63] ebenso wie für Japan;[64] diese Tradition wird heute noch stolz hervorgehoben:

---

[57] Xu 2009, S. 47.
[58] Linn 1989, S. 159.
[59] Xu 2009, S. 114.
[60] Riordan und Dong 1996, S. 137.
[61] Xu 2009, S. 267.
[62] Ebd., S. 3.
[63] Riordan und Dong 1996, S. 141.
[64] Kietlinski 2011, S. 19.

In kendo practice, there is no gender distinction. Both male and female practice together, though in a tournament, male and female divisions are provided. Nevertheless, kendo presupposes that its discipline can be mastered and applied to every walk of life by both male and female.[65]

Dies galt in den modernen westlichen Sportarten, die vom Ideal körperlicher Männlichkeit dominiert wurden, dagegen anfangs durchaus nicht. Frauen, die sich hier hervortaten, sahen sich in Japan in den 1920er Jahren dem Vorwurf ausgesetzt, keine „echten" Frauen zu sein. In einem von einem männlichen Journalisten für das Frauenmagazin *Fujin Sekai* geführten Interview mußte Hitomi Kinue, die 1,70 m groß war und bei den Olympischen Spielen von Amsterdam soeben die Silbermedaille im 800-Meter-Lauf gewonnen hatte, sich fragen lassen, ob dort niemand wegen ihrer Körpergröße bezweifelt habe, daß sie eine Frau sei. Sie erwiderte, dieses Gerücht sei ihr erst nach ihrer Rückkehr in Japan bekannt geworden. Der Journalist fand es anschließend noch „lustig" und Stoff für einen Kriminalroman, falls dieses Gerücht den Tatsachen entsprechen sollte; Hitomi äußerte daraufhin, „beschämt" zu sein.[66]

Hitomi war eine Ausnahmeathletin, die schon 1926 bei der zweiten Leichtathletik-Weltmeisterschaft für Frauen in Schweden die Weitsprungwettbewerb mit Anlauf und aus dem Stand gewonnen hatte und in mehreren Sportarten bis 1929 insgesamt 10 Weltrekorde aufstellte. Nach der Weltmeisterschaft in Schweden feierte sie die Karikaturenbeilage *Jiji Manga* der Tageszeitung *Jiji Shinpō* am 10.11.1926 mit einer Abbildung auf der Titelseite: Die hünenhafte Hitomi siegt über die zu Boden gesunkenen, entsetzten westlichen Frauen. „Sie gibt alles für die japanischen Frauen", wurde sie im Begleittext gelobt. Sie gab tatsächlich alles; 1931 starb sie, nur 24-jährig, an Tuberkulose, die sie sich durch ihre Verausgabung im Dienst des Sportes zugezogen hatte. Daß man in ihrer Heimat ihre Weiblichkeit infrage stellte, krönte die männliche Niedertracht, unter der aktive Frauen zu ihrer Zeit zu leiden hatten.

---

[65] Kiyota 1998, S. 79.
[66] Kietlinski 2011, S. 62.

Abbildung 1: Titelseite Jiji Manga (10.11.1926).

Die Diskriminierung und Geringschätzung von Frauen sind an sich nicht ostasienspezifisch, doch wurden und werden sie dort durch auf konfuzianischen Wertvorstellungen beruhende Rollenbilder gestützt.[67] Paradoxerweise bot der moderne Sport ostasiatischen Frauen dennoch – sogar stärker und früher noch als im Westen[68]— ein verhältnismäßig freies Betätigungsfeld, weil Sport im klassischen konfuzianischen Wertgefüge anders als im westlichen Männlichkeitsdiskurs keinen hohen Stellenwert besaß und mithin für die Eliten uninteressant war; also galt es als sozial unschädlich, wenn sich Frauen dort engagierten.[69] Auch in China konnten

---

[67] Dong 2004, S. 192.
[68] Kietlinski 2011, S. 25.
[69] Dong 2004, S. 11; Riordan und Dong 1996, S. 142.

Frauen deshalb seit Beginn des 20. Jhs. sehr rasch am modernen Sport partizipieren.

In der Volksrepublik China wurde die Gleichberechtigung im Sport bereits seit den 1950er Jahren konsequent verfolgt, weil sie dem postulierten gesamtgesellschaftlichen Ideal entspricht.[70] Häufig trainieren männliche und weibliche Spitzensportler gemeinsam, was im internationalen Kontext eher ungewöhnlich ist. In den 1980er und 1990er Jahren waren die chinesischen Frauen international deutlich erfolgreicher als die Männer, und dies auch noch in einer größeren Bandbreite an Sportarten.[71] Trotz aller sportlichen Erfolge: In der offiziellen Ideologie sind chinesische Sportlerinnen „in erster Linie Chinesen, in zweiter Frauen."[72] Der über lange Jahre bedenkenlos erfolgte Einsatz von Dopingmitteln, die sich negativ auf die Entwicklung des weiblichen Körpers auswirken, ist Teil dieser Priorisierung des nationalen über den weiblichen Körper.[73] In der gesellschaftlichen Realität führt zudem die Hintansetzung ihrer sexuellen Identität zu subtiler Diskriminierung: Die Athletinnen leiden unter ihrer Doppelrolle als (potentielle) Mütter und (professionelle) Sportler und müssen sich des Vorwurfs erwehren, nicht „weiblich" genug zu sein. Während der Ausbildung sind sexuelle Partnerschaften unerwünscht.[74] Viele Sportlerinnen reagieren darauf, indem sie sich betont modisch kleiden und schminken; doch verhältnismäßig hohe Scheidungsraten unter Sportlerinnen weisen darauf hin, daß es ihnen schwerer gemacht wird, Partnerschaften mit Männern einzugehen.[75]

In Japan und China hat die mittlerweile positive Wertschätzung des Frauensports auch positive Folgen für die öffentliche Wahrnehmung von Frauen. Im gegenwärtigen Japan haben einige prominente Sportlerinnen ihren athletischen Erfolge eine politische Karriere anschließen können.[76] Korea dagegen tut sich bei diesen Entwicklungen ungleich schwerer, wie Koh feststellt:

---

[70] Dong 2004, S. 178.
[71] Riordan und Dong 1996, S. 132–133.
[72] Ebd., S. 141.
[73] Kietlinski 2011, S. 28.
[74] Riordan und Dong 1996, S. 144.
[75] Dong 2004, S. 189; Xu 2009, S. 218.
[76] Kietlinski 2011, S. 17.

Conservative gender stereotypes and discriminative gender relations inherited from the Confucian tradition are deeply rooted in Korean society, and have resulted in gender inequality in sport.[77]

Im immer noch stark konfuzianisch eingestellten Korea scheint die Vorstellung, Frauensport unterscheide sich deutlich vom Männersport, bis heute am stärksten nachzuwirken. Tatsächlich gehören Golf, Bogenschießen und Eiskunstlauf, drei Sportarten, in denen koreanische Frauen bis heute starke Leistungen erbringen, bereits seit Anfang des 20. Jhs. zum olympischen Programm für Frauen.[78] Auch im Volleyball und Basketball erzielten koreanische Frauenteams beachtliche Leistungen. Dagegen blieb etwa der in Korea gern als nationalistisches Vorzeigebeispiel betrachtete Fußball lange Zeit eine reine Männerdomäne. Es gab kein öffentliches Interesse am Frauenfußball. Als 1990 das erste Frauenfußballturnier bei den Asienspielen in Beijing stattfand, würfelte man deshalb eine Mannschaft mit Frauen aus anderen Sportarten (Taekwondo, Hockey, Leichtathletik) zusammen, die dann auch alle ihre Spiele verlor.[79] Erst nach 1999 änderte sich dies allmählich. Internationale Mißerfolge standen der Aufwertung von Frauenfußball im Wege, weil „the heavily gendered Korean culture" nationale Identität immer noch höher stellt als sexuelle.[80]

7 Körper und Geist

In Ostasien ist die Auffassung weit verbreitet, es gebe zwischen dem Westen und dem Osten einen fundamentalen Unterschied im Leib-Seele-Diskurs. Der japanische Sportwissenschaftler Sasaki faßt dies wie folgt auf: Im Westen werde streng zwischen Leib und Seele getrennt; der Westen denke und trainiere rational, zielorientiert und analytisch, weshalb auch der Leib in seinen Einzelteilen trainiert werde. Muskelkraft in Armen und Beinen gelte als besonders erstrebenswert, weshalb auch von muskelaufbauenden Drogen Gebrauch gemacht werde. Im Osten dagegen werde ganzheitlich gedacht; Leib und Seele gehörten zusammen; die sie verbindende immaterielle Energie (jap. *ki*) solle gestärkt werden, weshalb

---

[77] Koh 2004, S. 68.
[78] Kietlinski 2011, S. 31.
[79] Koh 2004, S. 74.
[80] Ebd., S. 77.

Muskelkraft nicht das Entscheidende sei. Die Körpermitte werde als Zentrum dieser Energie verstanden, Atemtechnik sei ein Schlüssel für den rechten Energiefluß. Das Wahren der Form sei wichtiger als das Erreichen eines Zieles.[81] Freilich weist er auch darauf hin, daß man mit dieser Einstellung selbst in traditionellen Sportarten wie Judo bei internationalen Wettbewerben eben auch keine Siegchancen mehr besitzt.[82]

Tatsächlich hat die traditionelle ostasiatische Übungslehre die Einheit von Leib und Seele (jap. *shinshin ichi* oder *shinshin tōitsu*) bzw. Körper und Geist seit langem diskursiv verfochten. Der Schwertkämpfer Miyamoto Musashi (1584–1645) schrieb darüber:

> Stete Übung wird ihn [den Krieger] befähigen, seinen Körper so zu beherrschen, daß er den Gegner körperlich besiegt, und hat er darüber hinaus seinen Geist gestählt, so wird er den Gegner auch geistig besiegen.[83]

Und auch der erste Kultusminister der japanischen Moderne, Mori Arinori, ein glühender Verfechter westlichen Schulsports, berief sich 1882 auf diese intellektuelle Tradition:

> Wenn der Körper stark ist, wird der Geist, ohne müde zu werden, aus eigenem Antrieb vorangehen. Leibesübung ist ein unverzichtbares Element der Charakterbildung.[84]

Allerdings hat Miller sicher recht, wenn er darauf hinweist, daß die behauptete Ost-West-Dichotomie eine unzulässige Generalisierung darstellt;[85] jenes heutzutage auch in Ostasien wohlbekannte Diktum Juvenals vom „gesunden Geist in einem gesunden Körper" ist eines von mehreren Indizien dafür, daß der Leib-Seele-Dualismus (jap. *shinshin ni*) auch in der westlichen Geistesgeschichte nur eines von mehreren denkbaren Modellen darstellt; Monisten finden sich eben auch im Abendland. Der chinesische Diplomat Wang Zhengting zeigte sich ausdrücklich dem modernen, aus dem Westen übernommenen Sportgedanken gegenüber buchstäblich so dankbar, als hätte er ihm das Leben gerettet:

---

[81] Sasaki 1998.
[82] Ebd., S. 137.
[83] Miyamoto 1983, S. 73
[84] Kietlinski 2011, S. 20.
[85] Miller 2015, S. 25.

This innovation of an age-long ideal of „a sound mind in a sound body" has brought about revolutionary changes in the life of our students. Those who have been benefited by openair exercises found themselves in the best of health. I was one of these. Being sickly in my life up to the time I went to Tientsin (Tianjin], I was a frail boy, short in stature and poor in health. On my second visit home, that is, two years after I was in the „new" school [Peiyang University], I grew so much and so strong as to astonish my mother, who had to make new clothes for me not only longer but broader. As I look back in my life I consider that to have good health is the greatest blessing of a mortal being. Because of this conviction I have thrown myself whole-heartedly to the promotion of athletics.[86]

Wir müssen allerdings die demnach in West und Ost vorhandene Erkenntnis, daß Leib und Seele zusammengehören und im besten Falle integriert sein sollen, von der Frage nach ihrer Priorität unterscheiden. Denn für den traditionellen ostasiatischen Sport gilt, daß dem Geist Vorrang zukommt und daß genau diese Behauptung nicht universell, sondern kultur- und zeitgebunden ist.[87]

Ein wichtiger Unterschied zwischen vormodernem und modernem Verständnis von Leibesübungen betrifft jedoch die Bezugsgröße: Es gab in vormodernen Zeiten in Ostasien keinen wirklichen Mannschaftssport (also den Kampf zweier Mannschaften gegeneinander). Sport diente der Vervollkommnung des individuellen Körpers und Geistes. Der moderne Sport trat dagegen mit dem zentralen Anspruch an, den „Teamgeist" zu stärken. Gerade in Japan, wo trotz der einsetzenden Modernisierung starke Bestrebungen bestanden, die Kriegskünste der Samurai als Zentrum der Sporterziehung zu verankern (weshalb Judo und Kendo auch als Schulsportarten eingeführt und sogar verpflichtend gemacht wurden), gab es dagegen Vorbehalte.[88] Sie lösten sich erst auf, als der Wert kollektiven Handelns für Militär und Wirtschaft erkannt wurden; eine wichtige Rolle spielte hierbei auch, daß über Erfolge im Mannschaftssport relativ rasch auch Prestigezuwächse für das größte denkbare Kollektiv, nämlich die Nation, zu erzielen waren.[89] Freilich war dies nur erreichbar über den

---

[86] Hübner 2015, S. 210–211.
[87] Selbst in Japan hat sie sich erst in der Frühen Neuzeit durchgesetzt: Kiyota 1998, S. 70.
[88] Hübner 2015, S. 213–214.
[89] Roden 1980, S. 533; zum ähnlich gelagerten Baseball in Taiwan s. Morris 2011; zum Baseball in Korea vgl. dagegen Ōshima 2006.

Gedanken, daß sich der einzelne Sportler durch Selbstdisziplin und Fremddisziplinierung für das Kollektiv zu opfern lernen mußte[90] – was für autoritäre Strukturen in vielen Kontexten des modernen Lebens extrem nützlich zu sein versprach.

Sport wird im modernen China bis heute effektiv vom Staat kontrolliert und finanziert[91] – individuelle Motive werden deshalb den nationalen Zielen untergeordnet, und „die gesunde Entwicklung des freien Denkens" bleibt in China eingeschränkt.[92] Damit verfehlt der moderne Sport freilich die humanistischen Gedanken, welche die Grundlage seiner Entwicklung bildeten. Doch er gliedert sich ein in den globalgeschichtlichen Kontext, in dem in der Nachfolge des frühen Sozialdarwinismus eine effektive staatliche „Biopolitik" in den Rang einer politischen Systemfrage erhoben wurde, wie Park auch für Südkorea feststellt:

> It was under the geopolitics of the Cold War that South Korea began to utilize the biopolitics of creating the proper bodies of citizens. In the context of the Cold War, politics of the body sustained the rhetoric of a strong nation body that could be nurtured by anticommunism on the one hand, and global modernization, on the other hand.[93]

Die körperlichen Effekte der Modernisierung sind in Südkorea so sichtbar wie in keinem anderen Land der Welt: Zwischen 1914 und heute erhöhte sich die durchschnittliche Körpergröße südkoreanischer Männer von 160 auf 175 Zentimeter, bei den Frauen gar von 142 auf 162 Zentimeter. Damit überragen sie Japaner und Chinesen (die im selben Zeitraum ihrerseits auch kräftig gewachsen sind) um 3 bis 4 Zentimeter.[94] Mögen die objektiven Gründe für einen biologistischen Minderwertigkeitskomplex gegenüber der westlichen „Rasse" damit auch deutlich schwächer geworden sein: Bis heute gehört das Argumentieren mit der angeblichen körperlichen Unterlegenheit ostasiatischer Sportler zum Standardrepertoire

---

[90] Roden 1980, S. 531.
[91] Xu 2009, S. 272.
[92] Ebd., S. 269.
[93] Park 2015, S. 105.
[94] „Korean Women Grew 20 cm Over Past Century", in: *The Chosunilbo*, 27.7.2016, http://english.chosun.com/site/data/html_dir/2016/07/27/2016072701561.html, letzter Abruf: 23.08.2016.

des Rassismus, aber auch der Selbstwahrnehmung.[95] Als 1908 Volleyball vom YMCA in Japan eingeführt wurde, wurde das Netz statt 2,43 m nur 2,27 m hoch gehängt „to take account of the smaller size of Oriental players".[96] Noch die Olympischen Spiele von Tokyo 1964 beflügelten den „Diskurs der Unterlegenheit" und die Suche nach „ostasiatischen" Strategien gegenüber westlichen Athleten:[97] So erfanden sich Japans erfolgreiche Volleyballspielerinnen als „Hexen des Orients", die nur durch trickreiche Technik wie das eigens erfundene *kaiten receive* (im Prinzip eine Judo-Rolle rückwärts bei der Ballannahme) überhaupt eine Chance gegen die westlichen Mannschaften hatten.[98] Als die japanische Frauen-Nationalmannschaft 2011 die Weltmeisterschaft gewann, bezeichnete der Spiegel sie als „Mini-Kickerinnen" und behauptete: „Ihre naturgegebene physische Unterlegenheit macht das japanische Team dabei nur noch stärker." Mit offensichtlichem Erstaunen registrierte der Autor allerdings auch: „Manchmal ignorieren sie und ihre Mitspielerinnen den Größennachteil auch einfach."[99] In seinen Augen war dies wahrscheinlich ein Beweis für den Primat des Geistes über den Körper, wie er den „blauen Samurai" eben zustand.

Vielleicht hat sich Japan gerade aus seiner als Benachteiligung empfunden Konstitution heraus bemerkenswert früh auch im Behindertensport engagiert. Als Tokyo für die Spiele 1964 ausgewählt wurde, war die Existenz der paralympischen Bewegung dort so gut wie unbekannt. Paralympics im Zusammenhang mit Olympischen Spielen hatte es erstmals 1960 in Rom gegeben. 1961 wurde der erste Wettbewerb für Körperbehinderte in Japan überhaupt ausgetragen.[100] Verschiedene Wohlfahrtsorganisationen wie der Lions Club, Medien sowie die Kaiserfamilie setzten sich kurzfristig für die Durchführung der Paralympics in Tōkyō ein. Es gelang, beträchtliche Spenden vom Lions Club, der japanischen Automobilindustrie, der Radsportvereinigung und der Präfekturregierung von

---

[95] Miller 2015, S. 17.
[96] Yoshimoto 1998, S. 5.
[97] Miller 2015, S. 24.
[98] Macnaughtan 2014.
[99] Frank Hellmann: „Japan im WM-Finale: Der Siegeszug der Mini-Kickerinnen". In: *Spiegel Online*, 14.7.2011, http://www.spiegel.de/sport/fussball/japan-im-wm-finale-der-siegeszug-der-mini-kickerinnen-a-774350.html, letzter Abruf: 23.08.2016.
[100] Frost 2014, S. 46.

Tōkyō einzuwerben.[101] Am 1.11.1964, nach dem Ende der Olympischen Spiele, übergab das IOC das Olympische Dorf – es blieben weniger als 5 Tage, um die notwendigen Umbauten für die behinderten Sportler vorzunehmen.[102] Am 8.11. wurden die Paralympischen Spiele in Anwesenheit von Kronprinz Akihito (als Schirmherrn) und Kronprinzessin Michiko vor 4.000 Zuschauern eröffnet. Zugelassen waren zu diesem Teil nur Gelähmte. Doch am 13.11. begann – erneut vom Kronprinzen eröffnet – ein „Nationales Behindersportturnier", zu dem auch eine westdeutsche Mannschaft eingeladen wurde. Hier durften auch andere Behinderte teilnehmen — ein in der Geschichte der Paralympics völlig neuer Ansatz; erst 1976 gab es internationale Spiele für alle Behinderten. Und erst 1988 in Seoul gab es wieder Paralympics in der Gastgeberstadt der Olympischen Spiele.[103] Durch die Spiele von 1964 wurde das Bewußtsein für die Behinderten in Japan sicher geschärft. Die Medien berichteten allerdings nicht auf den Sportseiten, sondern auf den Gesellschaftsseiten, weil sie Behindertensport nicht als „wirklichen Sport" wahrnahmen.[104] Auch die Schirmherrschaft des Kronprinzen erklärt sich durch das Bewußtsein, es hier weniger mit einem medizinischen (oder gar sportlichen) als mit einem sozialen Problem zu tun zu haben. Hier wollte man in Japan Veränderungen bewirken. Zugleich wollte man Japan international als Wohlfahrtsstaat präsentieren. Damit fügten sich die Paralympics in die japanische Olympia-Strategie ein und wurden wie diese „a tool for reviving national symbols and bolstering Japan's international prestige."[105]

8 Unser Sport ist anders

Mit Blick auf die Funktion des modernen Sport, kollektive Identitäten zu schaffen und einzuüben, ist schließlich nicht verwunderlich, daß auch in Ostasien das jeweils Eigene im Sport gesucht und konstruiert wird. Bis heute ist es z. B. für Japaner schwierig zu akzeptieren, daß sie Baseball spielen „genau wie die Amerikaner".[106] In einem Punkte allerdings haben

---

[101] Ebd. 48.
[102] Ebd., S. 50.
[103] Ebd., S. 54–55.
[104] Ebd., S. 56.
[105] Ebd., S. 57.
[106] Was auch umgekehrt gilt! Roden 1980, S. 533.

die Japaner guten Grund, sich selbstbewußt von ihren westlichen Vorbildern und Rivalen, aber auch von ihren ostasiatischen Nachbarn[107] abzuheben: Noch nie ist ein japanischer Olympionike durch einen Dopingtest gefallen. Das von anderen Sportnationen offensichtlich nicht haltbare Versprechen, „sauberen und transparenten" Sport zu bieten,[108] spielte bei der Vergabe der Spiele für 2020 nach Tokyo durchaus eine Rolle. Auch dieser Anspruch, so sehr er in der Weltöffentlichkeit auf Wohlgefallen stoßen mag (und so sehr er von dem Verdacht überschattet sein mag, die Bewerbung Tokyos sei durch Bestechungsgelder gefördert worden), ist Teil einer Konstruktion der kollektiven Eigen- und Andersartigkeit, wie sie für den modernen Sport insgesamt charakteristisch ist. Dazu paßt, daß Japan für 2020 die Aufnahme gleich zweier Sportarten in den olympischen Wettbewerb durchsetzen konnte, die zu seiner modernen Sportgeschichte gehören: Karate, das die Brücke zur vormodernen Kampfkunst schlagen soll, und Softball, der umgekehrt die japanische Anpassung eines westlichen Sports an japanische Körperlichkeit repräsentiert.

9 Kommodifizierung

Im Rahmen der Globalisierung, die sich seit den 1980er Jahren immer stärker bemerkbar macht, spielt Sport eine herausragende Rolle, weil er für alle Beteiligten – Sportler und Sportlerinnen, Staaten und private Sponsoren – ein Höchstmaß an Aufmerksamkeit verspricht. Auch in Ostasien, und dort zunächst in Japan, wird Sport deshalb zur internationalen Vermarktung nicht nur von immateriellen Identitäten und Werten, sondern auch von Konsumgütern benutzt. Die japanische Industrie beteiligte sich nach dem Zweiten Weltkrieg mit Unternehmen wie Mizuno, Yonex, Asics, Mikasa und Hōsen rasch und mit großem kommerziellen Erfolg an der Entwicklung und Vermarktung von Sportbekleidung und Sportgeräten. Das Spektrum ist groß und umfaßt u. a. Bekleidung und Schuhwerk, Bälle, Trainingsgeräte, Nahrungsmittel, Medikamente und therapeutische

---

[107] Zu China s. Riordan und Dong 1996, S. 131–132.
[108] So wurden die Gouverneurin von Tokyo und ganz ähnlich der Vorsitzendes des japanischen Nationalen Olympischen Komitees im August 2016 zitiert in einer Meldung der ARD-Sportschau: „In Tokio wird alles besser – vielleicht", http://rio.sportschau.de/rio2016/nachrichten/Olympia-2016,tokio176.html, letzter Zugriff: 23.08.2016.

Heil- und Hilfsmittel, aber auch Uhren und Computer, schließlich sogenannte „Gadgets" und auf die Bedürfnisse von professionellen wie Hobby-Sportlern maßgeschneiderte Softwareapplikationen. und Videospiele. Werbung in allen Medien, Kooperationen mit Schulen, Vereinen und Ärzten und das Sponsoring von Sportereignissen jeden Kalibers sorgen für die Omnipräsenz dieser Produkte. Die Sportindustrie spielt heute „a key role in the change in people's fundamental consciousness regarding sport."[109] Ihre Produkte werden als wesentliche Beiträge zur Mode verstanden. So erklärt sich z. B., daß der für Frauen bestimmte Sportschuh eines führenden japanischen Herstellers in der Art eines Produkts der Popindustrie gestaltet werden kann.

Abbildung 2: ASICS Gel Noosa Tri 9 (Women) (2014)

In der Folge geht die Rolle von Nation und Staat nicht nur bei der Organisation, sondern auch der Wahrnehmung von Sport und Nation in Ostasien zurück. Heute gilt in immer stärkerem Maße, daß Sport als durch und durch kommodifiziertes Angebot zur persönlichen Lebensgestaltung verstanden wird, das sich von den erzieherischen und identitätsstiftenden

---

[109] Maguire und Nakayama 2006, S. 152.

Absichten zur Zeit seiner Einführung zu Beginn des 20. Jhs. entfernt hat und immer weiter entfernen wird.

10 Literatur

Adamski, Susanne: „Zur Übernahme und Prägung des Begrifssfelds ‚Sport' in China." In: Meyer, Harald (Hg.): Begriffsgeschichten aus den Ostasienwissenschaften: Fallstudien zur Begriffsprägung im Japanischen, Chinesischen und Koreanischen. München: iudicium 2014, S. 362–396

Besnier, Niko und Susan Brownell (2012). „Sport, Modernity, and the Body". In: Annual Review of Anthropology 41, S. 443–459.

Bridges, Brian (2012). The Two Koreas and the Politics of Global Sport. Leiden: Brill.

Dong, Jinxia (Aug. 2004). Women, Sport and Society in Modern China: Holding Up More Than Half the Sky. Hoboken: Taylor und Francis.

Frost, Dennis J.: „Tokyo's Other Games: The origins and impact of the 1964 Paralympics". In: Vamplew, Wray (Hg.): Sports History: Critical Concepts in Sports Studies. London, New York: Routledge 2014, S. 39–61.

Guttmann, Allen (1978). From Ritual to Record: The Nature of Modern Sports. New York: Columbia University Press.

Horn, Oswald und Fritz Mevert (1965). Olympia, Nippon und wir: Ein Buch über die Olympiafahrt der deutschen Jugend 1964. Stuttgart: Union.

Hübner, Stefan (2015). „‚Uplifting the Weak and Degenerated Races of East Asia': American and Indigenous Views of Sport and Body in Early Twentieth-Century East Asia". In: Race and Racism in Modern East Asia: Interactions, Nationalism, Gender and Lineage. Hrsg. von Rotem Kowner und Walter Demel. Leiden: Brill, S. 197–216.

Kietlinski, Robin (2011). Japanese Women and Sport: Beyond Baseball and Sumo. London, New York: Bloomsbury Academic.

Kiyota, Minoru (1998). „From Classical to Modern Kendo: Shifting Value Concept". In: Japanese Martial Arts and American Sports: The Historical and Cultural Background on Teaching Methods. Hrsg. von Minoru Kiyota und Hiroshi Sawamura. Tōkyō: Research Institute of Educational Systems, Nihon University, S. 69–85.

Koh, Eunha (2004). „Chains, Challenges and Changes: The Making of Women's Football in Korea". In: Soccer, Women, Sexual Liberation: Kicking Off a New Era. Hrsg. von Fan Hong und J.A. Mangan. Hoboken: Taylor und Francis, S. 67–79.

Macnaughtan, Helen (2014). „The Oriental Witches: Women, Volleyball and the 1964 Tokyo Olympics". In: Sport in History 34, S. 134–156.

Maguire, Joseph A. und Masayoshi Nakayama (2006). Japan, Sport and Society: Tradition and Change in a Globalizing World. Hoboken: Taylor und Francis.

Mangan, J.A. und Nam-gil Ha (2001). „Confucianism, Imperialism, Nationalism: Modern Sport, Ideology and Korean Culture". In: Europe, Sport, World: Shaping Global Societies. Hoboken: Taylor und Francis, S. 49–76.

Manzenreiter, Wolfgang und John Horne, Hrsg. (Jan. 2002). Japan, Korea and the 2002 World Cup. 2. Aufl. Hoboken: Taylor und Francis.

Merkel, Udo (2014). „The Politics of Sport and Identity in North Korea". In: International Journal of the History of Sport 31, S. 376–390.

Miller, Aaron L. (2015). „Foucauldian theory and the making of the Japanese sporting body". In: Contemporary Japan 27, S. 13–31.
Miyamoto, Musashi: Das Buch der fünf Ringe. München 1983.
Morris, Andrew (2011). Colonial Project, National Game: A History of Baseball in Taiwan. University of California Press.
Niehaus, Andreas und Christian Tagsold, Hrsg. (Sep. 2013). Sport, Memory and Nationhood in Japan: Remembering the Glory Days. Hoboken: Taylor und Francis..
Ok, Gwang (2007). The Transformation of Modern Korean Sport: Imperialism, Nationalism, Globalization. Elizabeth, NJ: Hollym International Corp. Hollym.
Ōshima, Hiroshi (Nov. 2006). Kankoku Yakyū no Genryū: Genkainada no Fīrudo ob Dorīmusu. Tōkyō: Shinkansha.
— (Mai 2008). Korian Supōtsu 'Kokunichi' Sensō. Tōkyō: Shinchōsha.
Park, Hyun Seon (2015). „Volatile Biopolitics: Postwar Korean Cinema's Bodily Encounter with the Cold War". In: The Review of Korean Studies 18, S. 103–126.
Riordan, James und Jinxia Dong (März 1996). „Chinese Women and Sport: Success, Sexuality and Suspicion". In: The China Quarterly 145, S. 130–152.
Roden, Donald (1980). „Baseball and the Quest for National Dignity in Meiji Japan". In: The American Historical Review 85, S. 511–534.
Sasaki, Taketo (1998). „Comparison on the Practice Method of Techniques in Judo Between Japan and Western Countries". In: Japanese Martial Arts and American Sports: The Historical and Cultural Background on Teaching Methods. Hrsg. von Minoru Kiyota und Hiroshi Sawamura. Tōkyō: Research Institute of Educational Systems, Nihon University, S. 127–147.
Sen, Ronojoy (2015). Nation at Play: A history of sport in India. New York: Columbia University Press.
Tagsold, Christian (2002). Die Inszenierung der kulturellen Identität in Japan: das Beispiel der Olympischen Spiele Tokyo 1964. München: iudicium.
Witt, Richard (Mai 2012). A Lifetime of Training for Just Ten Seconds: Olympians in their own words. London etc.: A & C Black.
Won, Hee-bok (2012). K-sports: a new breed of rising champions.
Xu, Guoqi (2009). Olympic Dreams: China and Sports, 1895–2008. Cambridge (Mass.), London: Harvard University Asia Center.
Yoshimoto, Toshiaki (1998). „The Japanization of American Sports". In: Japanese Martial Arts and American Sports: The Historical and Cultural Background on Teaching Methods. Hrsg. von Minoru Kiyota und Hiroshi Sawamura. Tōkyō: Research Institute of Educational Systems, Nihon University, S. 3–10.
Zöllner, Reinhard (2003). „Judo im Prozess von Akkulturation und Globalisierung". In: Judo in Bewegung. Hrsg. von Uwe Mosebach. Bonn: Dieter Born, S. 171–192.

Der Sportbegriff in England vom 17. bis ins 19. Jahrhundert

K. Ludwig Pfeiffer

In England hat man nicht nur die Eisenbahn, die Elektrizität und die Evolutionstheorie erfunden, sondern auch die wichtigsten Mannschaftssportarten Fußball, Rugby und Hockey Auch wurden dort prominente und populäre Sportarten auf den Weg gebracht, für welche man einen Schläger benötigt (Badminton, Lawn Tennis, Tischtennis). Andernorts erfundene Sportarten wie Basketball (New England) und Golf (Schottland) bleiben, wie es scheint, dem Dunstkreis Englands verhaftet. Und selbst bei immer schon und irgendwie global praktizierten Leibesübungen formulierten Engländer von James Figg über John Broughton bis hin zu John Graham Chambers die Formbedingungen und Regeln, unter welchen etwa das Sich-Verprügeln in Form des Boxens vonstatten zu gehen habe. (Der Schotte und Oscar Wilde-Vernichter, der Marquess of Queensberry, ließ sich, wie man etwa der *Encyclopædia Britannica* entnehmen kann, von Chambers nur dazu überreden, seinen Namen für die Queensberry Rules zur Verfügung zu stellen.) Man möchte meinen, es müsse folglich ein Leichtes sein, für das Mutterland des Sports einen oder mehrere Sportbegriffe dingfest zu machen. Das Gegenteil ist der Fall. Dabei bestehen die Schwierigkeiten weniger in der Koexistenz semantisch teilweise überlappender Wörter wie *sport(s)* und *game(s)*. Im Rahmen eines ungefähren, noch nicht mit der Würde des Begriffs geadelten Sportverständnisses dominieren bei *games* die Bedeutungen ‚Sportarten' oder ‚Sportereignisse' (‚Spiele' wie die olympischen).[1] Diese Bedeutungen kann man aber ohne weiteres im Führungsbegriff *sport(s)* aufgehen lassen. Der Begriff *game(s)* bedarf daher keiner Sonderbehandlung.

---

[1] Vgl. etwa das in Deutschland von Langenscheidt vertriebene *Longman Dictionary of Contemporary English*, Harlow, Essex, 2003, s. v. game 1, 2. Das *Pons-Collins Großwörterbuch für Experten und Universität*, Stuttgart: Klett 1999, übersetzt *game* mit 'Spiel' und 'Sport(art)', den Plural mit 'Spiele' im Sinne von Sportereignissen. Diese Bestimmungen werden vom großen *Oxford English Dictionary* materialreich gedeckt.

1 Begriffsgeschichte

Schwierigkeiten handelt man sich schon mit dem Begriff ‚Begriffsgeschichte' ein, der man sich mit einem Titel wie dem meinen unweigerlich verschreibt. Im Jahre 2006 veröffentlichte Hans Ulrich Gumbrecht eine Aufsatzsammlung mit dem Titel *Dimensionen und Grenzen der Begriffsgeschichte*. Den Aufsätzen aus den Jahren 1978 bis 2003 präludiert ein neuer einleitender Essay, in welchem sich die Dimensionen und Grenzen vornehmlich und unversehens in den „schnellen Aufstieg" in den 60er und 70er und das „plötzliche Abebben" der Begriffsgeschichte in den 90er Jahren verwandeln.[2] Die geisteswissenschaftlichen Fächer, so die teilweise von mir zu verantwortende Begründung für diesen Fast-Absturz, hegten die Hoffnung, nach dem Zerfall älterer geschichtlich relevanter Theorien (etwa das, was Luhmann die erloschenen Vulkane des Marxismus nannte[3]) oder auch Epochenvorstellungen sich ein bleibendes wissenschaftliches Fundament schaffen zu können, indem sie den Geist der Vergangenheit in seinen zentralen Begriffen orteten und ordneten. So betont denn auch Gadamers *Wahrheit und Methode*, wenngleich, wenn ich das so sagen darf, in der offenbar gebotenen hermeneutischen Unschärfe, besonders in der zweiten Auflage die Nähe von Hermeneutik und Begriffsgeschichte.[4] Die von der Begriffsgeschichte genährten Hoffnungen zerstoben in der Postmoderne, in der alle geläufigen Vorstellungen und Begriffe von epochaler Veränderung und Entwicklung zu Metaphern verblassen oder bestenfalls zu solchen verlebendigt werden können.[5] Inte-

---

[2] Vgl. „Pyramiden des Geistes. Über den schnellen Aufstieg, die unsichtbaren Dimensionen und das plötzliche Abebben der begriffsgeschichtlichen Bewegung", 7–36. Um ein noch stärkeres Anschwellen der ohnehin zahlreichen Fußnoten zu verhindern, erfolgen Seitenangaben, sofern eindeutig möglich, auch im fortlaufenden Haupttext.
[3] Vgl. Niklas Luhmann, *Soziale Systeme. Grundriß einer allgemeinen Theorie*, 4. Aufl. Frankfurt am Main 1991, S. 13.
[4] Gumbrecht, S. 8, Hans-Georg Gadamer, *Wahrheit und Methode. Grundzüge einer philosophischen Hermeneutik*, 2. Aufl. Tübingen 1965, S. XV f., 7 ff., 467 ff., 474 ff. Gadamer führt S. 479 f., Fn., Wittrams gleich zu zitierendes Buch an, spart aber jeden Hinweis auf dessen die philosophische Hermeneutik gewaltig relativierende Pointe aus. Zum Problematischwerden der Begriffsgeschichte angesichts einer sich formierenden „interkontinentalen globalen Ausgleichskultur" vgl. immerhin auch Gadamer selbst, *Gesammelte Werke*, Bd. II: *Hermeneutik II*, Tübingen 1986, S. 202.
[5] Gumbrecht spricht daher (S. 33) von einer „breiten", alle Vergangenheiten irgendwie einschließenden „Gegenwärtigkeit".

ressanterweise hatte der Historiker Reinhard Wittram die scheinbare Verfügbarkeit, in Wahrheit aber die unheimliche und unzugängliche Fremdheit der Vergangenheit lange vorher (1958) in sehr eindringlichen Worten evoziert:

> Mir erscheinen die großen geschichtlichen Begebenheiten der Vergangenheit immer als gefrorene Katarakte: in der Kälte des entflohenen Lebens erstarrte Bilder (...). Wir frieren im Anschauen der Größe – gefallener Reiche, untergegangener Kulturen, ausgebrannter Leidenschaften, toter Gehirne (...). Der räumliche Abstand kann überbrückt werden, der zeitliche nie (...). Wenn wir das ernstnehmen, kann es uns durchfahren, daß wir Historiker ein seltsames Geschäft treiben: wir hausen in den Totenstädten, umfangen die Schatten, zensieren die Abgeschiedenen.[6]

Ob das *a fortiori* für die Begriffe und ihre Geschichten, jene „Pyramiden des Geistes" (Gumbrechts der Wittramschen Metaphorik verwandter Haupttitel für den Einleitungsaufsatz), gilt, deren Lebensferne man ohnehin schon oft und besonders beklagt hat?

2 Phänomenologie der Sportarten?

Jedenfalls ist der vormalige vermeintliche Königsweg der Begriffsgeschichte nicht mehr ohne weiteres begehbar. Ich schlage einen Umweg ein, der sich ebenso leicht als Holzweg wie als verbleibender Hauptweg entpuppen kann: Gibt es eine kulturspezifische, also eine *differentielle* Phänomenologie der anthropologisch wie zivilisationsgeschichtlich anzutreffenden ‚sportlichen' Aktivitäten? Und wenn ja, was kann man mit ihr anfangen?

Mittelalterliche oder noch ältere ‚Sport'-Verhältnisse fallen für ein solches Unternehmen aus, weil sie sich in den verschiedenen Ländern und Kulturen nicht hinreichend voneinander unterscheiden. Diem verbreitet sich in seiner *Weltgeschichte des Sports* mit einem gewissen Pathos etwa über die globalen kultischen Ursprünge und deren Verwandlungen in der älteren Geschichte, über den überall vorfindbaren sportlichen Charakter und den Bewegungszauber, auf dessen „anfeuernde, erfüllende und bannende Seelenkraft" man in allen Kulturen setzt. Schöffler bestätigt tro-

---

[6] Reinhard Wittram, *Das Interesse an der Geschichte. Zwölf Vorlesungen über Fragen des zeitgenössischen Geschichtsverständnisses*, Göttingen 1958, S. 15 f.

cken, dass „*überall*, in jedem Klima, dieselben Ansätze zu sportlicher Betätigung gefunden werden wie im mittelalterlichen England". Konkreter noch hält Eric Dunning die vor allem auf das Gewaltniveau bezogenen Gemeinsamkeiten mittelalterlicher Ballspiele in Europa für weitaus größer als jene zwischen mittelalterlichem und modernem englischen Fußball.[7] Und auch die diversen ritterlichen Exerzitien dürften nicht „the difference which makes a difference" (Gregory Bateson) bieten. Zivilisationsgeschichtlich haben sich trotz des Fortbestehens archaisch-brutaler Aspekte Henning Eichberg zufolge die quantitativ-abstrakten Parameter möglichst objektiver Leistungsmessung schon vor langer Zeit des Sports mehr oder weniger bemächtigt.[8] Eichberg diagnostiziert in seinen Überlegungen zu „strukturgeschichtlichen Zusammenhängen" zwar ein neues Verhaltensmuster in England seit dem 18. Jahrhundert (mit Vorläufern im 17.), hütet sich jedoch, aus dessen Verkörperung in Pferderennen, *pedestrianism*, Schau- und Adelsboxen, Fußball, *country dances* oder aus den kontinentalen Sportarten Campagnereiten, Ballett(reform), slawischen und Contratänzen national oder regional bestimmte Sportbegriffe abzuleiten. M. a. W.: Die Phänomenologie dieser Sportarten lässt sich nicht in einen Sportbegriff verwandeln, sondern allenfalls kausal mit gesellschaftlichen Strukturveränderungen, hier mit der Industriellen Revolution verknüpfen. Das gilt auch für den an sich vielversprechenden Begriff der Konfiguration und dessen Verknotung mit sozialen Revolutionen. Die Strukturveränderungen erzeugen politische wie soziale Legitimationsprobleme nicht nur im Spät-, sondern bereits im Frühkapitalismus. Sie provozieren, so ein zumindest in England bekannter, von Eric Hobsbawm und Terence Ranger herausgegebener Band, die Erfindung von Traditionen auch und vor allem in den Institutionalisierungsformen des Sports, mit welchen politische Regimes in fast ganz Europa im späteren 19. und frühen 20. Jahrhundert ähnlich wie mit Bauten und Monumenten ihre brüchige Legitimität rituell-atmosphärisch aufpolieren und soziale Klas-

---

[7] Carl Diem, *Weltgeschichte des Sports*, 2 Bde., 2. Aufl. Stuttgart 1967, Bd. 1, S. 28; Herbert Schöffler, *England das Land des Sportes: Eine kultursoziologische Erklärung*, Leipzig 1935, S. 9; Eric Dunning, in: Norbert Elias und Eric Dunning, *Sport und Spannung im Prozeß der Zivilisation*, Frankfurt 2003, S. 322 f., 329.
[8] Vgl. etwa Eichberg, *Leistung, Spannung, Geschwindigkeit. Sport und Tanz im gesellschaftlichen Wandel des 18./19. Jahrhunderts*, Stuttgart 1978. Vgl. etwa S. 15 f. und S. 204 f. Zu den folgenden Konfigurationen vgl. S. 242–246.

sen ihre Exklusivität abdichten können. Der vom bekannten britischen Sporthistoriker J. A. Mangan edierte Band *Pleasure, Profit, Proselytism. British Culture and Sport at Home and Abroad 1700–1914* (London 1988) tritt programmatisch in die Fußstapfen von Hobsbawm.[9] Ein Sportbegriff jenseits der für fast alle europäischen Länder und zum Teil auch für die USA analogen ideologischen, politisch-sozialen Kompensations- und Selbstbehauptungsbemühungen lässt sich kaum herausfiltern.[10]

Die begriffsgeschichtliche Skepsis mag sich ein weiteres Mal steigern, wenn wir sehen, wie Heiner Gillmeister in seiner ja doch im Blick auf Europa auch kulturvergleichenden *Kulturgeschichte des Tennis* (München 1990) auf jeden Schritt hin zu nationalen Vorstellungen oder gar Begriffen verzichtet, obwohl es in dieser Geschichte von nationalen Varianten aller Art nur so wimmelt. Dem Tennis im deutschen Ballhaus widmet Gillmeister ein eigenes Kapitel. Ursprung und Zählweise scheinen französisch (S. 135, 156 ff.), aber das „Lawn Tennis" hat ein englischer Major Wingfield im 19. Jahrhundert erfunden. Wingfield tritt bei Gillmeister als „Edwardian Gentleman vom Scheitel bis zur Sohle" (S. 231) auf, der das Lawn Tennis im selektiven Kontext der positiven Folgen von Industrialisierung und Kolonialismus erfindet (S. 234 f.). Gillmeister erkennt hier zwar eine „typisch englische Erfindung" (S. 235), trägt aber außer dunklen Andeutungen nichts zur Erhellung ihrer Qualität bei. Die Andeutungen lauten: Der Wohlstand habe den Engländern „Zeit und Muße" verschafft, die „unverbrauchten Energien" seien für den Sport frei geworden, ein Prozess, welcher der „nämlichen Qualität entsprang, die auch den Aufschwung der englischen Nationalökonomie hervorgebracht hatte" (S. 235). Deutlicher wird Gillmeister beim Davis Cup. Ausgerechnet der aber entspringe „typisch *amerikanischer* Wettkampfbesessenheit" des „jeder gegen jeden" (S. 263, meine Hervorhebung), ein „gnadenloser Test", der in Europa denn auch als „amerikanisches System" bezeichnet worden sei (S. 264).

Norbert Elias hat in dem im Blick auf seinen Ko-Autor Eric Dunning schon genannten Band zu *Sport und Spannung im Zivilisationsprozeß* die dominierende entdifferenzierende Tendenz vorstehender Befunde anthro-

---

[9] Vgl. Mangans "Introduction", 1–3, besonders S. 1 f.
[10] Eric Hobsbawm, „Mass-Producing Traditions: Europe, 1870–1914", in: Hobsbawm and Terence Ranger, eds., *The Invention of Tradition,* Cambridge 1983, 263–307, besonders S. 297 f., 300 f.

pologisch verallgemeinert: Alle Gesellschaften müssen dem Bedürfnis nach Vergnügen und freudiger Erregung genügen, vor allem in dem Maße, als Freizeit zu einem Strukturmerkmal moderner Gesellschaften wird (S. 117). Sportliche Betätigungen sind nicht die einzigen, aber doch sehr wichtige Formen, um „Anpassungsspannungen" zu aktivieren, vor allem aber zu modellieren (S. 117 f., 123 f.). Die Formen, das demonstrieren vor allem Ballspiele, ähneln sich interkulturell. Englische Autoren – die Belege im *OED* reichen von 1594 bis 1892 (s. v. *sport*, II. 5. c.) – haben daher keine etwa *wortgeschichtlich* oder *semantisch* motivierten Hemmungen, das ‚eigentlich' unpassende einheimische, aber aus Frankreich importierte Wort *sport(s)* auf die griechischen, etwa olympischen Kampfspiele anzuwenden. Sie tun dies, obwohl der extreme, leicht tödlich werdende Kampfcharakter griechischer Athletik eher dem Gegenteil jenes mit *sport* im Englischen primär angepeilten angenehmen, unterhaltenden Zeitvertreibs und des amüsanten, bis ins Erotische reichenden Vergnügens zur nicht nur semantischen Vorherrschaft zu verhelfen scheint. Noch Shakespeares dritter Richard proklamiert sich ja als einen von der Natur für Liebeshändel Benachteiligten mit den Worten: „(...) I (...) am not shaped for *sportive* tricks" (1.1.14, meine Hervorhebung). Die deutsche Sprache hat das Wort, wenn wir dem Grimmschen Wörterbuch trauen dürfen, erst in der zweiten Hälfte des 19. Jahrhunderts eingebürgert – dann aber in der neueren, vor allem durch die von England kommenden Sportarten vorbereiteten und geprägten, aber eben nicht mehr monopolisierten internationalen Bedeutung.

Die Diskrepanzen zwischen Wortgeschichten, dem faktischen Geschehens des ‚Sport'treibens, zwischen alltagstheoretischem Gebrauch, historisch-sozialen Bedingungen aller Art und Begriffsbildungsstandards lassen sich nur schwer ausräumen. Für das Mittelalter können wir jedenfalls einen spezifisch englischen Sportbegriff *noch nicht*, für das 20. Jahrhundert, wie ich gleich ergänzen will, *nicht mehr* ausmendeln, weil nationalkulturelle Besonderheiten seit dem späten 19. Jahrhundert der Internationalisierung und Globalisierung zunehmend, wenn auch nicht einheitlich zum Opfer fallen. Unter imperialistischen Bedingungen, speziell jenen des britischen Empires, kann es dabei sogar zu Paradoxien kommen: Wir mögen geneigt sein, Cricket für eine paradigmatische Verkörperung des später noch zu skizzierenden englischen Sportbegriffs, ja mit vielen Engländern für den englischen Nationalsport zu halten, müssen aber zur Kenntnis nehmen, dass sich Cricket zu einer Art Nationalsport vielleicht noch eher und mehr in und für Indien entwickelt hat. Dort ließ sich das Prestige dieser Sportart im Kontext einer Massengesellschaft ganz anderer Dimensionen, massenmedial und kommerziell auch ganz anderer Dynamik, für den Kampf um sozialen Aufstieg, mit den einschlägigen Erscheinungen (Starrummel, Stars als Riesenverdiener) sehr viel mehr als in England ausbeuten.[11]

Eine Phänomenologie der Sportarten, das heißt jener Bestandteile von Bewegungskulturen, welche als Elemente für eine Verbegrifflichung zum Sport sich durchgesetzt haben – eine solche Phänomenologie kann sich zunächst auf Aktivitäten werfen, deren national oder regional codierte Praxis ihrer Erhebung zu einem bestimmten Sportbegriff Vorschub leistet. So halten Wilhelm Henze und Rolf Dieckmann in einem Sammelband zu 250 Jahren Leibesübungen und Sport an der Universität Göttingen dafür, dass sich der Lebensstil eines Volkes, einer Gesellschaftsschicht und einer Kulturepoche im Tanzstil widerspiegele.[12] Tanz als geformte, rhythmische, mit wechselnder Dynamik im Raum ausgeführte Bewegung wird mit Laban zum europäischen Phänomen erklärt; in Asien gehe der Tanz ohne Raumerlebnis, ja manchmal selbst ohne Beinarbeit vonstatten; in Afrika feuere der Tanz ohne Raumerlebnis, dafür aber unter einer Art „Zerreißung des Körpers" die Ekstase bis zum Tanzrausch an (S. 166). Rudolf zur Lippe hatte es schon 1974 unternommen, das 16. Jahrhundert in Frankreich als jene Epoche vorzustellen, in der die verschiedenen Entwicklungen, jene der Tänze eingeschlossen, bei der „*Herstellung des nationalen Gesamtarbeiters* tendenziell zusammenwirkten".[13] Das geometrische Grundrißballett habe dabei die Abschaffung individueller Qualität in einer Art nationaler Gesamtmanufaktur am deutlichsten zum Ausdruck gebracht.

---

[11] Cf. Ramachandra Guha, *A Corner of a Foreign Field. The Indian History of a British Sport*, London 2002, S. xiii.
[12] „3. Tanzen", in Wolfgang Buss, ed., *Von den ritterlichen Exercitien zur modernen Bewegungskultur. 250 Jahre Leibesübungen und Sport an der Universität Göttingen*, Duderstadt 1989, 165–197, S. 165.
[13] Zur Lippe, *Naturbeherrschung am Menschen*, 2 Bde., 2. Aufl. Frankfurt am Main 1981, Bd. II, S. 316, 319, 322.

3 Irrelevanz bzw. innere Widersprüche des Puritanismus

Will man nun nach solchen Vorbereitungen eine Phänomenologie ‚typisch' englischer Sportarten in Angriff nehmen, so sieht man sich gezwungen, vorweg den möglichen Stellenwert des ebenso diffusen wie für England zentralen Puritanismus zu bestimmen. Schon L. L. Schücking hielt in dem 1929 erschienen, 1964 nochmals aufgelegten Buch *Die puritanische Familie in literatur-soziologischer Sicht* (Bern und München: Francke Verlag) dafür, dass puritanische Mentalität und Muster der Lebensgestaltung, ja dass der „Kern der Lebensgestaltung" der vielfältigen puritanischen Gruppierungen auch in weitere soziale Schichten eindringt und deshalb die „besondere geistige Entwicklung des Angelsachsentums" entscheidend geprägt hat.[14] Mit dem Ideal der „self-control" (S. 13 u. ö.) benennt Schücking eine grundlegende Orientierung, die, wie ich gleich zeigen möchte, auch für den englischen Sportbegriff in Anschlag zu bringen ist. Man wundert sich daher nicht, wenn bereits vier Jahre nach Schücking ein deutsches Werk zum Thema „Puritanismus und Leibesübungen" erscheint.[15] Aber die konkreten Meldungen zum Problem "English Calvinism and the Human Body"[16] sind dürftig und enttäuschend. Das liegt wohl am inneren Grundwiderspruch der strengen Formen von Calvinismus und seiner englisch-puritanischen Version. Dieser Widerspruch erzwingt eine Erweiterung der *self-control* von einer religionssoziologisch begrenzten zu einer systemtheoretisch allgemeinen Kategorie der Selbstbeobachtung. Die Erweiterung hatte bereits Schücking mit dem Bild des sich selbst zum Inquisitor werdenden Menschen (S. 21) eingeläutet. Der Grundwiderspruch des calvinistischen Puritanismus liegt im Gegensatz zwischen Moral und den möglichen Formen der Heilsvergewisserung. Man mag das Leben im Fleische, im Geschlechtlichen wie im Sport als seinen Zentralbereichen, moralisch diskreditieren und verdammen wie man will. Gleichwohl muss man den eigenen Körper in einer Verfassung halten, die es der Person gestattet, die innerweltlichen

---

[14] Levin Ludwig Schücking, *Die puritanische Familie in literar-soziologischer Sicht*, 2. Aufl. Bern 1964, S. 9.
[15] Gerhard Schneider, *Puritanismus und Leibesübungen*, Schorndorf 1968. Vgl. auch Denis Brailsford, *Sport and Society: Elizabeth to Anne*, London 1969, Kap. IV.
[16] Brailsford, Kap. IV.1.

Möglichkeiten der Heilsvergewisserung zu optimieren. Die Entscheidungen eines fernen Gottes, der das letzte Wort über die menschlichen Einzelschicksale immer schon gesprochen aber nicht mitgeteilt hat, stacheln das Begehren der Individuen an, ihrer Unwissbarkeit zum Trotz etwas über diese Entscheidungen in Erfahrung zu bringen. Evidenzen dafür liefert vor allem lebensweltlicher Erfolg, der in den meisten Fällen die Leistungsfähigkeit auch des Körpers voraussetzt. Der Puritanismus bildete daher durchaus Vorstellungen von Fitness aus, wie sie dann auch im englischen Sportbegriff als selbstverständliche Bringschuld des Sportlers mitschwimmen.

In analoger Weise möchte ich die Relevanz der „manliness" herunter spielen, die sich vor allem seit dem späteren 18. Jahrhundert in englischen Sportvorstellungen eingenistet und eine gewaltige, mit griffigen Schlagworten operierende Literatur auf den Plan gerufen hat. „Beating Napoleon at Eton. Violence, Sport and Manliness in England's Public Schools, 1783–1815", „Sport, Militarism and the Great War. Martial Manliness and Armageddon" – wenn man solche Titel liest, braucht man, wie es scheint, die dazu gehörigen Artikel und Bücher gar nicht mehr zu lesen.[17] Aber das Ideal der sportlichen Männlichkeit hat nicht nur von England, sondern von ganz Nordamerika und in welchen Varianten auch immer auch von Kontinentaleuropa Besitz ergriffen. Die kulturell-stilistische Ausformung eines solchen Ideologems mag ‚national' unterschiedlich ausfallen. Aber prinzipiell gehorchen selbst die deutschen Turner diesem Begriff.

4 England: Eine Leitkategorie und ihre doppelten Implikationen

Ich setze folglich den Begriffshebel anders an. Die *Glorious Revolution* von 1688 ruiniert in England die absolutistische Monarchie: Sie schwächt die *Stände*gesellschaft, treibt aber auch gleichzeitig deren Umbau zu einer *Klassen*gesellschaft voran. Darin erblicke ich die in unserem Problem obwaltende Leitkategorie. Dass es sich bei England bis heute um eine

---

[17] Vgl. Kevin Waite, "Beating Napoleon at Eton. Violence, Sport and Manliness in England's Public Schools, 1783–1815", in: *Cultural and Social History: The Journal of the Social History Society"*, 11(2014), 407–427; Thierry Terret and J. A. Mangan, eds., *Sport, Militarism and the Great War. Martial Manliness and Armageddon*, Milton Park 2012.

Klassengesellschaft handelt, eine ziemlich rigide zumal, ist Konsens der historisch-soziologischen Forschung. Nicht ohne Grund ist eines der letzten großen Standardwerke zum Begriff der Klassengesellschaft von dem sehr bekannten Soziologen Anthony Giddens verfasst worden.[18] Weitgehender allgemeiner Zustimmung erfreut sich freilich auch die wiederum stark nach Paradoxie aussehende These, dass diese rigide Klassengesellschaft durch ihre Praxis der Primogenitur immer wieder auch eine bis zur Selbstaufhebung tendierende Dynamik entwickelt, weil die nachgeborenen Söhne des Adels ihren Status nicht einfach genießen, sondern vor allem durch wirtschaftliche Tätigkeit absichern mussten.[19] Die Bürgerlichen ihrerseits konnten vom Verkauf oder der Verleihung von Adelstiteln profitieren. Giddens verknüpft seinen Klassenbegriff daher zentral mit den etwa in der marxistischen Tradition eher vernachlässigten Zugangs- und Markt*chancen*. Er spricht ausdrücklich von „contradictory locations" und hält den strukturell deterministischen Theorien ihren Mangel an „laws of motion", „development" und „dynamics" vor (S. 111). Interessant wäre auch der Vergleich zwischen der – bei Giddens in Kap. 3.1 diskutierten – Klassentheorie in Ralf Dahrendorfs Saarbrücker Habilitationsschrift, deren englische Version und in England bzw. auch in den USA erheblich bekannter geworden ist als in ihrer ursprünglichen deutschen.[20] England hat sich folglich in weiten Teilen seiner Geschichte (das schließt die Gegenwart ein) durch eine ‚ideologisch' rigide, praktisch aber sehr elastische Klassenstruktur ausgezeichnet. Dadurch aber zerfällt die in Kontinentaleuropa noch einigermaßen homogen weiter bestehende satis-

---

[18] *The Class Structure of the Advanced Societies*, London 1973.
[19] Ausführlich dazu Schöffler, S. 50–64. Die – auch methodologische – Modernität, Bedeutung und keineswegs immer angemessen erfasste Wirkung von Schöfflers kurzer, aber manchmal etwas sperriger Arbeit ist in neuester Zeit vor allem von Frank-Rutger Hausmann und Wilhelm Hopf gewürdigt worden. Vgl. Hausmann, „Herbert Schöffler: England das Land des Sportes. Eine kultursoziologische Erklärung (1935)", in: Jürgen Court, Eckhard Meinberg, eds., *Klassiker und Wegbereiter der Sportwissenschaft*, Stuttgart 2006, 231–236, mit Hinweisen auf die einschlägigen Arbeiten Hopfs. Ich glaube allerdings nicht, dass Schöffler „keine befriedigende Einlösung der Ausgangsfrage nach dem Ursprung des Sports in England" (S. 235) geboten hat, weil, wie ich zu zeigen versuche, die moderne, auf England bezogene soziologische Klassentheorie m. E. Schöfflers Position eher erhärtet.
[20] Dahrendorf, *Soziale Klassen und Klassenkonflikt in der industriellen Gesellschaft*, Stuttgart 1957. Die englische Übersetzung (*Social Class and Class Conflict in Industrial Society*) erschien 1959.

faktionsfähige Schicht des ursprünglichen Schwertadels. Giddens selbst verkörpert die spezifische Dynamik der englischen Klassengesellschaft: Aus der Unterschicht stammend, darf er sich als The Right Honourable Professor, The Lord Giddens und Mitglied des Oberhauses anreden lassen (persönlicher Adelstitel Baron Giddens of Southgate). Die englische Sonderentwicklung zeichnet sich deutlich etwa im semantischen Auseinanderdriften von frz. „gentilhomme" und engl. „gentleman" ab.[21] Etwas arg grob ließe sich wortspielerisch sagen, der Gentleman müsse nun eher „gentle" denn „man" oder später Leistungssportler sein.

Für Schöffler besteht die Pointe der elastischen Klassengesellschaft in der Ermöglichung eines ‚typisch' englischen Sportbegriffs für die Zeit vom 17. bis zum 19. Jahrhundert. Schöffler macht nämlich das soziostrukturelle Doppelpotenzial von Auf- und Abstiegsmöglichkeiten für die Entwicklung zweier charakteristischer moderner, zunächst aber einen spezifisch englischen Sportbegriff rechtfertigender Sportarten haftbar. Es geht ihm um die dortige *Ablösung* des gesamteuropäisch-aristokratischen Fechtens durch das zunächst spezifisch englische Boxen und um die *Entwicklung* neuer Sportarten, nämlich der Laufwettbewerbe. Beide verdanken sich der sozialen Durchlässigkeit ursprünglich aristokratischer Initiativen. Natürlich gab es im Fechten immer schon nationale *stilistische* Unterschiede. Im Boxen aber verdichten sich zunächst Merkmale, welche einen nationalen Sport*begriff* rechtfertigen. In den Laufsportarten verselbständigen sich die durch Wetten aufgeheizten Rennen von Bediensteten adliger Haushalte. Das gilt auch für die Pferderennen, deren aristokratische ‚Fassade' selbst heute noch bestens zu besichtigen ist (S. 73–76, 77). In den Laufwettbewerben gewinnt die Bezeichnung „footmen" nunmehr ihre eigentliche, fast schon naturwüchsig wirkende Bedeutung. Das ‚Wett'rennen verselbständigt sich zum Sport, weil es sich vom adligen Dienstleistungs-Rennen emanzipiert – die *footmen* mussten neben der herrschaftlichen Kutsche herlaufen, um im Notfall, etwa bei umstürzender Kutsche, helfend oder rettend eingreifen zu können. Nur im Englischen kehrt ein Wort eine Leistung der Füße bzw. Beine hervor, die sich zur eigenen, eben sportlich zu nennenden Leistung aufschwingt, mit und in der sich der Wettbewerb der Bediensteten/Läufer vom Wettbewerb der Adelshäuser in viel radikalerer Weise ablöst als etwa im Palio von Siena

---

[21] Vgl. Schöffler, S. 63, 65, 69.

die Teams der ihre Stadtteile vertretenden Reiter. Über die begrifflichen Merkmale dieser Ablösung gleich mehr. Nur der britische königliche Haushalt kennt im Übrigen heute noch einen Posten mit dieser Bezeichnung, wenngleich natürlich mit gänzlich veränderter Arbeitsplatzbeschreibung.

Was aber motiviert die Ablösung des Fechtens durch das Boxen? Was garantiert dessen Tauglichkeit für einen distinktiven englischen Sportbegriff zumindest vom 17. bis zum 19. Jahrhundert? Hier gilt es nun, historisch-sozialpsychologische Faktoren mit der anfangs versprochenen Phänomenologie der Sportarten zu verschmelzen. Eine Gesellschaft, deren Adelsstand kriegerisch-militärisch weitgehend kaltgestellt ist, eine Klassengesellschaft, welche Auf- und Abstiegs-Szenarien duldet, ja ermuntert, kann mit dem vornehmlich militärisch geprägten oder im Duell auf den schnellen Tod des Gegners setzenden Fechten nicht mehr viel anfangen. Das demonstriert schon Shakespeare in einer ganzen Reihe seiner Stücke, beispielsweise am Schicksal von Hotspur in *Henry IV*. Shakespeare kontrastiert im Übrigen wiederum oft die Elastizität englischen aristokratischen Verhaltens mit den martialischen Posen, welche die französische Aristokratie trotz des offensichtlichen militärischen Versagens dieser Posen beibehält.[22]

Es ergibt sich die folgende Situation, die allerdings noch ihrer näheren Begründung harrt: Das Boxen übernimmt den lebensgefährlichen Kampfcharakter des Fechtens in abgeschwächter Form und dehnt stattdessen seine sowohl zeitlich gestreckte wie sich situativ immer wieder enorm zuspitzende und gleichzeitig gut beobachtbare Dramatik aus. Wir stoßen auf ein erstes Element eines (zunächst typisch) englischen Sportbegriffs. Die klassenspezifische Herkunft einer Sportart ist wie bei den Wettrennen der „footmen" meist ohne weiteres erkennbar; sie kann jedoch in einem allgemeineren Attraktivitätspotenzial auch vollständig verschwinden. Das Boxen, dessen erste Meister wie James Figg zugleich die letzten Fechtmeister sind, erbt nicht nur das Prädikat „noble science [bzw. art] of selfdefence", es verlagert auch die Aufmerksamkeit jener, die man jetzt als

---

[22] Über das Fortleben solcher Posen und den ungebrochenen, überheblichen Anspruch einer *ständischen* Lebensform bis zur Französischen Revolution informieren eindrucksvoll François Furet und Denis Richet, *Die französische Revolution*, Frankfurt am Main 1968. Sie deuten die Revolution als „Krise einer Gesellschaftsordnung" (S. 21). Eine solche Krise hat England bis heute vermieden.

Zuschauer bezeichnen muss, auf das, was von nun an sportliches Geschehen im Unterschied zum vergnüglichen Zeitvertreib (der ja oft gar keine Zuschauer kennt) heißen wird. Schöffler spricht hier noch etwas unscharf vom „städtischen Verlangen nach Aufregung beim Spiel, beim Anblick des Spiels" (S. 23). Viel eindrucksvoller hat der ‚romantische' Essayist William Hazlitt den Boxkampf zwischen Tom Hickman und Bill Neat vom 11.12.1821 aus der nunmehr konstitutiven Zuschauerperspektive beschrieben: „Reader, have you ever seen a fight? If not, you have a pleasure to come...After the first blow is struck, there is no opportunity for nervous apprehension; you are swallowed up in the immediate interest of the scene."[23] Noch G. B. Shaws scheinbare Parodie oder Veralberung des Boxgeschehens mit Hilfe von Shakespeares Hamlet lässt jenen Kern eigentlicher, sich nur in der zuschauenden Beobachtung aufbauenden Faszination erkennen. In *The Admirable Bashville or Constancy Unrewarded* lesen wir: „There is a divinity that shapes our ends/Rough hew them how we will. Give me the gloves....this is called the upper cut,/And this a hook-hit of mine own invention./The hollow region where I plant this blow/Is called the mark. My left, you will observe,/I chiefly use for long shots: with my right/Aiming beside the angle of the jaw/And landing with a certain delicate screw/I without violence knock my foeman out."[24]

---

[23] Hazlitt, „The Fight", in: P. P. Howe, ed., *The Complete Works of William Hazlitt in Twenty-One Volumes*, Toronto 1931, Bd. 17, Uncollected Essays, 72–86, S. 29. Ein noch weitaus (melo)dramatischerer Bericht hat seinen Weg bis ins Internet gemacht: http://www.blackcountrybugle.co.uk/Neat-v-Hickman-1821/story-20155717-detail/story.html, „an eyewitness account of the actual battle, taken from the work of contemporary writers", Zugriff 23.8.2015.

[24] Shaw, *The Admirable Bashville; or, Constancy Unrewarded* (1901), in: *The Complete Plays of Bernard Shaw*, London 1934, 2.2, S. 1084 f. Mit diesem Stück hat Shaw seinen Boxer-Roman *Cashel Byron's Profession* (1886) dramatisiert. Inzwischen haben sich mehrere Bücher den Beziehungen zwischen Shaw und Box-Profis, vor allem Gene Tunney, gewidmet. – Meine These zur konstitutiven, spezifisch englischen Rolle des Zuschauers könnte im Rahmen biologisch-evolutionstheoretischer Erwägungen auf starken Widerstand stoßen. Es scheint, so Karl Eibl, als könne „keine Hochkultur ohne institutionalisierte Spiele mit Zuschauern" auskommen. Das „Spiel mit Zuschauern" sei schon „in seinen elementarsten Ausprägungen ein kulturelles Phänomen" (*Die Entstehung der Poesie*, Frankfurt am Main 1995, S. 19). Das mag sein. Doch reicht das an die englische Zuschauerrolle mit ihren Verkettungen zu *fair play* (vgl. die folgenden Ausführungen) und Organisationsgrad des Wettbewerbs (incl. der Wetten) wohl doch nicht heran.

Man würde solche Passagen als Parodie oder Veralberung missverstehen. Nicht nur war Shaw viel zu ernsthaft am Boxen, etwa an der genauen Kenntnis der Fähigkeiten von Joe Louis interessiert. Die im komischen Stil sichtbare Distanz des Kämpfers zu seinem eigenen Tun spiegelt darüber hinaus die Selbstkontrolle des Athleten, „the mark of the true sportsman."[25], d. h. eine zum englischen Sportbegriff gehörende Haltung des Athleten, das athletische Korrelat der Beobachtung durch Zuschauer. Der Athlet muss sich selbst beobachten, (auch) weil er von anderen beobachtet wird. Die kontrollierende Selbstbeobachtung nimmt die sportlich-technische, aber auch allgemeinere, verhaltensbezogene Schichten der Selbstpräsentation des Athleten in den Blick. Darin ist die für einen englischen Sportbegriff unabdingbare Idee des *fair play* angelegt, deren Geltung durch weitere psychosoziale Faktoren erhärtet wird. In den neuen (englischen) Sportarten entfaltet sich eine die Figur des beobachtenden Zuschauers fordernde Dramaturgie, welche zu Wetten gleichsam einlädt. Dramatische Zuschauer-Interessen und die so genannte Wettleidenschaft erfordern aber eine ungefähre Chancengleichheit und weitere, die Gleichheit der Kampfbedingungen garantierende Regeln. Vornehmer ausgedrückt: Die Idee des *fair play* entspringt nicht etwa ‚typisch englischen' moralisch-ethischen Bedürfnissen, sondern dient der Attraktivitätsoptimierung der Sportarten für Zuschauer. Elias hat gezeigt, dass diese englische Idee auf Sportarten mit Tierbeteiligung ausgedehnt werden kann, das heißt die Transformation, also die ‚Versportlichung', wie bei der Fuchsjagd, eines eher brutalen und unterkomplexen adligen Zeitvertreibs in eine zumindest sportähnliche Aktivität befördert. Die Gewaltausübung bei der Tötung des Fuchses wird zunehmend den Hunden überlassen. Teilweise ist es den Jägern sogar verboten, den Fuchs selbst zu töten. Die Spannung zwischen Vergnügen, Erregung und Kontrolle muss immer wieder neu ausbalanciert werden.[26] Wie zäh sich der hier skizzierte englische Sportbegriff auch angesichts humanitärer Erfordernisse oder den Normen der *political correctness* gehalten hat, zeigt das Jagdgesetz von 2004 (*Hunting Act*). Es hat die Fuchsjagd verboten und doch so viele Löcher im Gesetz gelassen, dass seitdem mehr Füchse denn je, allerdings mit variableren, spannungsreicheren Methoden getötet wurden. Der

---

[25] H. A. Harris, *Sport in Britain. Its Origin and Development*, London 1975, S. 21.
[26] Vgl. dazu auch Elias, S. 274, 290–299, 304.

Fuchs darf etwa durch die Hundemeute aufgescheucht und gehetzt werden; dann gibt ihm ein dazu abgerichteter Raubvogel den tödlichen Rest. Der *Hunting Act* verdankt sein Schicksal, das heißt die Aufweichung des ursprünglich beabsichtigten Jagdverbots auch dem im Blick auf Tierschutz und Ökologie eigentlich hochmotivierten Prince Charles. Gleichwohl leistete Charles Widerstand gegen die ursprüngliche strenge Form des *Hunting Act* und meinte, er könne, falls das Gesetz so verabschiedet würde (was eben nicht geschah), dann ja gleich auswandern und den Rest seiner Tage Ski fahren, das heißt einer kontinentalen, also unenglischen Sportart frönen.[27]

Ich fasse die genannten Aspekte eines für die Zeit vom 16./17. bis ins 19. Jahrhundert spezifischen englischen Sportbegriffs zusammen: Die zunächst vor allem bei aristokratisch getönten, aber verallgemeinerbaren Wettsituationen erforderliche Kopplung der Implikationen von *fair play* und Regelbedarf, von Spannung und konstitutiver Zuschauerrolle verdankt sich der besonderen sozialgeschichtlichen und soziopolitischen Situation einer Klassengesellschaft ohne Klassenkonflikte.[28] Die Sportarten mögen in vielen Fällen ihre klassenspezifische Herkunft nicht verleugnen. Doch rückt die Genese angesichts jener Wucht in den Hintergrund, mit welcher sich in der und durch die Kopplung das sportliche Geschehen verselbständigt.

Im 20. Jahrhundert haben fast alle Sportarten die ‚Pflege' ihrer Dramaturgie (über die Entwicklung der Wettleidenschaft schweigen wir hier besser) an die Medien übergeben. In der internationalen und nahezu totalen Medialisierung verliert der skizzierte englische Sportbegriff seine Spezifik. Die Medialisierung ist natürlich nicht *per se* schlecht; manche Sportarten sind auf die mediale Hebung und Inszenierung ihres dramatischen Potenzials nahezu angewiesen, viele gewinnen erheblich an Attraktivität. Gleichzeitig haben sich aber die Möglichkeiten, die Gleichartigkeit der Kampfbedingungen lediglich vorzuspiegeln, in Wirklichkeit aber etwa durch Doping und die Disparität finanzieller Mittel auszuhebeln, gewaltig erhöht. *Fair play* wird in den Bereich der Ethik abgeschoben

---

[27] Vgl. http://www.spiegel.de/einestages/10-jahre-fuchsjagd-verbot-in-grossbritannien-a-1016247.html; Zugriff 17.2.2015.

[28] Dazu verschiedene Werke des Historikers David Cannadine, hier vor allem *Class in Britain*, London 2000. Den Ausdruck „Class without Class Struggle" (Kap. 2) hat Cannadine vor allem für das 18. Jahrhundert geprägt.

und damit geschwächt. Im Gegenzug kann es geschehen, dass Zuschauer, vor allem relativ homogene Zuschauergruppen, das sportliche Geschehen lediglich als Auslöser für ihre eigene, zumeist dann gewaltsame Selbstinszenierung benutzen. Mit den Hooligans von heute geht der Sport seiner historischen Funktion, der (Re)Kultivierung von Formen des Körpereinsatzes verlustig, die im Zuge des Zivilisationsprozesses (Stichwort: Paul Alsbergs berühmtes „Körperausschaltungsprinzip") in den meisten Lebensbereichen zurückgedrängt oder eben ausgeschaltet wurden. Auch in dieser Hinsicht haben die Engländer womöglich die ihnen von Schwanitz attestierte Vorreiterrolle – diesmal im Entzivilisierungsprozess – übernommen. Jedenfalls spielen sie auch da in der Premier League.[29]

---

[29] Vgl. Dietrich Schwanitz, *Englische Kulturgeschichte*, 2 Bde., Tübingen, Basel 1995, Bd. 1, S. 9.

Eine Ergebnistabelle über physische Wirkungen des Turnens, mitgeteilt von Fritz Roedelius 1866

Günther Bäumler

Im Jahr 1866 erschien in der „Deutschen Turnzeitung" die Ergebnisliste einer empirischen Studie, die den Einfluss eines viermonatigen Turnkurses auf Herzschlag, Atmung, Rumpfumfänge und Turnleistungen untersucht hatte. Veröffentlicht wurde diese Liste von dem Turnlehrer Fritz Roedelius, und für die Geschichte der Sportwissenschaft ist sie deshalb von Interesse, weil sie die Ergebnisse einer der frühesten empirischen Untersuchungen zu Wirkungen des Turnens enthält. Deshalb soll sie hier in Erinnerung gebracht und analysiert werden.

1 Informationen zum Turnkurs und zur Ergebnisliste

1.1 Die Ergebnisliste und die Rolle von Fritz Roedelius

Fritz Roedelius (1808–1879) war der städtische Oberturnlehrer von Breslau (Schlesien) und hielt im Juni 1866 vor Mitgliedern des Breslauer Handwerkervereins einen Vortrag mit dem Titel „Über die Wirkung des Turnens auf die Übenden". In diesem Vortrag stellte Roedelius auch die erwähnte Liste vor. Kurze Zeit danach wurde der Vortrag in der Deutschen Turnzeitung abgedruckt. Zur Herkunft der Liste sagte Roedelius lediglich, dass sie sich unter seinen „Verzeichnissen" befunden habe und einem vier Monate dauernden Turnkurs entstamme, bei dem die Teilnehmer „täglich, mit Ausschluss des Sonntags, 3 Stunden ... d.h. 18 bis 20 Stunden wöchentlich ... geturnt" hatten.[1] Tabelle 1 zeigt das Original der in der Deutschen Turnzeitung abgedruckten Liste mit den bei zehn Kursteilnehmern ermittelten Messergebnissen.

---

[1] Roedelius 1866, S. 259. Da der Kurs rd. 17 Wochen dauerte (Anfang Mai bis Ende August), hat jeder Teilnehmer ca. 300 Turnstunden absolviert.

Tabelle 1. Die Originaltabelle aus Roedelius 1866.

Ueber die Wirkungen des Turnens auf die Lebenden.
(Ein Vortrag*) von F. Röbeling.)

Alter i. Jahren Turner.	Körperbeschaffenheit.	Zahl der Pulsschläge in 1 Min. nach einem Dauerlaufe von stets gleicher Dauer.				Vermehrung der Athemzüge in 1 Minute nach dem Laufe.	Unterschied d. Umfange beim Ein- u. Ausathmen in Centimetern				Umfang des Rumpfes in Centimetern über				Freispringen in Zollen Rhein.		Weitwurf m. einem Stein 16 Zoll rh. schwer.		Armbeugen im Hange durch Emporziehen.		Gewicht in Zoll-Pfd.	
		gewöhnliche.					über d. Brust		falsche Rippen		die Brust		die falschen Rippen									
		Anf. Mai.	Ende Juni.	Ende Juli.	Ende Aug.		Anf. Mai.	Ende Aug.	Anf. Mai.	Ende Aug.	Anf. Mai.	Ende Aug.	Anf. Mai.	Ende Aug.	Anf. Mai.	Ende Aug.	Anf. Mai.	Ende Aug.	Anf. Mai.	Ende Aug.	Anf. Mai.	Ende Aug.
1 23	5′ 6″ groß, hager	84	88	86	—	6	7	10	6	10	81	83	78	78	41	50	19	22	mal 0	mal 4	135	137
2 24	5′ 4″ derb und flämmig	72	74	72	—	4	11	14	12	14	93	95	81	84	44	55	23	26½	2	6	146	149
		76	96	92	—	5	7	11	8	11	90	91	79	80	40	54	21	27¼	1	5	130	131
3 27	5′ 2″ schlank																					
4 29	5′ 1″ (Kleinster) untersetzt	86	136	96	86	0	7½	7½	8	8	86	88	81	81	41	48	20¾	27½	2	5	146	149
5 31	5′ 2″ untersetzt u. fett	80	128	88	84	6	7	7	7	9	90	93	88	86	36	43	17½	21	0	2	160	165
6 32	5′ 7″ (Größter) fett	78	132	110	84	10	7	8	7	7	88	88	87	84	36	45	19½	25	0	3	158	162
7 34	5′ 1″ flämmig	82	88	82	64	4	5½	10	8	10	94	85	80	79	33	43	15	22	1	6	136	141
8 36	5′ 3″ schlank	64	108	68	68	5	6	7	6	9	84	86	77	72	41	41	17	22	0	3	140	142
9 44	5′ 4″ hager	90	124	86	80	6	8	10	8	13	81	82	71	72	48	48	15	22¼	0	2	125	127
10 51	5′ 6½″ schlank	76	118	76	—	4	8	9	8	7	87	87	80	80	29	38	19	19	0	2	150	154

Geturnt wurde wöchentlich 18—20 Stunden.

Die in der Ergebnistabelle enthaltenen Variablen sind:
0. Laufende Nummer der Kursteilnehmer.
1. Alter in Jahren.
2. Körpergröße in Fuß und Zoll.
3. Körperbeschaffenheit, beurteilt nach den Kategorien hager, schlank, stämmig, untersetzt, fett.
4. Zahl der Pulsschläge in der Minute (Pulsfrequenz). Hier die „gewöhnliche" Anzahl, gemessen in körperlich unbelastetem Zustand zu Beginn des Turnkurses (Anfang Mai), dies noch vor einem ersten Dauerlauf. Die Variable wird im folgenden *Normalpuls* genannt.
5. Zahl der Pulsschläge in der Minute (Pulsfrequenz) nach einem ersten Dauerlauf zu Beginn des Turnkurses (Anfang Mai). Im folgenden *Belastungspuls 1* genannt.
6. Pulsfrequenz nach dem zweiten Dauerlauf (Ende Mai). *Belastungspuls 2.*
7. Pulsfrequenz nach dem dritten Dauerlauf (Ende Juni). *Belastungspuls 3.*
8. Pulsfrequenz nach dem vierten Dauerlauf (Ende Juli). *Belastungspuls 4.*
9. Pulsfrequenz nach dem fünften Dauerlauf (Ende August). *Belastungspuls 5.*
10. Vermehrung der Atemzüge in einer Minute nach dem ersten Lauf gegenüber vor dem Lauf, im folgenden *Atembeschleunigung* genannt. Dieser Beschleunigungsbetrag (Atemfrequenzsteigerung) wurde nur einmal, zu Anfang Mai, erfasst.
11. Unterschied der Rumpfumfänge nach Ein- bzw. Ausatmung, gemessen in Zentimetern und „über der Brust", d.h. auf Höhe des Brustbeins. Hier zu Anfang Mai. Diese Rumpfumfangs-Differenz wird im folgenden *„Atmungsbreite"* genannt und gilt als indirekter Indikator der „Vitalkapazität", des Luftaufnahmevermögens der Lungen.
12. Atmungsbreite (Rumpfumfangs-Differenz) über der Brust und zu Ende August.
13. Atmungsbreite (Rumpfumfangs-Differenz), gemessen über den „falschen Rippen" und zu Anfang Mai. „Falsche Rippen" bedeutet Messung des Rumpfumfangs auf Höhe der beiden untersten, frei endenden Rippenpaare (Oberbauch).
14. Atmungsbreite über den „falschen Rippen" zu Ende August.
15. Umfang des Rumpfes (*Rumpfumfang*), gemessen in Zentimetern, über der Brust und zu Anfang Mai. Im Unterschied zur Atmungsbreite handelt es sich hierbei um ein *absolutes* Umfangsmaß. Der absolute Rumpfumfang über der Brust gilt als Indikator des den Lungen verfügbaren Brustraums.
16. Rumpfumfang über der Brust zu Ende August.
17. Rumpfumfang über den falschen Rippen zu Anfang Mai. Die Umfangsmessungen „über den falschen Rippen" dienen der Bestimmung einer Tendenz zur Fettleibigkeit.
18. Rumpfumfang über den falschen Rippen zu Ende August.
19. Freihochsprung zu Anfang Mai, gemessen in Rheinischen Zollen, im folgenden *Hochspringen* genannt. Hier handelte es sich um einen Hochsprung mit Anlauf und vermutlich ohne Springbrett. Diese Sprungart wurde z.B. um 1865 auch an der Zentralturnanstalt in Berlin angewandt (Neue Jahrb. f.d. Turnkunst 14, 1868, S. 103; zum Springbrett vgl. Leistikow 1870/1871, pp. 205 und 206; Bäumler 2014, S. 153).
20. Freihochsprung (Hochspringen) zu Ende August.
21. Weitwurf mit einem Stein von 16 Zollpfund Gewicht (= 8 kg). Gemessen in Fuß, hier zu Anfang Mai. Die Variable wird im folgenden *„Weitstoßen"* genannt.
22. Weitwurf (Weitstoßen) zu Ende August.
23. Armbeugen im Hange durch Emporziehen, hier *„Armbeugen"* genannt. Maß ist die Anzahl der Aufzüge. Hier zu Anfang Mai. Es handelt sich um ein sogenanntes „Hangwippen" (Klimmziehen) am Reck (oder evtl. am Paartau, s. Neue Jahrb. Turnk. 14, 1868, S. 103). Im Unterschied dazu gab es auch das Armwippen am Barren aus dem Stütz, dasgenannten „Stützwippen" (vgl. Centralblatt 1866, Seiten 725 und 729; Leistikow 1870/1871, S. 206 f.; Angerstein 1879, S. 9).
24. Armbeugen zu Ende August.
25. Körpergewicht zu Anfang Mai, gemessen in (preußischen) Zollpfund. Ein Zollpfund = 0,5 kg.
26. Körpergewicht zu Ende August.

1.2 Die Kursteilnehmer

Teilnehmer an dem viermonatigen Turnkurs (Mai bis August) waren zehn Männer im Alter von 23 bis 51 Jahren. Nähere Angaben zum Klientel fehlen jedoch. Eine Möglichkeit ist, dass es sich dabei um Fachlehrer an höheren Schulen handelte, die mit einem Kurs an einer zentralen Turnanstalt wie der von Berlin die Befähigung zur Erteilung von Turnunterricht im Nebenfach erwerben konnten. Auch einer der sog. „Extrakurse", die in Schullehrerseminarien für bereits amtierende Elementarlehrer veranstaltet wurden, kommt hier in Frage, und ebenso auch ein normaler Kurs für Turner oder für angehende Vorturner.[2]

1.3 Der Versuchsplan

Aus den in der Liste enthaltenen Variablen lässt sich ersehen, dass der Studie ein Versuchskonzept zugrunde lag, mit den folgenden Fragestellungen:

1. Wie verhält sich die Frequenz des Herzschlags im Ruhezustand und nach mehreren, im Abstand von jeweils 4 Wochen durchgeführten Dauerläufen (Anfang Mai bis Ende August). Ziel war die Feststellung der Reaktion des Herzens auf physische Belastung im Laufe des viermonatigen Turntrainings.

2. Wie stark ändern sich das Körpergewicht, die verschiedenen Maße des Rumpfumfangs und die Turnleistungen zwischen Beginn und Ende des Turnkurses (Anfang Mai zu Ende August). Ziel war der Nachweis der Wirkungen des Turnkurses auf atmungsrelevante Körpermaße, auf die Veränderung der Körpermasse (Muskulatur, Körperfett) und die Turnleistung.

3. Der Versuchsplan beinhaltet einen weiteren experimentellen Faktor, die Rumpfumfänge über der Brust bzw. den falschen Rippen, womit prinzipiell auch Wechselwirkungen erfasst werden konnten. Dieser Aspekt wird hier nicht weiter verfolgt.

Trotz der klaren Fragestellungen hat die Studie Mängel, so vor allem die niedrige Zahl von Probanden sowie das Fehlen einer Kontrollgruppe. Dies ist hier jedoch hinnehmbar, weil das primäre Interesse der histori-

---

[2] Vgl. Neue Jahrbücher f.d. Turnkunst 14, 1868, S. 102.

schen Tatsache gilt, dass schon in der Mitte des 19. Jahrhunderts ein derartiges trainingswissenschaftliches Experiment durchgeführt wurde.

1.4 Die Erläuterung der Ergebnisse durch Roedelius[3]

Seinen Zuhörern teilte Roedelius mit, dass er die Liste aus seinen *„Verzeichnissen von früher angestellten Messungen und Aufzählungen von verschiedenen Leistungen und Wahrnehmungen"* deshalb ausgewählt habe, weil sie auch ältere Kursteilnehmer enthalte und damit zeige, dass der Mensch „nicht nur in jungen Jahren ... bildungsfähig" sei (60 Prozent der Kursteilnehmer waren über 30 Jahre alt, der älteste 51 Jahre). Im einzelnen machte Roedelius dann auf die folgenden Effekte aufmerksam:

Die Dauerläufe führten zunächst zu einer Erhöhung der Herzschlagfrequenz, eine Reaktion, die im Laufe des Turnkurses schwächer wurde. Dieser Anpassungsprozess vollzog sich bei den als „fett" bezeichneten Probanden am langsamsten. Die Rumpfumfänge nahmen im Laufe des Turnkurses um wenige Zentimeter zu, ausser bei den „fetten" Teilnehmern, bei denen der Umfang über den falschen Rippen abnahm, d.h. sie wurden offenbar schlanker. Da bei ihnen aber das Gewicht zunahm, zog Roedelius den Schluss, dass das Training gleichzeitig zu einem Muskelaufbau, einem „Derberwerden" der Muskeln geführt haben muss.[4]

Bezüglich der Leistungen bei den Turntests stellte Roedelius fest, dass selbst „bei dem Ältesten unserer Riege" die Kraft der Beine, die Stemmkraft der Arme und die Kraft der Arme im Beugen zugenommen (hat)".

All dies waren für Roedelius unzweifelhafte Beweise für den Nutzen des Turnens.

2 Reanalysen

2.1 Die metrisch vereinheitlichte Gesamtliste

Während Roedelius die in der Liste enthaltenen Ergebnisse hauptsächlich kasuistisch erläuterte, soll hier die Datenliste auch allgemein-statistisch analysiert werden. Grundlage dafür ist die Gesamttabelle (Tabelle 2), die

---

[3] Roedelius 1866, S. 257 und 259–260.
[4] Roedelius, S. 260.

der Originaltabelle (Tabelle 1) weitgehend entspricht. Merkwürdig ist aber, dass einige Variablen der Originalliste im neuen „metrischen" Maß des Zentimeter ausgedrückt sind, andere in den traditionellen Maßen des Fuß und Zoll.[5] Dies wurde hier bei der sog. „Gesamtliste" einheitlich auf die neuen „metrischen" Maße (cgs-System) umgestellt. Die Umrechnungsfaktoren dafür sind: rheinisch-preußischer Fuß (duodezimal) = 31,385 cm; rheinisch-preußischer Zoll (duodezimal) = 2,6154 cm; preußisches Zollpfund = 0,5 kg.[6] Ausserdem wurden in die Gesamtliste neue Variablen aufgenommen, die aus vorhandenen Variablen abgeleitet sind. Eine für die statistische Analyse wichtige *unabhängige Variable* (Experimentalfaktor) ergibt sich aus den Messzeitpunkten Anfang Mai und Ende August, dem Beginn und Ende des Turnkurses. Bei den Pulsmessungen sind dies dagegen Anfang Mai und Ende Juni, der Beginn und die Mitte des Turnkurses. Statistische Methoden, die hier bei der Analyse zur Anwendung kommen, sind der Mittelwertsvergleich (t-Test für korrelierte Stichproben), die Korrelationsrechnung und die Faktorenanalyse.

2.2   Die Mittelwerte der Variablen und ihre Veränderung im Laufe des Turnkurses

In der Gesamttabelle (Tab. 2) fehlen gegenüber der Originaltabelle (Tab. 1) die Belastungspulse von Juli und August, bei denen Probanden ausgefallen waren. Neu hinzugekommen sind die abgeleiteten Variablen „Pulsanstieg", „Pulsabfall", „Kreislaufanpassungsdauer" und „Figur".

---

[5] Vielleicht besteht die Möglichkeit, aus dieser Mischung von verschiedenen Maßsystemen zu schließen, wann der Versuch durchgeführt wurde. So empfahl eine Kommission des Deutschen Bundes, dem auch Preußen angehörte, im Jahr 1861 die Einführung des metrischen Systems, denn während die deutschen Staaten zu diesem Zeitpunkt noch ihre jeweils eigenen Fußmaße benutzten, drängten Institutionen aus Wirtschaft, Technik, Wissenschaft auf eine Vereinheitlichung der Maße und wandten die neuen „metrischen" Maße (Meter, Zentimeter usw.) auch bereits an (Trapp und Wallerus, S. 32). Durch diese Übergangssituation erklärt sich, dass hier die selten erfassten Rumpfmaße in cm angegeben sind, die Körpergröße und die Turnleistungen aber in Fuß und Zoll, die noch einen direkten Vergleich mit früher vorgenommenen Messungen ermöglichten. Von daher lässt sich vermuten, dass die hier behandelte Studie eher erst um 1860 durchgeführt wurde .
[6] Adron 1987, S. 161; Hagel 1969, S. 11 u. 25; ISIS „Großes Lexikon" 1995, S. 910; Trapp und Wallerus 2012, S. 312; Wikipedia: Alte Maße und Gewichte (Preußen).

Eine Ergebnistabelle über physische Wirkungen des Turnens

Tabelle 2. Die Gesamtliste, ausgedrückt in „metrischen" Maßeinheiten.

Probanden-Nummer	1	2	3	4	5	6	7	8	9	10	aM	s	d	t	p
Organismische Variablen															
Alter (Jr)	23	24	27	29	31	32	34	36	44	51	**33,1**	**8,77**			
Körpergröße (m)	1,73	1,67	1,62	1,60	1,62	1,75	1,60	1,65	1,67	1,74	**1,66**	**0,06**			
Körpergewicht (kg) Mai	67,5	73,0	65,0	73,0	80,0	79,0	68,0	70,0	62,5	75,0	**71,30**	**5,76**			
Körpergewicht (kg) August	68,5	74,5	65,5	74,5	82,5	81,0	70,5	71,0	63,5	77,0	**72,85**	**6,25**	**2,00**	**7,15**	**.000**
Körperbeschaffenheit	hag	stäm	schl	unt	fett	fett	stäm	schl	hag	schl					
Physiologische Messungen															
Atembeschl. (f/Min)	6	4	5	0	6	10	4	5	6	4	**5,0**	**2,49**			
Normalpuls (NP) (f/Min)	84	72	76	86	80	78	82	64	80	76	**77,8**	**6,36**			
Belastungspuls 1 (Anf. Mai)	136	126	124	136	128	132	128	108	124	118	**126,0**	**8,43**	**11,3**	**35,8**	**.000**
Belast.-puls 3 (Ende Juni)	86	72	92	96	88	110	84	68	86	76	**85,8**	**12,20**	**4,53**	**14,3**	**.000**
Puls+ (Bel.-puls 1 - NormPu)	52	54	48	50	48	54	46	44	44	42	**48,2**	**4,26**			
Puls- (Bel.puls 1 - Bel.puls 3)	50	54	32	40	40	22	44	40	38	42	**40,2**	**8,87**			
Kreisl.-anpass.-dauer (Mon)	3	2	3	3	4	4	3	3	3	2	**3,0**	**0,67**			
Rumpfmessungen (in cm)															
Atmungsbr Br (cm) (Mai)	7	11	7	7,5	7	7	5,5	6	8	8	**7,40**	**1,49**			
Atmungsbr Br (cm) (Aug.)	10	14	10	7,5	7	8	10	7	10	9	**9,25**	**2,10**	**1,24**	**3,92**	**.004**
Atm.-br falsche Rippen (M)	6	12	8	8	7	7	8	6	9	7	**7,80**	**1,75**			
Atm.-br fal. Rippen (Aug.)	10	14	11	8	9	7	10	9	13	9	**10,0**	**2,16**	**1,57**	**4,98**	**.001**
Rumpfum. Brust (cm) (Mai)	81	93	90	86	90	88	84	84	81	87	**86,4**	**3,98**			
Rumpfum. Br. (cm) (Aug.)	83	95	91	88	93	88	85	86	82	87	**87,8**	**4,19**	**1,17**	**4,58**	**.001**
Rumpfu. f. Rip. (cm) (M)	78	81	79	81	88	87	80	77	71	80	**80,2**	**4,83**			
Rumpfu. f. Rippen (cm) (A)	78	84	80	81	86	84	79	79	72	80	**80,3**	**3,92**	**0,06**	**0,18**	**.864**
Fig (Umf Bru - f. Rip, Mai)	3	12	11	5	2	1	4	7	10	7	**6,20**	**3,85**			
Fig (Umf Bru - f Rip, Aug.)	5	11	11	7	7	4	6	7	10	7	**7,50**	**2,42**	**3.35**	**2,25**	**.051**
Turnleistungstests															
Hochspringen (m), Mai	1,07	1,15	1,04	1,07	0,94	0,94	0,99	0,86	1,07	0,75	**0,99**	**0,12**			
Hochspringen (m), August	1,31	1,41	1,41	1,26	1,12	1,18	1,12	1,25	0,99	**1,22**	**0,13**	**4,28**	**12,9**	**.000**	
Weitstoßen (m), Mai	5,96	7,22	6,59	6,51	5,49	6,12	4,71	4,71	5,34	4,71	**5,74**	**0,89**			
Weitstoßen (m), August	6,90	8,32	8,55	8,63	6,59	7,85	6,90	6,90	6,98	5,96	**7,36**	**0,91**	**3,30**	**10,5**	**.000**
Armbeugen (Klimmz.), Mai	0	2	1	2	0	0	1	0	0	0	**0,60**	**0,84**			
Armbeu. (Klimmz.), August	4	6	5	5	2	3	4	3	2	2	**3,60**	**1,43**	**3,67**	**11,6**	**.000**
Probanden-Nummer	1	2	3	4	5	6	7	8	9	10	aM	s	d	t	p

Erläuterungen zu Tabelle 2:
Neben den Daten der Kursteilnehmer sind auch die Mittelwerte, Effektgrößen und statistischen Kennwerte des t-Tests für korrelierende Stichproben aufgeführt, mit den Kennungen: **aM** = arithmetisches Mittel (bei N = 10); **s** = Standardabweichung; **d** = Effektgrößen-Index nach Cohen[7], **t** = Kenngröße des t-Tests für gepaarte Stichproben zur statistischen Prüfung von Mittelwertsdifferenzen; **p** = Irrtumswahrscheinlichkeit von t. Verglichen wird der Mittelwert im Mai (jeweils vorausgehende Zeile) mit dem Mittelwert im August (siehe schattierte Blocks). Eine Ausnahme bildet der zweite Block (Pulse), wo zwei statistische Vergleiche vorgenommen wurden: Vergleich der Mittelwerte 77,8 zu 126 (Anstieg) sowie 126 zu 85,8 (Abfall).

Neu hinzu gekommen sind die Variablen „*Pulsanstieg*", „*Pulsabfall*", „*Kreislaufanpassungsdauer*" und „*Figur*" (die Differenz aus den über dem Brustbein bzw. den falschen Rippen gemessenen Rumpfumfängen; s.a. unten). Für diese und einige bei der Originalliste genannte Variablen werden hier noch Erläuterungen gegeben:

Atembeschleunigung ist ein Kriterium für den Grad der physiologischen Beanspruchung durch Dauerlauf. Das Maß ist die *Überzahl* an Atemzügen pro Minute nach dem ersten Dauerlauf, zu Anfang Mai. Die Ausgangswerte der Atemfrequenz *vor* dem Lauf und die absolute Atemfrequenz nach dem Lauf liegen nicht vor.

Normalpuls (NP) ist der Puls zu Beginn des Turnkurses und vor dem ersten Dauerlauf. Ein eigentlicher Ruhepuls ist dies nicht, da die Probanden in dieser Anfangssituation wohl psychisch angespannt waren. D.h., der „Normalpuls" ist gegenüber einem eigentlichen „Ruhepuls" vermutlich leicht erhöht.

Belastungspuls (BP) ist als Pulsfrequenz nach physischer Belastung (Dauerlauf) neben der Atembeschleunigung ein zweites physiologisches Beanspruchungskriterium. Bis zu fünf Dauerläufe wurden im Abstand von jeweils 4 Wochen durchgeführt. Nähere Angaben zur Art der Durchführung fehlen. Statistisch verwertet werden hier nur die Belastungspulse nach den Läufen 1 und 3 (BP 1 bis BP 3), gemessen zu Anfang Mai und Ende Juni.

Pulsanstieg ist die Differenz aus der Pulsfrequenz nach erstem Dauerlauf (BP1) minus der Pulsfrequenz des Normalpulses (NP). Dies ist ein verbessertes Maß der Kreislaufbeanspruchung durch physische Belastung, da durch die Differenzbildung der mit dem Belastungspuls korrelierende Normalpuls weitgehend ausgeschaltet ist.

Pulsabfall ist die Differenz aus dem Belastungspuls nach dem ersten Dauerlauf (zu Anfang Mai) minus dem Belastungspuls nach dem dritten Dauerlauf (zu Ende Juni). D.h., es wird die nach zwei Monaten Turnkurs (oder rund 150 Turnstunden) beobachtbare *Abschwächung* der Beanspruchungsreaktion auf Lauf gemessen. Maß ist daher der *Pulsgradient* BP1 minus BP3 in der fixen Zeit von zwei Monaten. Es handelt sich somit um ein Kriterium der Anpassungsgeschwindigkeit.

Kreislaufanpassungsdauer ist die Zeitdauer (die Laufzeit in Monaten) bis der Belastungspuls das Niveau des Normalpulses erreicht hat. Dieses Kriterium der *Dauer der An-*

---

[7] J. Cohen: Statistical power analysis for the behavioral sciences. New York, 1977, S. 48: Effektgröße d bei gepaarten Stichproben = Mittelwertsdifferenz geteilt durch Sigma, wobei Sigma = $\sqrt{[(Sigma_1^2 + Sigma_2^2) - 2r \text{ mal Sigma}_1 \text{ mal Sigma}_2]}$.

passung des Herz-Kreislaufsystems ist ein zweites Anpassungskriterium und gegenüber dem Pulsabfall gegensinnig gepolt (Korrelation -.64).

Rumpfumfangsmessungen. Gemessen wurden die Umfänge „über der Brust" (beim Brustbein) und „über den falschen Rippen" (auf Höhe der untersten, frei endenden Rippen). Anhand dieser Messungen wurden auch die **Atmungsbreite** (Atemkapazität) und die **„Figur"** bestimmt. Die **Atmungsbreite** (*Differenz* im Rumpfumfang bei Einatmung minus Ausatmung, und dies über der Brust und über den falschen Rippen) gilt als indirektes Maß des Lungenfassungsvermögens (der „Vitalkapazität"); **Figur** ist die *Differenz* aus dem Rumpfumfang über der Brust und dem Rumpfumfang über den falschen Rippen. Dieses Profilmaß bezeichnet das Ausmaß der Vorwölbung der Brust gegenüber dem Bauch und kennzeichnet damit eine mehr oder weniger schlanke („sportliche") Figur.

2.3 Wiederholungszuverlässigkeiten (Anfang Mai zu Ende August)

Die Wiederholungszuverlässigkeiten der im Mai und August gemessenen Variablen sind sehr hoch bis mäßig hoch. Am höchsten ist die Wiederholungszuverlässigkeit des Körpergewichts ($r = .997$, $r^2 = .994$), es folgen Rumpfumfang über Brust und falschen Rippen, Figur und Hochspringen, mit sehr guten Werten von .97 bis .90 ($r^2 = .94$ bis .81). Etwas niedriger sind die Zuverlässigkeiten im Weitstoßen und Armbeugen mit .87 bzw. .85 (r-Quadrate .76 und .72). Nur „mäßig hoch" sind die Wiederholungzuverlässigkeiten der Atmungsbreiten über den falschen Rippen und über der Brust mit $r = .76$ und .70 (r-Quadrate nur noch .58 und .49). Diese Unterschiede in den Wiederholungszuverlässigkeiten können bei der Ergebnisinterpretation ggf. berücksichtigt werden.

2.4 Die Ausgangswerte zu Beginn des Turnkurses (s. Tabelle 2)

Organismische Variablen. Das **Durchschnittsalter** der Kursteilnehmer betrug rd. 33 Jahre, der jüngste war 23, der älteste 51 Jahre alt. Die **Körpergröße** betrug im Mittel 1,66 m (Variationsbreite von 1,60 bis 1,75 m), das **Körpergewicht** zu Beginn des Kurses 71,3 kg (Variationsbreite 62,5 bis 80 kg). Die Einstufung nach **„Körperbeschaffenheit"** ergab zwei Teilnehmer „hager", drei „schlank", zwei „stämmig", ein Teilnehmer „untersetzt", einer „fett" und einer „fett und untersetzt". Beide als „fett" bezeichneten Teilnehmer hatten Übergewicht, der eine sogar um 18 kg.

Physiologische Variablen (Anfang Mai). Die **Atembeschleunigung** nach dem ersten Dauerlauf (Anfang Mai) betrug im Durchschnitt 5 Atemzüge pro Minute *über* der Atemfrequenz im Ruhezustand. Bei einem Fall, Proband Nr. 4 mit einer Atembeschleunigung von 0 Atemzügen nach Dauerlauf, dürfte eine irreguläre Messung vorliegen, z.b. eine zu späte Messung nach dem Lauf. Hohe Beschleunigungswerte von 6 und 10 Atemzügen weisen die beiden „fetten" Teilnehmer auf. Der **Normalpuls** (Puls zu Anfang Mai und ohne vorherige Belastung) betrug im Mittel 78 Schläge pro Minute, bei einer Variationsbreite von 64 bis 86 Pulsschlägen/min. Dieser Durchschnittswert dürfte etwas erhöht sein, wie oben bereits argumentiert wurde. Der **Belastungspuls** nach dem ersten Dauerlauf betrug im Schnitt rd. 126 Pulsschläge.

Rumpfmessungen (Anfang Mai). Die **Atmungsbreite** (Atemkapazität) betrug zu Beginn des Turnkurses 7,4 bzw. 7,8 cm (über der Brust bzw. über den falschen Rippen). Der absolute **Rumpfumfang**, über der Brust gemessen, betrug 86,4 cm und über den falschen Rippen 80,3 cm. Dieser Unterschied von ca. 6 cm besagt, dass die meisten Teilnehmer keinen Ansatz von Fettbauch hatten. Sehr geringe Umfangsdifferenzen wiesen jedoch die beiden „fetten" Teilnehmer auf, mit nur 2 bzw. 1 cm Unterschied zwischen den Maßen über der Brust bzw. den falschen Rippen. Dies kann als Fettbauch oder zumindest als Tendenz dazu gedeutet werden kann.

Turnleistungen (Anfang Mai). Die zu Beginn des Kurses wohl wenig geübten Kursteilnehmer zeigten beim **Hochspringen** eine mittlere Sprungleistung von 0,99 m^8, beim **Weitstoßen** eine Leistung von 5,74 m und beim **Armbeugen** (Klimmziehen) von 0,6 Aufzügen. Sechs der zehn Kursteilnehmer waren zu Beginn des Turnkurses nicht in der Lage auch nur einen Klimmzug auszuführen.

2.5 Veränderungen im Laufe des Turnkurses (s. Tabelle 2).

Die wichtigste Frage der Studie, der Nachweis von physischen Effekten des Turnkurses, lässt sich durch Mittelwertsvergleiche zu Beginn und am Ende des Turnkurses beantworten.[9] Ein strenger Nachweis ist dies wegen

---

[8] Im Vergleich dazu kamen die im Durchschnitt wohl etwas jüngeren Feuerwehrleute bei Kluge (1853) beim Hochsprung mit Hilfe des Springbretts auf einen Mittelwert von 1,09 m (s. Bäumler 2014, S. 154).
[9] In der Regel handelt es sich um Mittelwertsvergleiche zwischen Anfang Mai und Ende August. Eine Ausnahme bildet die Pulsmessung, bei der wegen Wegfalls von Probanden nur Anfang Mai mit Ende Juni verglichen werden kann, so dass hier nur die Wirksamkeit

der fehlenden Kontrollgruppe zwar nicht, doch lassen sich die Ergebnisse plausibel als Resultate des mehrmonatigen Turntrainings interpretieren. Die entsprechenden Parameter und Kennwerte sind in Tabelle 2 aufgeführt. Dabei zeigen sich fast durchwegs starke bis sehr starke Effekte.[10]

Bei den **organismischen Variablen** lässt nur das Körpergewicht die Bestimmung eines Turnkurseffektes zu, wobei sich eine hochsignifikante Zunahme des Körpergewichts um 1,55 kg zeigt (Effektgröße d = 2,00). Der Grund hierfür mag in einer guten Ernährung während des Kurses gelegen haben oder in einer trainingsbedingten Zunahme an Muskelmasse. Die größten Gewichtszunahmen (2 bis 2,5 kg) wiesen die beiden „fetten" Kursteilnehmer auf sowie der älteste Teilnehmer (51 Jahre), wobei alle drei unterdurchschnittliche bis höchstens durchschnittliche Turnleistungen zeigten.

Bei den **Pulsfrequenzen** stieg der Puls von knapp 78 Pulsschlägen pro Minute Normalpuls auf 126 Schläge unmittelbar nach dem ersten Dauerlauf (Belastungspuls 1, gemessen zu Anfang Mai). Dieser Pulsanstieg um 48 Pulsschläge bedeutet einen extrem hohen Effekt von d = 11,3. Als *Wirkung des Turnkurses* kann aber erst der Pulsabfall gewertet werden, d.h. der in den nächsten acht Wochen erfolgte Rückgang des Dauerbelastungspulses von den 126 Schlägen pro Minute zu Anfang Mai auf 85,5 Schläge zu Ende Juni (Pulsfrequenzabfall von Belastungspuls 1 auf Belastungspuls 3). Auch dieser Abfall um rund 40 Pulsschläge pro Minute ist hochsignifikant und bezeichnet mit d = 4,53 ebenfalls eine starke Wirkung des Turnkurses. Physiologisch ist dies als trainingsbedingte Anpassung des Kreislaufsystems an physische Belastung zu verstehen, d.h. als Verbesserung der physischen Fitness infolge körperlichen Trainings. Dass dieser Vorgang der Kreislaufanpassung hier statistisch nur bis zum dritten Dauerlauf (Ende Juni) verfolgt werden konnte liegt daran, dass bei den Belastungspulsen 4 und 5 (Juli und August) Probanden fehlen (s. Tab. 1). Bei ihnen war der Belastungspuls bereits beim vorausgehenden Belastungstest auf die Höhe des Normalpulses zurückgefallen, so dass die Versuchsleiter annahmen, dass diese Probanden bereits einen ausreichenden Zustand von Kreislauffitness erreicht hatten,[11] weshalb sie von da an

---

der ersten Hälfte des Turnkurses erfasst wird.
[10] Cohen 1977, S. 26, bezeichnet Effektgrößen ab 0,8 als „large" (groß, erheblich).
[11] Der Begriff der Kreislauffitness wird hier vom Verf. vorgeschlagen, war aber offensichtlich Zielgröße der Autoren der Studie.

von den weiteren Belastungstests befreit wurden. Die dadurch bedingte Begrenzung der Information auf Ende Juni wird jedoch durch die Variable Dauer der Kreislaufanpassung kompensiert, die die Laufzeit bis Ende August erfasst. Zwei Teilnehmer (Nrn. 2 und 10) haben das Kriterium Kreislauffitness nach zwei Monaten erreicht (Ende Juni), sechs Teilnehmer nach drei Monaten (Ende Juli) und weitere zwei Teilnehmer nach vier Monaten (Ende August). Bei den zuletzt Genannten handelt es sich wiederum um die beiden fetten Teilnehmer, bei denen das Turntraining somit erst spät zur Kreislauffitness führte.

Bei den **Atmungsbreiten** (Rumpfumfangsdifferenzen bei Ein- bzw. Ausatmung, gemessen über der Brust und über den falschen Rippen) zeigen sich zwischen Mai und August ebenfalls noch starke und sehr signifikante Effekte auf ($d = 1,24$ bzw. $1,57$). Die entsprechenden Zuwächse an Atmungsbreite betragen im Laufe des Turnkurses 1,85 bzw. 2,20 cm. Demnach hat sich die Atmungsbreite (und damit wohl auch das Lungenfassungsvermögen) im Laufe des Turnkurses signifikant verbessert.

Absolute Rumpfumfänge. Die Erweiterung des absoluten Brustumfangs durch Turnen war um die Mitte des 19. Jahrhunderts das häufigste Argument für den gesundheitlichen Nutzen des Turnens. Auch die hier behandelte Studie bestätigt einen solchen Effekt, indem der Rumpfumfang über der Brust im Laufe des Turnkurses um durchschnittlich 1,4 cm zugenommen hat (nur bei 2 der 10 Probanden blieb der Umfang gleich). Auch dieser Effekt des Turnens ist mit $d = 1,1$ noch „stark" und hochsignifikant ($t = 4,58$, $p = 0,001$). Über den „falschen Rippen" gemessen ist der Effekt dagegen minimal ($d = 0,06$). Hier zeigten drei Probanden keine Änderung, vier Probanden eine Steigerung um 1 bis 3 cm, und drei Probanden eine *Abnahme* um 1 bis 3 cm. Bei den letzteren handelt es sich wiederum um die beiden „Fetten" sowie die Nr. 7, einen „stämmigen" Kursteilnehmer mit Übergewicht (Größe 1,60 m, Gewicht 68 kg). Da diese drei Probanden an Körpergewicht zugenommen haben (um 1,5 bis 2,5 kg), ist hier Fettabbau weniger wahrscheinlich, es sei denn dass es zugleich zu einem starken Muskelaufbau kam. Insgesamt kann durch die Ergebnisse zum Rumpfumfang die These einer Brusterweiterung durch Turnübungen aufrecht erhalten werden.

„Figur". Das seitliche Profil der Kursteilnehmer (die Differenz der Rumpfumfänge über der Brust bzw. den falschen Rippen) verbesserte sich im Laufe des Kurses von 6,2 auf 7,5 cm und bewegte sich somit in

Richtung auf eine mehr sportlich-schlanke Erscheinung (Effekt d = 3,35; t = 2,25, p = 0,051).

Turnleistungen. Wie nicht anders zu erwarten, ergaben sich in allen drei Turntests zwischen Mai und August sehr hohe (und hochsignifikante) Leistungsfortschritte, mit den Effektstärken (d) beim Hochspringen von 4,28, beim Stein-Weitstoßen von 3,30 und beim Armbeugen (Klimmziehen) von 3,67. Auffallend gering war zu Beginn des Turnkurses die Armzugkraft, indem 6 der 10 Probanden keinen Klimmzug zustande brachten und selbst der Beste auf nur 2 Klimmzüge kam. Am Ende des Turnkurses wurden minimal 2 und maximal 6 Aufzüge erreicht.

Zusammenfassend: Aus dem Vorausgegangenen sind zwei (positive) Trainingseffekte hervorzuheben: die im Laufe des Kurses fortschreitende *Abschwächung der Kreislaufbeanspruchung* bei physischer Belastung (Dauerlauf), sowie die *Erweiterung der Atmungsbreite*, die vermutlich eine Vergrößerung des Luftaustauschs in den Lungen bedeutet.

2.6 Korrelationen

Auf eine Darstellung der Gesamtkorrelationsmatrix wird hier aufgrund ihres Umfangs verzichtet. Statt dessen werden die Interkorrelationen *innerhalb* einer jeden der vier Variablengruppen wiedergegeben.

Tab. 3. Beziehungen zwischen den „organismischen" Variablen

Korrelationen r	Alter	Körpergröße	Gewicht Mai	Gewicht Aug
Alter	-----			
Körpergröße	.25	-----		
Gewicht Mai	-.02	.22	-----	
Gewicht August	.01	.20	.997	-----

Die Irrtumswahrscheinlichkeit von 0,05 liegt im Fall von N = 10 bei r = 0,63.

Ausser der sehr hohen Wiederholungszuverlässigkeit des Körpergewichts von .997 liegen keine nennenswerten Beziehungen zwischen den organismischen Variablen vor. Dies überrascht insofern, als zwischen Körpergröße und Gewicht gewöhnlich höhere Korrelationen gefunden werden. Im vorliegenden Fall hatten aber nicht wenige Kursteilnehmer einen eher stämmigen oder untersetzten Körperbau, d.h. relativ hohes Gewicht bei eher kleiner Statur. Alter, Körpergröße und Gewicht sind hier somit weitgehend unabhängige Einflussgrößen.

Tab. 4. Beziehungen zwischen den physiologischen Variablen (N = 10)

	Atbesch	Normp.	BP 1	BP 2	BP 3	Pulsanst	Pulsabf	Kr-Anp
Atembeschl. n. Lauf 1	---------							
Normalpuls Anf. Mai	-.18	---------						
Bel.puls 1 Anfang Mai	-.02	.87	---------					
Bel.puls 2 Ende Mai	-.06	.65	.62	---------				
Bel.puls 3 Ende Juni	.36	.60	.69	.84	---------			
Pulsanstieg (NP zu BP1)	.23	.23	.68	.25	.46	---------		
Pulsabfall (BP1 zu BP3)	-.51	.00	.01	-.56	-.72	.01	---------	
Kreisl.anpassg(Monate)	.54	.26	.32	.57	.68	.34	-.64	---------

Der Tabelle 4 ist zu entnehmen, dass die Atembeschleunigung nach Lauf 1 bei der Gesamtstichprobe (N = 10) nur mit der Zeitdauer der Kreislaufanpassung (positiv) und dem Pulsabfall (negativ) korreliert, d.h. diese drei Variablen zeigen die individuelle Trägheit (bzw. Schnelligkeit) der Kreislaufanpassung an physische Belastung. Unabhängig davon existiert eine (vermutlich konstitutionell bedingte) Komponente der individuellen Pulsfrequenzhöhe, die im Normalpuls ebenso enthalten ist wie in den Belastungspulsen 1 bis 3 (Korrelationen zwischen .60 und .87).

Tab. 5. *Beziehungen zwischen den Rumpfumfangsvariablen*

	Atbrei Br Ma	Atbrei Br Au	Atbrei fR Ma	Atbrei fR Au	R-Um Br Ma	R-Um Br Au	R-Um fR Ma	R-Um fR Au	Figur Mai	Figur Aug.
Atm.breite Br. Mai	-------									
Atm.breite Br. Aug	**.70**	-------								
Atm.breite f.Rip Mai	.80	.80	-------							
Atm.breite f.Rip Aug	.62	.83	**.76**	-------						
Rumpfumf Brust Mai	.52	.27	.49	.10	-------					
Rumpfumf Brust Aug	.51	.23	.48	.14	**.97**	-------				
Rumpfumf fRip Mai	-.04	-.29	-.13	-.55	.83	.63	-------			
Rumpfumf fRip Aug	.19	-.10	.08	-.36	.80	.82	**.94**	-------		
Figur Mai	.58	.63	.67	.80	.24	.22	-.60	-.34	-------	
Figur August	.57	.57	.71	.81	.38	.40	-.44	-.19	**.93**	-------

Unter den Rumpfumfangsvariablen befindet sich auch die neu eingeführte Variable „Figur" (für Mai und August getrennt), die die Rumfumfänge über der Brust mit denen über den falschen Rippen in Beziehung setzt und die Vorwölbung der Brust gegenüber dem Bauch bezeichnet. „Figur" ist somit definiert als Rumpfumfang beim Brustbein minus Rumpfumfang über den falschen Rippen. Ein relativ niedriger oder ein negativer Wert verweist dabei auf eine Tendenz zur Fettleibigkeit (ggf. auch eine besonders ausgeprägte Bauchmuskulatur).

Für die zehn Kursteilnehmer ergibt sich ein durchschnittlicher Figurwert von +6,2 cm im Mai und +7.5 cm im August, d.h. die „Figur" der Teilnehmer verbesserte sich während des Kurses um durchschnittlich 1,3 cm in Richtung „sportlich". Dieser positive Effekt des Turnkurses geht ausschließlich auf die Verbesserung des Rumpfumfangs *über der Brus*t zurück, wo es zu einem Anstieg von 86,4 auf 87,8 cm kam, während sich der Brustumfang über den falschen Rippen mit Werten von 80,2 cm im Mai auf 80,3 cm im August praktisch nicht veränderte.

Die beste Figur hatte der als „stämmig" bezeichnete Proband Nr. 2 (24 Jahre alt) mit Figurwerten von +12 cm im Mai bzw. +11 cm im August (siehe Tabelle 2). Die niedrigsten Figurwerte im Mai hatten die beiden

„fetten" Probanden (Nr. 5 und 6) mit Beträgen von +2 und +1 cm, doch hat sich bei ihnen die „Figur" bis August am meisten verbessert, auf +7 bzw. +4 cm, d.h. mit Steigerungen um 5 bzw. 3 cm. Auch dieses Ergebnis spricht für den hygienischen Nutzen des Turnens, wenngleich nur fünf der zehn Teilnehmer ihre Figur von Mai zu August überhaupt verbessert haben.

Wie die Korrelationstabelle (Tab. 5) zeigt, bestehen durchwegs befriedigende Korrelationen der Figurvariablen mit den Variablen der Atmungsbreite (.57 bis .81), so dass ein Turner mit „guter" Figur wohl auch ein besseres Lungenfassungsvermögen (die Möglichkeit zu einem höheren Luftaustausch) besitzt. Mit den absoluten Rumpfumfängen über der Brust bestehen nur geringe positive Korrelationen und mit den Umfängen über den falschen Rippen negative Korrelationen (bis -.60). Diese Beziehungen sind jedoch angesichts der Formel für „Figur" trivial.

Tab. 6. Beziehungen zwischen den Turnleistungsvariablen

	Hoch Mai	Hoch Aug.	Weitst Mai	Weitst Aug	Armb Mai	Armb Aug		1 Faktor
Hochspringen Mai	-------							.86
Hochspringen August	.90	-------						.92
Weitstoßen Mai	.74	.82	-------					.90
Weitstoßen August	.67	.78	.85	-------				.91
Armbeugen Mai	.60	.59	.64	.75	-------			.83
Armbeugen August	.68	.80	.75	.80	.87	-------		.92

Die Korrelationen zwischen den Turnleistungen sind mit .60 bis .82 allgemein gut, weshalb die Faktorenanalyse auch nur zu *einem* Faktor führte (Faktor des allgemeinen Turnleistungsvermögens). Außerdem besteht eine Tendenz zu etwas höheren Interkorrelationen im August als im Mai. Dies zeigt, dass die Leistungsunterschiede zwischen den Kursteilnehmern im Laufe des Turnkurses (nach rund 300 Turnstunden) größer wurden, verursacht vermutlich durch Unterschiede in der Trainierbarkeit der Kursteilnehmer.

2.7 Faktorenanalysen

a. Analyse der Gesamtliste
Einen allgemeinen Überblick über die Beziehungen zwischen den in der Studie enthaltenen Variablen ermöglicht die Faktorenanalyse, hier mit Einschluss der meisten Variablen der Gesamtliste.[12]

In dieser Faktorenanalyse (Hauptkomponentenanalyse, Eigenwert 1, Varimax-Rotation) sind alle sinnvoll verwertbaren Variablen der Gesamtliste vertreten. Nicht beteiligt sind die Belastungspulse, da sie in den Formeln für Pulsanstieg und Pulsabfall bereits mit enthalten sind.

Tab. 7. Faktorenstruktur der Gesamtliste

	Faktor 1	Faktor 2	Faktor 3	Faktor 4	Faktor 5
Alter	**-.86**				
Körpergröße					**.86**
Körpergewicht (Mai)		**.95**			
Körpergewicht (August)		**.94**			
Atembeschleunigung nach Dauerlauf 1 (Mai)				**-.42**	**.87**
Normalpuls (NP) vor Dauerlauf 1 (Anf. Mai)				**-.68**	
Pulsanstieg NP zu Belast.puls 1 (Anf. Mai)	**.84**				
Pulsabfall Bel.puls 1 - Bel.puls 3 (Ende Juni)			**.84**		
Zeitdauer bis zur vollst. Kreislaufanpassung			**-.83**		
Atmungsbreite über der Brust (Mai)			**.70**	**.42**	
Atmungsbreite über der Brust (August)			**.72**	(.33)	
Atmungsbreite über d. falschen Rippen (Mai)			**.57**	**.50**	
Atmungsbreite über d. falschen Rippen (Aug)			**.58**	**.53**	

---

[12] Auf die zugehörige Interkorrelationsmatrix der 25 Variablen wurde hier verzichtet, einzelne Korrelationen sind jedoch im Text erwähnt. Faktorladungen unter .50 sind nur ausnahmsweise dargestellt. Die Tatsache, dass bei einer Faktorenanalyse die Zahl der Probanden geringer ist als die der Variablen, ist nach E.H. Witte (1978) gerechtfertigt, wenn die Analyse nur der anschaulicheren Deskription der Daten (Zusammenhänge) dient und nicht der Falsifikation von Hypothesen. Diese Absicht der besseren Beschreibung ist hier gegeben.

Rumpfumfang über der Brust (Mai)		.77		.52
Rumpfumfang über der Brust (August)		.77		.46
Rumpfumfang über d. falschen Rippen (Mai)		.92		
Rumpfumfang über d. falschen Rippen (Aug)		.96		
„Figur" (Mai)			.80	
„Figur" (August)			.81	
Hochspringen (Mai)	.89			
Hochspringen (August)	.92			
Weitstoßen (Mai)	.89			
Weitstoßen (August)	.85			
Armbeugen (Mai)	.60			-.62
Armbeugen (August)	.78			(-.37)

Faktor 1: *Altersfaktor*. Die älteren Kursteilnehmer haben in allen drei Turnleistungsprüfungen schlechter abgeschnitten (Korrelationen zwischen Alter und Turnleistungen um -.70). Darüber hinaus besteht eine negative Beziehung zwischen dem Alter und dem Pulsanstieg[13] nach dem ersten Dauerlauf (Anfang Mai), d.h. die *älteren Kursteilnehmer* zeigen einen vergleichsweise *niedrigeren Pulsanstieg* vom Normalpuls zum Belastungspuls 1, d.h. ihr Kreislaufsystem spricht schwächer auf Belastung an. Umgekehrt formuliert: das Kreislaufsystem der jüngeren Teilnehmer zeigt eine stärkere Abwehrreaktion (Aktivierung) gegenüber physischer Belastung. Die Korrelation zwischen Alter und Pulsanstieg beträgt -.81!

Faktor 2: *Faktor des Körpergewichts*. In diesem Faktor ist das Körpergewicht verbunden mit den Rumpfumfängen über der Brust (Ladungen .77, Korrelationen um .53) und über der falschen Rippen (Ladungen um .92, Korrelationen um .87). Diese Zusammenhänge sind trivial, ebenso die Tatsache, dass die Korrelationen mit dem Rumpfumfang über den falschen Rippen (mitbeeinflusst durch Fettleibigkeit) höher sind.

Faktor 3: *Faktor der Atmungsbreite* (besonders über der Brust). Die Atmungsbreite steht in einer positiven Beziehung zur Steilheit des

---

[13] Pulsanstieg ist die Differenz von Belastungspuls 1 minus dem Normalpuls.

Pulsabfalls und einer negativen Beziehung zur Zeitdauer der Kreislaufanpassung. D.h., bei größerer Atmungsbreite (größerem Lungenfassungsvermögen) benötigt das Kreislaufsystem weniger Trainingszeit bis zur „vollständigen" Anpassung an physische Belastung. An diesem Faktor ist auch die *Atembeschleunigung* schwach beteiligt (Ladung -.42; Personen mit geringerer belastungsbedingter Atembeschleunigung zu Beginn des Kurses erreichen rascher den Zustand der Kreislauffitness. Korrelationen mit Pulsabfall -.51, mit Anpassungsdauer .54).

Faktor 4 ist ein *Faktor der sportlich-schlanken Figur* (Ladungen .80 und .81) mit negativer Beziehung der Höhe des Normalpulses (Ladung -.68). Personen mit sportlich-schlanker Figur tendieren demnach zu einem niedrigeren Normalpuls.

Faktor 5: *Faktor der Körpergröße* (Ladung .86) mit Beteiligung der Atembeschleunigung nach Dauerlauf (Ladung .87, Korrelation .59). Demnach wurden die größeren Kursteilnehmer durch den (ersten) Dauerlauf physisch stärker beansprucht. An dem Faktor ist ferner die Leistung im Armbeugen (Klimmziehen) beteiligt, und zwar besonders zu Beginn des Kurses (*Ladung* -.62), wobei die *Korrelationen* zwischen Körpergröße und Armbeugen -.53 (Mai) und -.32 (August) betragen. Ursache dieses Zusammenhangs könnten die ungünstigeren Hebelverhältnisse bei größerer Armlänge sein, weshalb beim Klimmzug mehr Kraft aufgewendet werden muß. Dass die Korrelation im August niedriger ist, könnte daraus resultieren, dass die größeren Kursteilnehmer ihre anfängliche Schwäche beim Klimmziehen durch das Training zumindest zum Teil kompensieren konnten (Beachte jedoch die im folgenden unter c beschriebene Analyse mit einem Datensatz von N=9).

b. Vergleich der Faktorenstrukturen von Mai und August
Als nächstes stellt sich die Frage, ob sich die Faktorstrukturen einer Faktorenanalyse mit den Maivariablen von der mit den Augustvariablen voneinander unterscheiden, da es möglich erscheint, dass das Training Einfluss auf die *Beziehungen* zwischen den Variablen (ihre Validitäten) hat. Für die Beantwortung dieser Frage wird ein reduzierter Datensatz herangezogen, so dass auch die dazu gehörigen Korrelationsmatrizen vorgestellt werden können.

Tab. 8. Korrelationsmatrizen, getrennt für Mai (subdiagonal) und August (schattiert)

		Alt	Grö	Gw	Atb	Npu	Pan	Pab	Anp	Abr	Ru	Fig	Hoc	Wei	Arb	
					Aug					Aug	Aug	Aug	Aug	Aug	Aug	
Alter		-----	.25	.01	.02	-.16	-.81	-.20	-.23	-.27	-.41	-.03	-.75	-.64	-.74	
Körpergröße		.25	-----	.20	.59	-.11	.18	-.12	-.12	.11	-.24	-.37	-.24	-.33	-.32	
Körpergewicht	Mai	-.02	.22	-----	.18	.00	.29	-.18	.32	-.35	.52	-.47	-.49	-.13	-.22	Aug
Atembeschleunigung		.02	.59	.19	-----	-.18	.23	-.51	.54	-.07	-.10	-.31	-.10	-.23	-.44	
Normalpuls		-.16	-.11	-.03	-.18	-----	.23	.00	.26	-.06	-.26	-.30	.12	.08	.04	
Pulsanstieg N/BP1		-.81	.18	.31	.23	.23	-----	.01	.24	.33	.41	-.14	.60	.63	.60	
Pulsabfall BP1/BP3		-.20	-.12	-.20	-.51	.00	.01	-----	-.64	.55	.07	.24	.20	-.18	.34	
Anpassungsdauer		-.23	-.12	.32	.54	.26	.24	-.64	-----	-.64	-.04	-.48	-.13	.03	-.35	
Atmungsbreite Brust	Mai	-.12	.23	.11	-.15	-.13	.37	.42	-.56	-----	.23	.57	.64	.28	.57	Aug
Rumpfumfang Brust	Mai	-.29	.13	.55	-.02	.28	.39	-.05	.08	-.52	-----	.40	.27	.43	.41	Aug
Figur	Mai	.09	-.18	-.56	-.32	-.43	-.21	.29	-.69	.58	.24	-----	.55	.37	.35	Aug
Hochspringen	Mai	-.70	-.31	-.40	-.17	.36	.61	.31	-.03	.41	-.20	.31	-----	.78	.80	Aug
Weitstoßen	Mai	-.72	-.04	.06	-.09	.16	.81	.06	-.06	.63	.22	.30	.74	-----	.80	Aug
Armbeugen	Mai	-.48	-.53	-.06	-.69	.15	.40	.34	-.40	.45	.05	.40	.60	.64	-----	
					Mai					Mai	Mai	Mai	Mai	Mai	Mai	

Für die beiden Korrelationsmatrizen wurden Faktorenanalysen gerechnet, mit Eigenwertkriterium 1 und Varimax-Rotation (siehe Tabelle 9).

Tab. 9. Die Faktorenstrukturen von Mai und August im Vergleich (N = 10)

Faktoren:		Mai F 1	F 2	F 3	F 4	F 5		August F 1	F 2	F 3	F 4	F 5
Alter		-.86						-.90				
Körpergröße					.95						.91	
Körpergewicht	Mai			.96			Aug.			.95		
Atembeschleunigung			-.60	.75					-.51	.81		
Normalpuls					-.81							-.81
Pulsanstieg N/BP1			.90						.86			
Pulsabfall BP1/BP3			.81						.90			
Anpassungsdauer			-.89						-.88			
Atmungsbreite Brust	Mai	.47	.66				Aug.	.48	.68			
Rumpfumfang Brust	Mai	.39		.71		.49	Aug.	.54		.66		.51
Figur	Mai		.46		.77		Aug.		.28		.71	
Hochspringen	Mai	.85		-.39			Aug.	.89		-.38		
Weitstoßen	Mai	.93					Aug.	.86				
Armbeugen	Mai	.55	.43*	-.63*			Aug.	.83	.36*	-.03*		

Aufgeführt sind Ladungen ab .40, sowie die Ladungen ihrer Paarlinge, auch wenn diese unter .40 liegen. Beispiel: die Ladung von Armbeugen in Faktor 4 im Mai = -.63, im August = -.03. Neben den in der Tabelle enthaltenen Faktorladungen werden im Text z.T. auch die Korrelationen genannt auf denen die Ladungen beruhen.

Beide Faktorenanalysen führten zu fünf weitgehend identischen Faktoren, mit Ausnahme der Ladungsanteile des Armbeugens in Faktor 4 bzw. 1.

Faktor 1 (beide Analysen): Es handelt sich um den von der vorherigen Analyse bekannten *Altersfaktor*. Die älteren Kursteilnehmer zeigten unter physischer Belastung einen *niedrigeren* Pulsanstieg, schlechtere Turnleistungen und etwas niedrigere Werte der Atmungsbreite und des Rumpfumfangs (Brust). Hervorzuheben ist hier, dass bei der Variablen Armbeugen ein *Unterschied* in den Ladungsbeträgen im Mai (.55) bzw. August (.83) besteht.

Faktor 2 (beide Analysen): *Faktor der Anpassungsgeschwindigkeit des Herz-Kreislaufsystems*, mit positiver Ladung des Pulsabfalls und entsprechend negativer der Kreislaufanpassungsdauer. Personen mit besserer Kreislaufanpassung hatten eine größere Atmungsbreite und eine geringere Atembeschleunigung nach Lauf 1.

Faktor 3 (beide Analysen): *Faktor des Körpergewichts*. Personen mit größerem Rumpfumfang hatten höheres Körpergewicht und zeigten tendenziell schlechtere Leistung im Hochspringen. Der Zusammenhang ist plausibel. Die Korrelationen zwischen Hochspringen und Körpergewicht betragen -.40 (Mai) und -.49 (August), bzw. bei Auspartialisierung des Alters -.58 (Mai) und -.73 (August).

Faktor 4 (beide Analysen): *Faktor der Körpergröße* mit positiver Beteiligung der *Atembeschleunigung* (Korrelation .59) sowie negativer Beteiligung des Armbeugens im Mai (Korrelation -.53). Demnach hatten die größeren Probanden unter physischer Belastung einen höheren Sauerstoffbedarf nach Dauerlauf 1 und mehr Schwierigkeiten beim Klimmziehen, dies speziell zu Beginn des Turnkurses. Die Interpretation des Faktors als Körpergröße gilt für beide Analysen, doch ist die Variable Armbeugen an diesem Faktor nur im Mai beteiligt (Ladung -.63), nicht im August (Ladung -.03). Zur Erklärung dieses Unterschieds siehe oben unter a. Gesamtanalyse, Faktor 5.

Faktor 5 (beide Analysen): *Faktor der guten (schlank-sportlichen) Figur*, mit negativer Beteiligung des Normalpulses. D.h., Personen mit gutem Brust/Bauch-Profil (die Schlankeren) hatten einen tendenziell niedrigeren Normalpuls. Auch besteht eine leichte positive Beteiligung des Rumpfumfangs (Brust), dessen Korrelation mit „Figur" nach Auspartialisierung des Körpergewichts im Mai wie im August ca. .85 beträgt.

Resümee: Die Faktorenstrukturen mit Beteiligung ausschließlich der Mai-Variablen bzw. der August-Variablen ähneln sich in einem starken Maß. Dies gilt weitgehend auch für Faktor 4 (Körpergröße und Atembeschleunigung), wenngleich hier die Beteiligung der Variablen Armbeugen (Klimmziehen) im Laufe des Turnkurses vom Faktor der Körpergröße im Mai auf den Faktor des Alters im August übergewechselt ist (seine Validität hat sich geändert). Diese Verschiebung wurde hier mit der kraftsteigernden Wirkung des Turntrainings erklärt, indem die größeren Probanden ihre anfänglichen Schwierigkeiten beim Klimmzug durch Kraftsteigerung ausgleichen konnten, so dass hier die Leistung im Armbeugen und den restlichen Turnleistungen nur noch mit dem Lebensalter in Zusammenhang stand. Die Antwort auf die ursprüngliche Fragestellung des Vergleichs der Faktorenanalysen lautet daher: Die Faktorenstrukturen sind im Mai und August hinsichtlich der Bedeutung der Faktoren gleich, mit Ausnahme der Beteiligung des Armbeugens, dessen faktorielle Zusammensetzung durch die Turnübungen verändert wurde. Armbeugen war demnach im Mai an den Komponenten Alter, Anpassungsgeschwindigkeit und Körpergröße beteiligt, im August dagegen nur noch an den Komponenten Alter und Anpassungsgeschwindigkeit.

c. Zum Wert Null bei der Variablen Atembeschleunigung. Ein Nachtrag zur Interpretation des Faktors Körpergröße.

Es war aufgefallen, dass die Variable Atembeschleunigung, ausser den üblichen Werten von 4 bis 10 zusätzlichen Atemzügen, in einem Fall (Proband Nr. 4) den Ausreisser-Wert Null enthält, der unglaubwürdig erscheint. Aus diesem Grund wurde auch eine Faktoranalyse mit N = 9, d.h. ohne die Nr. 4, durchgeführt. Dabei stellte sich heraus, dass erhebliche Anteile der Variablen Atembeschleunigung und Armbeugen vom Faktor Körpergröße (F 4) auf den Faktor Anpassungsgeschwindigkeit (F 2) übergangen sind.[14] D.h., eine relativ *niedrige Atembeschleunigung* bei physischer Belastung und eine *gute Leistung im Armbeugen* gehen einher mit einer *rascheren Kreislaufanpassung* im Laufe des Turnkurses. Dies erscheint plausibel, denn Atembeschleunigung und Kreislaufanpassung sind beides Beanspruchungskriterien, und es ist gut nachvollziehbar, dass Muskelkraft (Klimmziehen) das Ausmaß der Beanspruchung senkt und die Anpassung des Kreislaufs an physische Belastung fördert.

3 Diskussion

3.1 Ausgewählte Befunde der Analyse

Wiederum muss betont werden, dass es hier nicht um die Frage der Stichhaltigkeit der Ergebnisse geht, obwohl die statistische Analyse durchaus zeigen sollte, welche Anregungen für die Theorie daraus möglich sind. In diesem Sinn wird hier noch einmal auf einige auffällige Befunde kurz eingegangen.

---

[14] Auf die Darstellung der numerischen Werte wird hier verzichtet.

Von den „*Effekten des Turnkurses*", den Mittelwertsdifferenzen, erscheinen die der Pulsfrequenzen, Atmungsbreiten und Rumpfumfänge besonders erwähnenswert.

Bei den *Pulsfrequenzen* war der „Pulsanstieg" vom Normalpuls zum Belastungspuls 1 ausserordentlich groß, mit einem Anstieg um ca. 60% vom Ausgangsniveau. Dieses Phänomen ist heute allgemein bekannt. Bemerkenswerter ist der zwischen Belastungspuls 1 (nach Dauerlauf zu Anfang Mai) und Belastungspuls 3 (nach Dauerlauf zum Ende Juni) auftretende Rückgang der Kreislaufreaktion auf physische Belastung, der hier als trainingsbedingte Kreislaufanpassung interpretiert wurde[15] und der besagt, dass der Zustand der Kreislauffitness nach 150 bis 300 Turnstunden erreicht werden kann.

Bei der *Atmungsbreite* als einem indirekten Maß für das zwischen Ein- und Ausatmung bewegte Luftvolumen[16] betragen die über der Brust und den falschen Rippen gemessenen Anstiege vom Beginn bis zum Ende des Turnkurses ca. 2 cm oder 25%. Auch dieses Ergebnis dürfte der Erwartung der Versuchsplaner entsprochen haben, dass erhöhte Kapazität des Luftaustauschs (ein höheres Atemzugvolumen)[17] die physische Leistungfähigkeit steigert. Die Korrelationen zwischen Atmungsbreite (Brust) und den Turnleistungen waren: mit Hochspringen .41 im Mai und .64 im August; mit Weitstoßen .63 im Mai, .28 im August; mit Armbeugen .45 im Mai, .57 im August.

Ein weiteres Ergebnis betrifft den absoluten *Rumpfumfang* über der Brust, wonach es zwischen Beginn und Ende des Turnkurses zu einer statistisch bedeutsamen Weitung des Brustumfangs um 1,4 cm kam.[18] Diese These von einer Ausweitung der Brust durch Turnen war zu jener Zeit hochaktuell und auch schon längere Zeit davor vertreten worden, so u.a.

---

[15] Die beiden als „fett" bezeichneten Probanden benötigten dabei die längste Zeit bis zum Erreichen der Kreislauffittness, nämlich vier Monate oder rund 15 Wochen. Die kürzeste Laufzeit von zwei Monaten hatten zwei 24 und 51 Jahre alte Probanden, die auch eine niedrige Atembeschleunigung von 4 Atemzügen aufwiesen, eine große Atmungsbreite und einen relativ niedrigen Normalpuls (s. Tab. 2, Variable Kreislaufanpassungsdauer).
[16] Stegemann 1971, S. 127.
[17] Stegemann 1971, S. 127; de Marees 1981, S. 209, 223, 415.
[18] Dagegen hat sich der Rumpfumfang über den falschen Rippen nur unwesentlich um 0,1 cm geändert. In dieses Umfangsmaß geht auch die Tendenz zur Fettleibigkeit mit ein, wobei einige Teilnehmer, vor allem die „Fetten", durch den Turnkurs auch schlanker wurden.

von Olawski 1838.[19] Spätestens seit etwa 1860 wurde diese Möglichkeit von mehreren Ärzten auch empirisch untersucht. So soll ein Regimentsarzt „bei seinen an vielen Rekruten angestellten derartigen Messungen eine bedeutende Zunahme" des Rumpfumfangs über der Brust gefunden haben.[20] Und „sehr genaue und sorgfältige Messungen" seien an der Berliner Zentralturnanstalt „vom Königl. Oberstabsarzt Dr. Roth[21] gemacht worden". Dieser habe „in bei weitem der Mehrzahl" der Fälle eine „andauernde Erweiterung des Brustumfangs" gefunden.[22] Auch Alexander Diesterweg habe als Assistenzarzt an der Berliner Zentralturnanstalt (vermutlich nach 1863) Untersuchungen zum Einfluss des Turnens auf den Brustumfang durchgeführt.[23] Und nicht zuletzt ist zu diesem Thema auch der Physiologe du Bois-Reymond zu nennen, mit seiner im Zuge des „Barrenstreits" verfassten Schrift von 1862, in der er den Nutzen des Barrenturnens mit dessen brusterweiternden Funktion begründete.[24] Auch hat Carl Euler in seinem Bericht über die Berliner Zentralturnanstalt darauf hingewiesen, dass dort Barren und Reck „besonders zur Kräftigung der Arm- und Brustmuskulatur" eingesetzt würden.[25] Daneben war in jener Zeit noch ein weiteres „Turngerät" in Gebrauch, mit dem die Brust erweitert werden sollte. Dieser sogenannte „Brustweiter" bestand aus ei-

---

[19] So wurde eine Ausdehnung des Brustkastens durch Turnübungen gefordert, „um der Lunge freieren Spielraum zu lassen" (Olawski 1838, S. 63 f.; hierzu auch Harnisch 1865).
[20] Leistikow 1870, S. 22. Diesen Hinweis hat Leistikow offensichtlich von Roedelius 1866, S. 259 entnommen, der mitteilte, dass die Zunahme des Brustumfangs bei den Rekruten durchschnittlich zwei Zoll (rd. 5 cm) betragen habe.
[21] Es handelt sich um den Stabsarzt Dr. Wilhelm Roth (1833–1892), nicht um Emanuel Roth, wie Bäumler (2012, S. 93) vermutet hatte. Wilhelm Roth wurde 1863 an der Berliner Zentralturnanstalt Dozent für Anatomie, Physiologie und Diätetik (Euler 1865, 1895 S. 401) und war Autor der Schrift „Grundriss der physiologischen Anatomie für Turnlehrer-Bildungsanstalten" (1866), in der er u.a. auch die Anatomie des Brustkorbs und den Anteil der Bauchmuskulatur an der Atmung erklärte.
[22] Leistikow 1870, Seiten 22 und 27.
[23] Leistikow 1870, S. 24. Alexander Diesterweg (geb. 1839, Dissertation 1863 an der Univ. Berlin) hat 1866 eine auf der Zellularphysiologie beruhende Theorie der Lungenfunktion erstellt und dabei (nach Leistikow) die Auffassung vertreten, dass durch fortgesetzte Turnübungen die Lungenvagi gereizt werden und dadurch die Muskulatur des Brustkorbs aktiviert, d.h. *auf physiologischem* Weg gestärkt wird, so dass es zu einer Erweiterung der Thoraxhöhle kommt. Zusätzlich werden dabei auch die Lungen selbst besser entwickelt (Diesterweg 1866, Leistikow 1870, s.f.. Bäumler 2012, S. 92 f.).
[24] du Bois-Reymond, „Über das Barrenturnen ...", 1862.
[25] Euler, 1865, S. 122.

nem elastischen Strang aus Kautschuk, mit Griffen an den Enden, und wurde mit den Armen vor der Brust sowie über und hinter dem Kopf gedehnt. Auf dieses Gerät hatte Kloss schon 1856 in seinem Buch über „Weibliche Hausgymnastik" aufmerksam gemacht. Frl. Schaeling, Vorsteherin einer höheren Töchterschule in Duisburg, hat die Methodik dieses Geräts dann speziell für Mädchenschulen ausgearbeitet und empfohlen, dass die Übungen „jeden Morgen (in der) ersten Viertelstunde der Unterrichtszeit" durchgeführt werden sollten.[26]

Schließlich sei noch aus dem Bereich der *Korrelationsstudien* die Korrelation zwischen dem *Pulsanstieg* von Normalpuls zu Belastungspuls 1 und dem *Lebensalter* hervorgehoben. Hier stellte sich heraus, dass der Puls bei den *älteren* Kursteilnehmern *weniger* anstieg als bei den jüngeren Teilnehmern (Korrelation zwischen Pulsanstieg und Alter = -.81). Auch dieser Effekt ist heute bekannt, und die Erklärung ist, dass das Kreislaufsystem älterer Menschen bei physischer Belastung wegen geringerer Leistungsfähigkeit des Herzens zur „Dekompensation" neigt. D.h., das altersgeschwächte Herz ist in geringerem Maße in der Lage, eine Zusatzbelastung durch verstärkte Arbeit zu kompensieren. Im vorliegenden Fall schien sich noch zu zeigen, dass das körperliche Training die Fähigkeit zur Kompensation verbessert.[27] Unabhängig davon ist noch von Interesse, dass die *Atmungsbreite* (Brust) im Mai zu -.56 und im August zu -.64 mit der Dauer bis zum Erreichen der *Kreislaufanpassung* korreliert (vgl. Tab. 8). Ähnliche Beziehungen bestehen zur Variablen Pulsabfall. D.h., Atmungsbreite als Garant für ein hohes Luftaustauschvolumen in den Lungen führt beim Turnkurs schneller zum Erreichen der Kreislauf-Fitness.

3.2 Das geistige Umfeld zur Zeit der Studie

In den Jahren nach 1850 stieg das Interesse an wissenschaftlichen Studien auf dem Gebiet der Leibesübungen (Turnen, Gymnastik) deutlich an, da auch die Akademikerschaft (u.a. Gymnasiallehrer, Mediziner) mehr und mehr mit den Leibesübungen in Berührung kam. So hat z.B. der Turn-

---

[26] Kloss 1856, S. 100 und 149. Das in England entwickelte Gerät war dort unter dem Namen „Armstrong" im Handel. Schaeling 1864, S. 251, 253.
[27] Zur Thematik s. u.a. Meerson.

und Deutschlehrer Eduard Dürre, ehemaliger Schüler und Turnfreund von Jahn, schon 1851 wissenschaftliche Studien auf dem Gebiet der Leibesübungen gefordert.[28] Im selben Jahr wurde die Berliner Zentralturnanstalt unter dem Unterrichtsdirigenten Hugo Rothstein eröffnet, wobei neben der Turnlehrerbildung auch sogleich mit wissenschaftlichen Untersuchungen der Leibesübungen begonnen wurde.[29] Auch Universitätsprofessoren begannen sich für die Leibesübungen zu interessieren (u.a. Virchow, du Bois-Reymond) und vergaben z.b. Dissertationen dazu, wie die von Eduard Angerstein oder von Louis Leistikow.[30] Die hier besprochene Studie lag somit gänzlich im zeitgenössischen Trend einer wissenschaftlichen Betrachtung der Leibesübungen.

3.3 Zur Rezeption des Beitrags von Roedelius

Die einzige mir bekannte Erwähnung des Aufsatzes von Roedelius findet sich in der Dissertation von Leistikow, der auf die Befunde von Roedelius zur Brusterweiterung durch Turnen hingewiesen hat.[31] Darüber hinaus scheint der Beitrag von Roedelius keine Resonanz gefunden zu haben, was sich mit der weitgehend populär gehaltenen Art des Vortrags erklärt, denn dadurch konnte die wissenschaftliche Seite des Vortrags, die Ergebnisliste und deren Bedeutung, von den Zeitgenossen leicht übersehen werden.

3.4 Zur Frage der Autorschaft der Ergebnisliste

Über die Herkunft der Ergebnisliste herrscht Ungewissheit. Dass Fritz Roedelius der Schöpfer der Studie war, ist möglich aber nicht sicher, denn er sagte: „Aus meinen Verzeichnissen von früher angestellten Mes-

---

[28] Dürre 1851, s.a. Bäumler 2014, S. 176..
[29] Siehe z.B. die wissenschaftlichen Arbeiten des Turnlehrers Hermann Kluge (Bäumler 2014, 2015), wie auch von Rothstein selbst (s. Kapitel IV bei Neuendorff 1932, S. 227 ff.), neben manchen anderen.
[30] Angerstein 1854, Leistikow 1870 (s.u.a. Lenz 1861, Bäumler 2012).
[31] Leistikow 1870, S. 22. Auch Angerstein 1879, S. 9 hat Roedelius mit der Erweiterung des Brustumfangs erwähnt, dies aber offensichtlich nur von Leistikow übernommen. Die Ergebnisliste wurde dabei nicht thematisiert.

sungen und Aufzählungen von verschiedenen Leistungen und Wahrnehmungen ... habe ich gerade diese Liste gewählt, um (zu zeigen) ...".[32] Dies kann bedeuten, dass es sich hierbei um von ihm selbst vorgenommene Messungen handelte, oder dass er auf von ihm gesammelte Verzeichnisse von anderen Autoren zurückgegriffen hat.

Sollte Roedelius der Autor gewesen sein, wäre ihm, dem ehemaligen Theologiestudenten, eine achtenswerte Umsicht in biologischen Angelegenheiten zu bescheinigen (Wahl der Variablen Atembeschleunigung, Atmungsbreite, Pulsfrequenzmessungen nach physischen Belastungen in regelmäßigen Abständen, Messung des Rumpfumfangs auch über den „falschen" Rippen). Mit empirischer Wissenschaft und besonders mit Biologie in Berührung kam Roedelius vor allem im Jahr 1851/52, in dem er am ersten Turnlehrer-Ausbildungskurs der neu gegründeten Zentralturnanstalt in Berlin teilnahm.[33] In dieser Zeit begann dort der Turnlehrer Hermann Kluge mit seinen Versuchen zur Entwicklung von Turnleistungstests,[34] und auch Hugo Rothstein selbst unternahm einiges, um den Nutzen der Gymnastik nach schwedischem Vorbild wissenschaftlich zu belegen.[35]

Die biologischen Grundlagen des Turnens wurden an der Zentralturnanstalt von dem Mediziner Dr. Hausleutner unterrichtet,[36] und von ihm konnten die „Turneleven" solide biologische Kenntnisse erwerben. Die

---

[32] Roedelius 1866, S. 259.

[33] Nach dem Zeugnis des am Magdalenengymnasium in Breslau tätigen Lehrers Hermann Königk, der den Kurs in Berlin zusammen mit Roedelius besuchte (Königk, 1859). Einer Mitteilung des Centralblatts für die gesamte Unterrichtsverwaltung in Preußen zufolge (1866, S. 721) haben an diesem ersten Kurs 9 Lehrer als „Eleven" (Kursschüler) teilgenommen, darunter zwei Gäste.

[34] Bäumler 2014, S. 151.

[35] U.a. Euler 1876, Kawerau 1856, Neuendorff 1932, S. 239 ff.

[36] Dr. med. Hugo Hausleutner, geb. um 1815 im schlesischen Hirschberg (oder Warmbrunn), hatte sich nach dem Studium an der Charité in Berlin bei anatomisch-physiologischen Studien wissenschaftlich weitergebildet und war schließlich Arzt an der Irrenstation der Charité geworden. Gleichzeitig war er seit 1851 an der Königlichen Zentralturnanstalt in Berlin Dozent für Anatomie, Physiologie und Diätetik. Der dortige Turnlehrer Peter Martin Kawerau (geb. 1815 in Bunzlau) war sein Mitschüler und Freund aus gemeinsamer Zeit am Gymnasium zu Lauban (Niederschlesien). Und Kawerau berichtete auch, dass Hausleutner ihm gegenüber den Willen bekundet hatte, seine Erfahrungen in den Turnzeitungen zu publizieren. Dazu kam es jedoch nicht, weil er schon 1856 an einem Brustleiden verstarb (Kawerau 1856, Euler 1876).

damalige Atmosphäre an der Zentralturnanstalt hat Roedelius in seinem Vortrag vor dem Breslauer Handwerkerverein recht anschaulich geschildert:[37] „ich möchte Ihnen da die Worte eines Professors ... nicht vorenthalten, sie sind zu bezeichnend. Wir standen im Berliner Museum vor der Statue eines griechischen Jünglings. Da rief der Professor aus: 'Sehen Sie diesen Brustkorb! .... und darunter diesen sauberen reinen Bauch'." Und Roedelius weiter: „'Sehen Sie, meine Herren!' so redete einst der Anatom in der königlichen Central-Turnanstalt die Eleven an, als er ihnen in jeder Hand ein Menschenherz hinhielt, 'dieses armselige kleine schlaffe Ding in meiner rechten Hand gehörte einem ministeriellen Geheimschreiber, und dieser schöne große Muskel in meiner Linken einem Landwehrmanne aus einem Holzschläger-Distrikte'".[38] Hier stellt sich die Frage, warum kam Roedelius gerade bei seiner Besprechung der Ergebnisliste auf diese Berliner Zeit zu sprechen? War es vielleicht diese Liste selbst, die ihn daran erinnerte, weil sie aus einem von Dr. Hausleutner vorgenommenen Versuch stammte?

Andererseits kann es sich auch um eine der sonst üblichen Arten von Turnkurs gehandelt haben, von denen Roedelius selbst viele in Breslau durchgeführt hat. Hierfür spricht, dass Roedelius bei seiner Erläuterung der Ergebnisliste feststellte, „dass auch bei dem Ältesten *unserer Riege* die (Kräfte ... usw.) zugenommen haben".[39] Hier weist das Wort „Riege" wohl eher auf einen Kurs für Turner oder Vorturner hin, denn bei den Turnkursen für bereits amtierende Schullehrer sprach man bevorzugt von „Eleven". Auch stellte Roedelius (S. 259) in seinem Vortrag die Kursteilnehmer explizit als *„Turner"* vor. Und schließlich kann in diesem Zusammenhang auch das Wort *„unser"* bedeuten, dass Roedelius damit sich selbst und seine Mitarbeiter meinte, mit denen er den betreffenden Turnkurs vielleicht durchgeführt hat. Deshalb hatte wohl doch Leistikow[40] recht, der den Aufsatz von Roedelius kannte und ihn auch für den Autor der Studie hielt. Und diese Meinung hat insofern Gewicht, als Leistikow noch Zeitgenosse von Roedelius war.

---

[37] Roedelius 1866, S. 259 f.
[38] Mit diesem Anatomen kann nur Hausleutner gemeint sein.
[39] Roedelius 1866, S. 260. Es ist bekannt, dass Roedelius Kurse für Vorturner gegeben hat.
[40] Leistikow 1870, S. 22.

Und doch ist es möglich, dass der Versuch von anderen Autoren stammt, so möglicherweise auch von Dr. Roth, der seit 1863 an der Berliner Zentralturnanstalt Anatomie und Physiologie lehrte und sich nach Leistikow besonders gründlich mit der Frage der Brusterweiterung durch Turnen befasst haben soll.[41] Jedenfalls muss weiterhin offen bleiben, wann, wo, von wem und mit wem die Liste erstellt wurde. Allenfalls kann gehofft werden, dass die Studie noch an anderer Stelle publiziert wurde und dieser Bericht noch gefunden wird. In jedem Fall bleibt die Ergebnisliste mit der Person Fritz Roedelius verbunden, denn er hat die Liste publiziert und interpretiert.

3.5 Die Stellung der Studie bzw. Liste in der Geschichte der Sportwissenschaft

Roedelius war sich ursprünglich nicht sicher ob er seinen Vortrag veröffentlichen sollte, folgte dann aber doch dem Rat eines Freundes. Trotzdem meinte Roedelius in aller Bescheidenheit, dass mit der Veröffentlichung wohl „die Mühe des Aufschreibens größer (sei), als der Wert des Vorgetragenen für weitere Kreise erscheint".[42] Freilich unterschätzte er dabei das Verdienst, das er sich mit der Veröffentlichung der Ergebnisliste erwarb. Nur durch sie wissen wir, dass es schon so früh eine ebenso umsichtig geplante wie umfangreiche Studie auf dem Gebiet der Leibesübungen gab, eine Studie, die zu den Anfängen der physiologischen Trainingswissenschaft zu zählen ist, wie auch zu den Anfängen der empirischen Sportwissenschaft allgemein. Hans Langenfeld (Münster) hat 1979 die Dissertation von Louis Leistikow (1870) als die „erste quantitativ-statistische sportmedizinische Untersuchung" bezeichnet.[43] Dieses Urteil muss insofern revidiert werden, als mit der Veröffentlichung der Ergebnisliste durch Fritz Roedelius (1866) klar geworden ist, dass bereits vor 1866 eine ebenfalls „medizinisch" (physiologisch) orientierte, empirisch-quantitative Studie auf dem Gebiet der Leibesübungen durchgeführt worden sein muss, die ausserdem experimenteller Natur war.

---

[41] Zu Wilhelm Roth siehe auch obiges Kapitel III, 1.
[42] Roedelius 1866, S. 257.
[43] Langenfeld 1979, S. 133. S.a. Bäumler 2014, S. 187.

Im übrigen erscheint es aus wissenschaftsgeschichtlicher Sicht wünschenswert, die Studie mit einer deutlich größeren Probandenzahl zu wiederholen und dabei auch die heute verfügbaren Mess- und Versuchsplanungsmethoden einzusetzen. Sollte sich ein Institut finden, das sich an eine solche „aktualisierte" Replikation unternimmt, wäre dies sehr verdienstvoll.

4 Literatur

Adron, L.: Messen, Wiegen, Zählen. Herrsching 1987.
Angerstein, E.: De principiis kinesiotherapiae et curatione scoliosis kinesitherapeutica. Med. Diss., Berlin 1854.
Angerstein, E.: Die Wirkung der Leibesübungen auf Musculatur und Nervensystem. Veröffentlichungen der Hufeland'schen Gesellschaft in Berlin, 1, 1879, 5–12.
Bäumler, G.: Louis Leistikow und sein empirischer Beitrag von 1870 zur Sportmedizin und Trainingswissenschaft. In J. Court, A. Müller und W. Pyta (Hrsg.), Jahrbuch 2010 der Deutschen Gesellschaft für Geschichte der Sportwissenschaft, Berlin 2012, 75–103.
Bäumler, G.: Der physische Leistungstest von Hermann Kluge (1853) und das Turnen der Berliner Feuerwehr. In J. Court, E. Loosch, E. und A. Müller (Hrsg.), Jahrbuch 2012 der Deutschen Gesellschaft für Geschichte der Sportwissenschaft, Berlin 2014, 145–187.
Bäumler, G.: H.O. Kluges physischer Eignungstest für die Feuerwehr (1860). In J. Court und A. Müller (Hrsg.), Jahrbuch 2013 der Deutschen Gesellschaft für Geschichte der Sportwissenschaft, Berlin 2015, 121–153.
Centralblatt für die gesammte Unterrichts-Verwaltung in Preußen. Berlin (ab 1859).
Cohen, J.: Statistical power analysis for the behavioral sciences. New York 1977.
Diesterweg, A.: Kritische Beiträge zur Physiologie und Pathologie. Erstes Heft: Der Lungenkreislauf. Frankfurt a. Main 1866.
du Bois-Reymond, E.: Über das Barrenturnen und über die sogenannte rationelle Gymnastik. Berlin 1862.
Dürre, E.: Die Messungen der menschlichen Kräfte. Der Turner, 6, 1851, Nr. 22, 169–171.
Euler, C.: Einrichtung der Königlichen Central-Turn-Anstalt in Berlin. Neue Jahrbücher für die Turnkunst, 11, 1865, 110–127.
Euler, C.: Erinnerungen aus dem Turnleben früherer Zeit, mit besonderem Bezug auf Peter Martin Kawerau. Neue Jahrbücher für die Turnkunst, 22, 1876, 27–35 und 63–74.
Euler, C.: Geschichte des Turnunterrichts. Gotha 1891
Euler, C.: Encyklopädisches Handbuch des gesamten Turnwesens. Band II, Wien 1895.
Hagel, J.: Maße und Meßeinheiten in Alltag und Wissenschaft. Stuttgart 1969.
Harnisch, W.: Mein Lebensmorgen. Nachgelassene Schrift, hrsg. von H.E. Schmieder. Berlin 1865.
Hellwig, G.: Lexikon der Maße und Gewichte. München 1988.
ISIS-Verlag: Großes Lexikon a bis z. Chur 1995.

Kawerau, P.M.: Nachruf auf Dr. Hausleutner. Neue Jahrbücher für die Turnkunst, 2, 1856, 272–273.
Kawerau, P.M.: Besprechung der Schrift des Dr. Königk: „Geschichte des Turnens in Breslau. Osterprogramm des Magdalenen-Gymnasiums in Breslau", 1859. Neue Jahrbücher für die Turnkunst, 5, 1859, 133–135.
Kloss, M: Weibliche Hausgymnastik. Leipzig 1856.
Kluge, H.O.: Die Prüfung der körperlichen Fähigkeiten der bei der Berliner Feuerwehr einzustellenden Mannschaften. Deutsche Turnzeitung, 1860, 114–115. Ebenso in Deutsche Feuerwehr-Zeitung, 1860, Nr. 1, 49–51.
Kluge, H.O. und Kawerau, P.M.: Mittheilungen über das Turnen in der Königlichen Central-Turnanstalt zu Berlin aus den Jahren 1851 bis 1860. Neue Jahrbücher für die Turnkunst, 17, 1871, 3–22, 49–60, 97–110. .
Königk, H.: Geschichte des Turnens in Breslau. Osterprogramm des Magdalenen-Gymnasiums in Breslau 1859. In C. Schönborn: (Einladung) zur öffentlichen Prüfung der Schüler des Gymnasiums zu St. Maria Magdalena. Breslau 1859.
Langenfeld, H.: Deutsche Ärzte des 19. Jahrhunderts als Vorläufer der modernen Sportwissenschaft. In G. Wonneberger und K. Liebold (Hrsg.), Geschichte der Sportwissenschaft (Internationales Seminar), Band II. Deutsche Hochschule für Körperkultur, Leipzig 1979, S. 129–137.
Leistikow, L: Der Einfluss der andauernden Leibesübungen auf die Körpermusculatur und die Circulationsapparate auf Grund statistischer Erhebungen der Berliner Feuerwehr und der königl. Central-Turnanstalt zu Berlin (nach der Cellular-Physiologie) bearbeitet. Med. Dissertation der Friedrich-Wilhelms Universität zu Berlin, 1870. (Erschienen bei Gustav Lange, Berlin 1870).
Leistikow, L.. Der Einfluss der andauernden Leibesübungen auf die Körpermuskulatur und die Circulationsapparate. Wochenblatt für medizinische Statisik und Epidemiologie, 3, 1870, 138 ff. und 204 ff. (Verlag Enslin, Berlin 1871).
Lenz, G.F.: Zusammenstellung von Schriften über Leibesübungen. Berlin 1861. Weitere Auflagen 1862, 1865, 1881.
de Marees, H.: Sportphysiologie. 3. Aufl., Bd. 10 der Reihe „Medizin von heute", Tropon-Werke Köln-Mülheim 1981.
Meerson, F.Z.: The failing heart: adaptation and deadaptation. (Ed. by A.M. Katz), Raven Press, New York 1983.
Neuendorff, E. Geschichte der neueren deutschen Leibesübung. Band III: Die Zeit von 1820 bis 1860. Dresden 1932.
Olawski, E.C.: Die Wiedereinführung der Leibesübungen in Gymnasien. Lissa 1838.
Rödelius, F.: Ueber die Wirkungen des Turnens auf die Uebenden. Deutsche Turn-Zeitung, Nr. 39, 1866, 257–260.
Roth, W.: Grundriss der physiologischen Anatomie für Turnlehrer-Bildungsanstalten. Berlin 1866.
Rothstein, H.: Die Königliche Central-Turn-Anstalt zu Berlin. Berlin 1862.
Schaeling, M.: Die Uebungen mit dem Brustweiter. Neue Jahrbücher für die Turnkunst, 10, 1864, 250–257.
Stegemann, J.: Leistungsphysiologie. Stuttgart 1971.
Trapp, W. und Wallerus, H.: Handbuch der Maße, Zahlen, Gewichte und der Zeitrechnung. Suttgart 2012.

Wildt, K. C.: Daten zur Sportgeschichte, Teil II: Europa von 1750 bis 1894. Schorndorf 1972.

Witte, E.H.: Zum Verhältnis von Merkmalen zu Merkmalsträgern in der Faktorenanalyse. Psychologie und Praxis, 22, 1978, 83–89.

Nachruf

Ralf-Peter Märtin †

Am 26. April 2016 ist Ralf-Peter Märtin von seiner unheilbaren Erkrankung erlöst worden. Er war ein Gründungsmitglied unserer Gesellschaft und nicht nur wegen seiner wegweisenden Vor- und Beiträge über Alpinismus, die wissenschaftliche Brillanz mit großer Souveränität der Darstellung verbanden, hochgeschätzt, sondern auch seines breitgefächerten Interesses und Wissens, die jede Diskussion belebten. Einem breiteren Publikum war er bekannt durch seine zu Standardwerken avancierten Bücher *Nanga Parbat. Wahrheit und Wahn des Alpinismus* (2002) und *Varusschlacht* (2008); ein größeres Vorhaben über die Alpen mußte leider ohne Abschluß bleiben.

Eberhard Loosch †

Am 13. Oktober 2016 ist Eberhard Loosch an einer schweren Erkrankung verstorben. Als Gründungsmitglied unserer Gesellschaft hat er auf einmalige Weise wissenschaftliche Brillanz mit historischem Interesse verknüpft und in ihrem Rahmen grundlegende Publikationen zu den Themen Zeit und Bewegung veröffentlicht. Ihm ist es zu verdanken, daß die Gesellschaft mit internationalen Tagungen und Veröffentlichungen zu einem Zentrum der Nikolai-Bernstein-Forschung in Deutschland wurde. Sein letztes Projekt über Bernstein wird posthum erscheinen.

Wir werden den Humor, das Einfühlungsvermögen und die große Hilfsbereitschaft vermissen, die Ralf-Peter Märtin und Eberhard Loosch gleichermaßen gekennzeichnet haben.

Der Vorstand

Autoren- und Herausgeberverzeichnis

Prof. em. Dr. Günther Bäumler
Technische Universität München
Fakultät für Sport- und
Gesundheitswissenschaft
Lehrstuhl für Sportpsychologie
Georg-Brauchle-Ring 60–62
80992 München

Prof. Dr. Jürgen Court
Universität Erfurt
Fachgebiet Sport- und
Bewegungswissenschaften
Nordhäuser Str. 63
99089 Erfurt

Dr. Frank Förster
Kurator des Ägyptischen Museums
der Universität Bonn
Regina-Pacis-Weg 7
53113 Bonn

Jun.-Prof. Dr. Arno Müller
Universität Leipzig
Fachgebiet Sportphilosophie
und Sportgeschichte
Jahnallee 59
04109 Leipzig

Prof. em. Dr. K. Ludwig Pfeiffer
Wilhelm-Bonn-Str. 45
61476 Kronberg i. Ts.

Prof. em. Dr. Ulrich Sinn
Julius-Maximilians-Universität
Würzburg
Klassische Archäologie
Residenzplatz 2, Tor A
97070 Würzburg

O. Univ.-Prof. em. Dr. Dr. h. c.
Ingomar Weiler
Karl-Franzens-Universität Graz
Institut für Alte Geschichte und Altertumskunde
Goethestraße 28
A-8010 Graz

Prof. em. Dr. Dr. h.c.
Klaus Willimczik
TU Darmstadt
Niebergallweg 3
64367 Mühltal

Prof. Dr. Reinhard Zöllner
Abteilung für Japanologie
und Koreanistik
Universität Bonn
Regina-Pacis-Weg 7
53113 Bonn